Trotzdem

As novas faces do fascismo

Populismo e a extrema direita

Trotzdem 3

Enzo Traverso
As novas faces do fascismo
Les Nouveaux visages du fascisme

© Éditions Textuel, 2017
© Editora Âyiné, 2021, 2023
Todos os direitos reservados

Tradução:
Mônica Fernandes
Rafael Mello
Raphael Lana Seabra

Preparação:
Ana Martini

Revisão:
Andrea Stahel
Fernanda Alvares
Thiago Arnoult

Projeto gráfico:
Federico Barbon

ISBN:
978-65-86683-83-7

Âyiné

Direção editorial:
Pedro Fonseca

Coordenação editorial:
Luísa Rabello

Direção de arte:
Daniella Domingues

Coordenação de comunicação:
Clara Dias

Assistência de design:
Laura Lao

Conselho editorial:
Simone Cristoforetti
Zuane Fabbris
Lucas Mendes

Praça Carlos Chagas, 49. 2° andar.
Belo Horizonte 30170-140

+55 31 3291-4164
www.ayine.com.br
info@ayine.com.br

Âyiné

As novas faces do fascismo

Populismo e a extrema direita

Tradução
Mônica Fernandes
Rafael Mello
Raphael Lana Seabra

Enzo Traverso

Sumário

9   Agradecimentos

Parte I

O presente como história

13   1. Do fascismo ao pós-fascismo
61   2. Identitarismo de direita
89   3. Espectros do islã

Parte II

A história no presente

131   4. Interpretando o fascismo
171   5. Antifascismo
195   6. Os usos do totalitarismo

235   Conclusão
243   Referências

Este livro tem uma motivação peculiar. Ele começou como uma longa entrevista gravada em Paris em 2016, na preparação para uma eleição presidencial francesa que deveria ser dominada pela ascensão da Frente Nacional de Marine Le Pen. Régis Meyran, um amigo e jornalista que trabalha para a editora Textuel, preparou um conjunto de perguntas que enquadraram nossas conversas. Encontramo-nos novamente após a inesperada vitória de Donald Trump nas eleições presidenciais dos Estados Unidos. Partindo de uma ansiedade política fundamentada no presente, a entrevista buscou uma perspectiva baseada majoritariamente na retrospectiva histórica. A dramática ascensão da extrema direita em quase todos os países da União Europeia desperta poderosamente os fantasmas do passado e levanta novamente a questão: o que é fascismo? Ainda é significativo falar em fascismo no século XXI? Eu espero fornecer alguns elementos para uma resposta provisória, para iluminar essa paisagem sombria, conectando o presente com suas premissas históricas. Sebastian Budgen, da Verso, pediu-me que eu transformasse essa conversa em um único livro, o que fiz com a anuência de Régis e com a ajuda de David Broder, que traduziu o texto do original em francês. Assim, reformulei completamente o texto: reescrevendo, matizando e, às vezes, atualizando ideias à luz de desenvolvimentos mais recentes. A gênese deste livro explica seu foco francês — particularmente no que diz respeito às questões de imigração, colonialismo e islamofobia — apesar de seu escopo histórico geral e abrangente. Mas isso se refere exclusivamente à Parte I («O Presente como História», um flerte com Paul Sweezy), enquanto a Parte II («A História no Presente») lida com as maneiras pelas quais

Agradecimentos

os legados do fascismo, do antifascismo e do totalitarismo assombram nossos atuais debates intelectuais e políticos. Esta fornece uma análise crítica dos usos e abusos dessas categorias em um campo historiográfico que está longe de ser uma torre de marfim «neutra», apartada do som e da fúria do presente. O livro inclui três textos que apareceram originalmente em periódicos e coletâneas. Uma primeira versão dos capítulos 4 e 6 foi publicada em *Constellations* (vol. 15, n. 3, 2008) e *History and Theory* (vol. 56, n. 4, 2017). O capítulo 5 foi originalmente incluído em *Rethinking Antifascism*, uma continuação de uma conferência sobre antifascismo editada por Hugo García, Mercedes Yusta, Xavier Tabet e Cristina Clímaco (Nova York: Berghahn Books, 2015). Este livro não existiria sem minhas conversas originais com Régis Meyran, a tradução de David Broder e a sugestão de Sebastian Budgen de transformá-lo em um texto diferente em inglês. Muito obrigado a todos eles.

Agradecimentos

Parte I

O Presente como História

1. Do Fascismo ao Pós-Fascismo

Definições

O surgimento da direita radical é uma das mais evidentes características de nosso momento histórico. Em 2018, oito países da União Europeia (Áustria, Bélgica, Dinamarca, Finlândia, Itália, Polônia, Hungria e Eslováquia) são governados por partidos da extrema direita, nacionalistas e xenófobos. Esses partidos também polarizaram a disputa política em três das maiores nações da União Europeia: na França, a Frente Nacional perdeu as eleições presidenciais de 2017, mas alcançou extraordinários 33,9% dos votos; na Itália, a Lega Nord tornou-se a força hegemônica da direita ao criar um novo governo e marginalizar a Forza Italia de Silvio Berlusconi; e na Alemanha, o Alternative für Deutschland assumiu cadeiras no Bundestag em 2017 com quase 13% dos votos, resultado que enfraqueceu sobremaneira a chanceler Angela Merkel e levou a União Democrática Cristã (CDU) a renovar sua coalizão com o Partido Social-Democrata (SPD). A «exceção alemã», frequentemente louvada, desapareceu, e Merkel anunciou sua intenção de repensar suas políticas «generosas» em favor dos imigrantes e refugiados. Fora da União Europeia, a Rússia de Putin e alguns de seus satélites estão longe de ser os únicos bastiões do nacionalismo. Com a eleição de Donald Trump para a presidência dos Estados Unidos, o surgimento de uma direita nacionalista, populista, racista e xenófoba tornou-se um fenômeno global. O mundo ainda não havia experimentado um similar crescimento da direita radical desde os anos

1930, um desenvolvimento que desperta a memória sobre o fascismo. Seu fantasma ressurgiu nos debates contemporâneos e reabriu a antiga questão da relação entre a historiografia e o uso público do passado. Reinhart Koselleck nos lembra que há uma tensão entre os fatos históricos e sua transcrição linguística: conceitos são indispensáveis para pensar a experiência histórica, mas também podem ser usados para compreender novas experiências que estão ligadas ao passado por uma rede de continuidade temporal.[1] A comparação histórica que tenta estabelecer mais analogias e diferenças do que homologias e repetições surge da tensão entre história e linguagem.

Atualmente, o surgimento da direita radical traz uma ambiguidade semântica: por um lado, quase ninguém fala abertamente do fascismo — exceções notáveis ao Aurora Dourada na Grécia, ao Movimento por uma Hungria Melhor (*Jobbik*) na Hungria e ao Partido Nacional na Eslováquia — e a maioria dos observadores reconhece as diferenças entre esses novos movimentos e os seus antepassados dos anos 1930. Por outro lado, qualquer tentativa de definir esse novo fenômeno implica uma comparação com os anos do entreguerras. Em resumo, o conceito de fascismo parece ser inapropriado e indispensável para compreender essa nova realidade. Portanto, chamarei o momento atual de um período de *pós-fascismo*. Esse conceito enfatiza sua particularidade cronológica e o localiza em uma sequência histórica marcada tanto pela continuidade quanto pela transformação; certamente ele não responde a

---

1   Reinhart Koselleck, «Social History and Conceptual History». In: Todd Samuel Presner (Org.), *The Practice of Conceptual History*. Stanford: Stanford University Press, 2002, pp. 20-37.

Parte I   O Presente como História

todas as questões que foram abertas, mas enfatiza a realidade da mudança.

Antes de tudo, é preciso não esquecer que o conceito de fascismo tem sido usado desde a Segunda Guerra Mundial e não só para definir as ditaduras militares na América Latina. Em 1959, Theodor Adorno escreveu que «a sobrevivência do nacional-socialismo *dentro* da democracia» era potencialmente mais perigosa do que a «sobrevivência das tendências fascistas *contra* a democracia».[2] Em 1974, Pier Paolo Pasolini retratou os modelos antropológicos do capitalismo neoliberal como um «novo fascismo» que, comparado ao regime de Mussolini, parecia irremediavelmente arcaico, um tipo de «paleofascismo».[3] E, mesmo em décadas mais recentes, muitos historiadores buscam associar a Itália de Berlusconi — e não sua filiação — ao fascismo clássico. Claro que havia enormes diferenças entre esse regime e o fascismo histórico — o culto ao mercado em lugar de ao Estado, propagandas da televisão em vez de «desfiles oceânicos» e assim por diante —, mas a concepção de democracia plebiscitária de Berlusconi e a liderança carismática evocam fortemente o arquétipo fascista.[4]

Essa pequena digressão mostra que o fascismo não apenas foi transnacional ou transatlântico,[5] mas também transistórico. A memória coletiva estabelece uma ligação entre o conceito e seu uso público, que costuma exceder sua dimensão puramente historiográfica. Sob essa perspectiva, o fascismo (assim como outros conceitos em

---

2   Theodor W. Adorno, «The Meaning of Working Through the Past». In: *Critical Models*. Nova York: Columbia University Press, 2005, p. 90.

3   Pier Paolo Pasolini, *Scritti corsari*. Milão: Garzanti, 2008, p. 63.

4   Paolo Flores D'Arcais, «Anatomy of Berlusconismo», *New Left Review*, 68, 2011, pp. 121-40; e Antonio Gibelli, *Berlusconi passato alla storia*. Roma: Donzelli, 2011.

5   Federico Finchelstein, *Transatlantic Fascism*. Durham: Duke University Press, 2010.

1. Do Fascismo ao Pós-Fascismo

nosso léxico político) poderia ser visto como um conceito transistórico capaz de transcender a era que o engendrou. Afirmar que os Estados Unidos, o Reino Unido e a França são democracias não quer dizer que se postule a identidade de seus sistemas políticos ou que eles correspondam à democracia ateniense do período de Péricles. No século XXI, o fascismo não terá a face de Mussolini, Hitler e Franco; nem (esperamos) terá a forma do terror totalitário. Sabemos, no entanto, que há muitas formas de destruir a democracia. As referências rotineiras às ameaças à democracia — particularmente ao terrorismo islâmico — costumam retratar o inimigo como externo, mas se esquecem de uma lição fundamental da história do fascismo: a democracia pode ser destruída a partir de dentro.

Na verdade, o fascismo é parte central de nossa consciência histórica e de nosso imaginário político, mas muitos aspectos do contexto atual complicam essa referência histórica. Entre essas novas circunstâncias, destaca-se o surgimento do terrorismo islâmico, que alguns atores políticos e comentaristas costumam chamar de «fascismo islâmico». Como a nova direita radical se assume como um bastião contra esse «fascismo islâmico», a palavra *fascismo* é mais um obstáculo do que uma categoria de interpretação. Daí por que o termo *pós-fascismo* é mais apropriado. Sem desconsiderar seus limites evidentes, esse termo nos ajuda a descrever um fenômeno em transição, um movimento ainda em transformação e ainda não cristalizado. Por essa razão, o *pós-fascismo* não tem o mesmo status do conceito «fascismo». O debate historiográfico sobre o fascismo ainda está aberto, mas ele define um fenômeno cujas fronteiras cronológicas e políticas são bastante claras.

Parte I   O Presente como História

Quando falamos de fascismo, não há ambiguidade sobre o que falamos, mas as novas forças da direita radical são um fenômeno heterogêneo e composto. Elas não têm as mesmas características em todos os países, nem mesmo nos da Europa: da França para a Itália, da Grécia para a Áustria, da Hungria para a Polônia e Ucrânia, elas têm pontos em comum, mas são muito diferentes umas das outras.

O pós-fascismo também deve ser distinguido do neofascismo, que é uma tentativa de perpetuar e regenerar o velho fascismo. São exemplos disso vários partidos e movimentos que surgiram na Europa Central ao longo das últimas duas décadas (*Jobbik* na Hungria, por exemplo) que pregam abertamente uma continuidade ideológica com o fascismo histórico. O pós-fascismo é algo mais: em muitos casos, ele surge de um passado fascista clássico, mas vem mudando suas formas. Muitos movimentos pertencentes a essa constelação não apelam a essas origens e se distinguem do neofascismo. De qualquer modo, não exibem uma continuidade ideológica com o fascismo clássico. No esforço de defini-los, não podemos ignorar o ventre fascista de onde surgiram, dado que essas são suas raízes históricas, mas também devemos levar em consideração suas metamorfoses. Eles se transformaram e tomaram um rumo cujo resultado é imprevisível. Quando tiverem se estabelecido como outra coisa, com características políticas e ideológicas estáveis, teremos de cunhar uma nova definição. O pós-fascismo pertence a um regime particular de historicidade — começo do século XXI —, o que explica seu conteúdo ideológico errático, instável e contraditório, no qual se misturam filosofias políticas antinômicas.

1. Do Fascismo ao Pós-Fascismo

A Frente Nacional, movimento francês bastante conhecido, sintetiza essas transformações. É em vários aspectos uma força emblemática devido ao seu recente sucesso e sua presença na política europeia. Quando de sua fundação em 1972, era óbvio que tinha sido gestado no ventre do fascismo francês. Nas décadas seguintes, conseguiu aglutinar várias correntes da extrema direita, nacionalistas e católicos fundamentalistas, *poujadistas* e colonialistas (nostálgicos da *Algérie française* [Argélia francesa]). Provavelmente, a chave dessa operação de sucesso foi a curta distância histórica que a separa de Vichy e das guerras coloniais da França. O conteúdo fascista foi capaz de juntar todos e servir como força motriz do partido no momento de sua fundação.

A Frente Nacional tinha começado a evoluir já em 1990, mas foi só quando Marine Le Pen tornou-se líder em 2011 que o partido começou a «mudar de pele».[6] Seu discurso mudou, deixando de clamar seus velhos princípios políticos e ideológicos e se reposicionando mais significativamente no palco da política francesa. Preocupada com sua reputação, a Frente Nacional buscou se juntar ao sistema da Quinta República, apresentando-se como uma alternativa «normal» e indolor. Claro que se opôs à União Europeia e ao *establishment* tradicional, mas já não desejava parecer uma força subversiva. Diferentemente do fascismo clássico, que queria mudar tudo, a ambição da Frente Nacional é agora transformar o sistema de dentro. Pode-se argumentar que até mesmo Mussolini e Hitler conquistaram o poder por caminhos legais, mas a objeção não se sustenta: sua

---

6 Existe uma vasta literatura sobre a história da Frente Nacional; para uma visão geral, ver Valérie Igounet, *Le Front National de 1972 à nos jours*. Paris: Seuil, 2014.

Parte I O Presente como História

vontade de derrubar o Estado de direito e varrer a democracia foi afirmada claramente.

Mais do que um legado político, a linha de descendência de Marine Le Pen na Frente Nacional tem a forma de filiação biológica: foi o pai quem entregou o poder à filha, dando claros traços dinásticos a essa passagem. Mas esse partido nacionalista é agora dirigido por uma mulher, fato até então sem precedente no movimento fascista. A Frente Nacional é também marcada por tensões, que são mais aparentes no campo do conflito ideológico entre pai e filha e, sobretudo, entre as correntes ligadas à antiga Frente Nacional e aquelas que querem transformá-la em outra coisa. A Frente Nacional iniciou uma metamorfose, uma mudança de linha ainda não cristalizada; a transformação continua em curso.

Europa

Ante a nova ascensão da extrema direita, seria uma ilusão perigosa encarar a União Europeia (UE) como o «remédio». Apesar de uma poderosa retórica sobre a ideia europeia, o resultado de várias décadas de políticas da União Europeia é um fracasso. O contraste entre as elites da UE e seus antecessores é convincente. É tão forte que, por reação, ficamos tentados a admirar seus pais fundadores. Não falo dos intelectuais, como Altiero Spinelli, que imaginaram uma Europa Federal em meio a uma terrível guerra. Penso nos arquitetos da União Europeia: Konrad Adenauer, Alcide de Gasperi e Robert Schuman. Susan Watkins nos lembrou recentemente que todas essas figuras nasceram nos anos

1880, no apogeu do nacionalismo, e cresceram em uma época em que se viajava em carruagens puxadas por cavalos.[7] Provavelmente eles compartilhavam uma certa concepção alemã sobre a Europa: Adenauer tinha sido prefeito de Colônia, De Gasperi tinha representado a minoria italiana no Parlamento Habsburgo, e Schuman cresceu em Estrasburgo, na Alsácia alemã antes de 1914. Quando se encontraram, conversavam em alemão, mas defendiam uma visão cosmopolita e multicultural da Alemanha, distante da tradição do nacionalismo prussiano e do pangermanismo.[8] Tinham uma visão de Europa que eles esboçaram tendo um destino comum em um mundo bipolar, e tiveram coragem na medida em que propuseram esse projeto a povos que tinham saído de uma guerra civil continental. O plano de uma integração econômica — carvão e aço — ficou no desejo político. Eles conceberam um mercado comum como o primeiro passo em direção a uma unificação política, e não como um ato de submissão a interesses financeiros. Para o bem ou para o mal, Helmut Kohl e François Mitterrand foram os últimos a agir como estadistas. Não tinham a mesma estatura de seus antecessores, mas não eram executivos de bancos e de instituições financeiras internacionais.

A geração que os sucedeu na passagem para o século XXI não tem nem visão — gabam-se de sua falta de ideias como uma virtude pós-ideológica do pragmatismo — nem coragem, dado que suas escolhas dependem de pesquisas de opinião. Seu exemplo é Tony Blair, o artista da mentira, do oportunismo e do carreirismo político, atualmente desacreditado em

---

7   Susan Watkins, «The Political State of the Union». *New Left Review*, 90, 2014, pp. 2-25.
8   Tony Judt, *Postwar*. Londres: Penguin, 2005, p. 157.

seu próprio país, mas ainda envolvido em atividades lucrativas. Um europeísta convicto — o mais pró-europeu dos líderes ingleses do pós-guerra —, ele representa uma mutação: o nascimento de uma elite política neoliberal que transcende a clivagem tradicional entre direita e esquerda. Tariq Ali chama isso de «extremo centro».[9] Blair serviu de modelo para François Hollande, Matteo Renzi, para os líderes do Partido Socialista Operário Espanhol (PSOE) e, em certa medida, até para Angela Merkel, que governa em perfeita harmonia com o SPD. Atualmente, o neoliberalismo incorporou os herdeiros da social-democracia e das correntes conservadoras cristãs.

O resultado dessa mudança foi o impasse do próprio projeto europeu. Por um lado, essa falta de visão transformou a UE em uma agência encarregada de aplicar medidas exigidas pelos poderes financeiros, e, por outro, a falta de coragem impediu qualquer avanço do processo de integração política. Obcecados pelas pesquisas de opinião, os dirigentes da UE carecem de visão estratégica; são incapazes de pensar além das próximas eleições. Paralisada pela impossibilidade de retornar às antigas soberanias nacionais e resistente a construir instituições federais, a UE criou um monstro estranho e horrível: a troika, uma entidade sem existência jurídica e política, sem legitimidade democrática e que, mesmo assim, detém o poder real e as regras do continente. O Fundo Monetário Internacional (FMI), o Banco Central Europeu (BCE) e a Comissão Europeia determinam as políticas de todos os governos nacionais, avaliam sua implantação e decidem sobre os ajustes compulsórios. Podem inclusive mudar o

---

9   Tariq Ali, *The Extreme Centre*. Londres: Verso, 2015.

1. Do Fascismo ao Pós-Fascismo

próprio Executivo, como ocorreu na Itália no final de 2011 e no verão de 2018. No primeiro caso, Mario Monti, o homem de confiança do BCE e do Goldman Sachs, destituiu Berlusconi; no segundo caso, o presidente Sergio Mattarella recusou-se a nomear o ministro da Economia de um governo apoiado pela maioria parlamentar porque muitos jornais o acusavam de «eurocético», isto é, hostil à moeda da UE. Monti, um líder técnico não eleito, aplicou o receituário à troika. Em 2018, Paolo Savona foi substituído por Giovanni Tria, um economista que a troika considerava mais confiável, em troca de uma série de concessões às demandas xenofóbicas e autoritárias da Lega Nord. O direito a decidir sobre a vida e a morte de seres humanos — o direito que distingue a soberania clássica — é exatamente o direito que a troika impôs aos gregos durante a crise da Grécia, ao ameaçar de morte e asfixia todo o país. Quando a troika não tem interesses específicos para defender, a União Europeia não existe e se quebra: por exemplo, para enfrentar a crise dos refugiados, cada país quer fechar suas fronteiras. Em circunstâncias como essas, os políticos xenófobos já não são incompatíveis com a governança da UE.

Esse superpoder não emana de nenhum parlamento ou da soberania popular, uma vez que o FMI não faz parte da UE, o «Eurogrupo» é um ajuntamento informal de ministros das Finanças, e o BCE (de acordo com seu próprio estatuto) é uma instituição independente. Como muitos analistas observam, a troika é um *estado de exceção*. No entanto, esse estado de exceção não tem muitas semelhanças com as ditaduras do passado, pois, de acordo com a teoria política clássica, elas expressavam *a autonomia do político*. Na situação atual, esse

Parte I   O Presente como História   22

estado de exceção não é transitório, mas é seu próprio modo de funcionar — a exceção tornou-se a regra — e significa a completa submissão do político ao financeiro.[10] Em suma, é um estado de exceção que determina um tipo de ditadura financeira, um Leviatã neoliberal. A troika fixa as regras, transmite-as a diferentes Estados da UE e controla sua aplicação. Em síntese, é o «ordoliberalismo» de Wolfgang Schäuble: não é o capitalismo submetido às regras políticas, mas um capitalismo financeiro que dita suas próprias regras. Os dirigentes podem agir como comissários, no sentido schmittiano, mas o *Nomos* (um tipo de lei existencial) que eles incorporam e ao qual todas as regras jurídicas estão submetidas é econômico e financeiro, não político. Portanto, a contradição constitutiva de nossas democracias modernas, em que uma racionalidade jurídico-política coexiste com uma racionalidade econômico-gerencial, finalmente encontrou uma solução ao substituir o corpo político — democracia — por uma técnica de governo.[11] Em outras palavras, governo foi substituído por *governança*, o resultado de uma financeirização da política que transformou o Estado em uma ferramenta que incorpora e dissemina a razão neoliberal.[12] Quem melhor do que Jean-Claude Juncker poderia personificar um estado de exceção financeiro? Por vinte anos ele dirigiu o grão-ducado de Luxemburgo e o transformou na pátria do capitalismo de evasão fiscal. A definição de Estado cunhada por Marx no século XIX — um comitê para administrar os negócios comuns de

---

10 Sobre a «autonomia do político», ver Carl Schmitt, *The Concept of the Political*. Chicago: University of Chicago Press, 2007.

11 Essa distinção é conceitualizada e analisada por Giorgio Agamben, *The Kingdom and the Glory*. Stanford: Stanford University Press, 2011.

12 Wendy Brown, *Undoing the Demos*. Nova York: Zone, 2015, pp. 70-8.

1. Do Fascismo ao Pós-Fascismo

toda a burguesia — finalmente foi incorporada com perfeição pela UE.

Se a UE não é capaz de mudar o curso depois do trauma do *Brexit*, pode-se perguntar como ela sobreviverá — e se ela merece isso. A UE não é, atualmente, uma barreira para o crescimento da extrema direita, mas o combustível para ela. De fato, o desenrolar da UE poderá ter um efeito imprevisível na forma como esses movimentos se desenvolvem. Se a UE se rompesse, detonando uma crise econômica, a extrema direita poderia muito bem radicalizar: o pós-fascismo tomaria então a trilha do neofascismo. E esse processo poderia se espalhar de país para país num efeito dominó. Ninguém pode imaginar como controlar esse cenário aterrador que só reforçaria o caráter transitório e instável da direita pós-fascista.

Mas ainda não chegamos a esse ponto. Hoje, a força dominante da economia global — o capital financeiro — não aposta nesses movimentos, seja em Marine Le Pen na França ou nos neofascistas em outros países. Com efeito, o capital financeiro apoia os pilares políticos da UE, ou seja, os partidos do «extremo centro». Essas forças se opuseram ao *Brexit*, assim como Wall Street apoiou Hillary Clinton nas eleições americanas. O cenário descrito acima, no qual a direita radical chegaria ao poder e a UE se desintegraria, teria de envolver um bloco social e político de todo o continente. Em um contexto de caos prolongado, tudo é possível. Foi o que aconteceu na Alemanha entre 1930 e 1933, quando os nazistas, ao criarem um movimento de «plebeus enraivecidos», tornaram-se os interlocutores inevitáveis do grande negócio, as elites financeiras e industriais, e depois o exército.[13] Diferentemente dos anos 1930,

---

13 Sobre essa mudança histórica, cf. Ian Kershaw, *Hitler, 1889-1936*. Londres: Allen Lane, 1998, pp. 423-7.

Parte I   O Presente como História   24

no entanto, a atual crise europeia não indica o caminho (pelo menos em termos previsíveis) para uma solução à esquerda. A ausência de uma alternativa de esquerda crível tem consequências muito contraditórias.

Um dos pilares do fascismo clássico foi o anticomunismo. (Mussolini definiu seu movimento como uma «revolução contra revolução».) Não há nada comparável na imaginação pós-fascista, que não é assombrada por figuras jungerianas de milicianos com corpos metálicos esculpidos nas trincheiras. Conhecem-se apenas corpos esculpidos em academias esportivas. O comunismo e a esquerda já não são seus inimigos mortais e principais, e ela não transcende os limites de um conservadorismo radical. Na paisagem mental do pós-fascismo, o terrorista islâmico que substituiu o bolchevique não trabalha nas fábricas, mas sim se esconde nos subúrbios ocupados por imigrantes pós-coloniais. Por isso, numa perspectiva histórica, o pós-fascismo poderia ser visto como o resultado da derrota das revoluções do século XX: depois do colapso do comunismo e de os partidos social-democratas abraçarem a governabilidade neoliberal, a direita radical está se tornando, em muitos países, a força mais influente de oposição ao «sistema», mesmo que não assuma uma face subversiva e evite competir com a esquerda radical.

No entanto, tal posição não é apenas vantajosa. Nos anos 1930, foi o anticomunismo que impeliu as elites europeias a aceitarem Hitler, Mussolini e Franco. Como afirmam vários historiadores, esses ditadores certamente se beneficiaram de «erros de cálculo» dos governantes e dos partidos conservadores tradicionais, mas não há dúvida de que sem a Revolução Russa e a depressão global as elites econômica, militar e política

1. Do Fascismo ao Pós-Fascismo

alemãs, em meio ao colapso da República de Weimar, não teriam permitido que Hitler tomasse o poder. Hoje, os interesses das elites econômicas são muito mais bem representados pela União Europeia do que pela direita radical. A segunda poderia se tornar um interlocutor de confiança e uma liderança potencial só na hipótese do colapso do euro, o que levaria o continente ao caos e à instabilidade. Infelizmente, esse cenário não é impossível. Nossas elites econômicas lembram os «sonâmbulos» às vésperas de 1914, os responsáveis do «show europeu» que mergulharam na catástrofe completamente alienados do que estava ocorrendo.[14]

A extrema direita tem diferentes faces em diferentes países e não pode ser combatida na Grécia da mesma forma como na Alemanha, na França ou na Itália. Entretanto, podemos ter vários indicativos a partir do exemplo francês, um país cujo sistema político amplifica enormemente a extrema direita sempre que há eleições presidenciais. Depois do terremoto da disputa de 2002, em que Jean-Marie Le Pen chegou ao segundo turno pela primeira vez, a Frente Nacional foi capaz de influenciar a agenda política nacional. Quinze anos depois, a presença de Marine Le Pen no segundo turno das eleições presidenciais pareceu algo normal. Atualmente é ela quem lidera a oposição a Emmanuel Macron. Quando Nicolas Sarkozy era ministro do Interior, ele prometeu «limpar» os *banlieues* (subúrbios de maioria populacional formada pela classe trabalhadora e por minorias étnicas), e como presidente ele criou um Ministério de Imigração e Identidade Nacional. Em um clima de tensão agravado por ataques terroristas, o governo federal, sob o

---

14 Christopher Clark, *The Sleepwalkers*. Londres: Allen Lane, 2012.

mandato do presidente socialista François Hollande, adotou ainda mais a agenda da extrema direita. O chefe de governo, Manuel Valls, proclamou primeiro um estado de emergência e então fez uma tentativa (malsucedida) de aprovar leis que cassavam a cidadania francesa dos terroristas, em um contexto de violência indiscriminada. A retórica da república abriu caminho para medidas de «segurança». Dissidentes políticos e movimentos sociais contrários ao governo foram apresentados como ameaça à segurança nacional, ao mesmo tempo que o Estado adotava uma política de discriminação e suspeita contra as populações de origem pós-colonial. Estas últimas, vistas como uma fonte de terrorismo, são as que mais têm dupla cidadania e, portanto, são as mais ameaçadas de terem sua nacionalidade francesa cassada. Se realmente precisamos de um Estado autoritário e xenófobo para garantir a segurança nacional, a Frente Nacional será sempre a força política mais apta para isso. As leis especiais que Macron decidiu manter incluem muitas propostas que a Frente Nacional defende.

Governos, tanto de direita quanto de esquerda, têm implementado políticas de austeridade, como tem feito o governo francês, que se apresenta sendo *tanto* de direita *quanto* de esquerda. Em resposta a isso, Marine Le Pen afirma que defende os interesses das classes populares, os «franceses da gema» (*Français de souche*). É o bastante para atrair um setor do eleitorado popular que de início se refugiou na abstenção em resposta ao seu abandono pela esquerda e sua perda de compasso político.

1. Do Fascismo ao Pós-Fascismo

Populismo

Muitos estudiosos retratam os movimentos e os partidos de extrema direita como uma nova família política com base em uma ideologia partilhada, o «nacional-populismo».[15] Na França, esse conceito surgiu em meados dos anos 1980, graças a Pierre-André Taguieff, que tentou dar uma definição mais sistemática ao termo.[16] À primeira vista, esse conceito parece mais pertinente hoje do que há trinta anos, já que agora há uma diferença mais óbvia entre um partido como a Frente Nacional e o fascismo clássico. Mas o conceito de populismo foi tão amplamente usado que suscita um robusto e justificado ceticismo. Por um lado, sua livre flutuação e seus limites abrangentes o tornam quase incompreensível; por outro, é impossível falar de populismo como um fenômeno político totalmente desenvolvido, com um perfil e uma ideologia próprios. Há certo consenso entre os historiadores de que esse termo se aplica a alguns fenômenos do século XIX, a exemplo do populismo russo e do populismo americano (os *Narodniks* a partir de 1860, o agrário Partido do Povo entre 1892 e 1896), do boulangismo na França nos primeiros anos da Terceira República ou da grande variedade de populismos latino-americanos no século XX,[17] mas o populismo é acima de tudo um *estilo de política*, e não uma *ideologia*. Trata-se de uma retórica que consiste em exaltar as virtudes «naturais» do povo em oposição às da elite — e da própria

---

15 Jean-Yves Camus, Nicolas Lebourg, *Les droites extrêmes en Europe*. Paris: Seuil, 2015.

16 Confira as contribuições em Jean-Pierre Rioux (Org.), *Les populismes*. Paris: Perrin, 2007.

17 São trabalhos clássicos nessa temática: Franco Venturi, *Roots of Revolution*. Nova York: Grosset and Dunlap, 1966; Michael Kazin, *The Populist Persuasion*. Ithaca, NY: Cornell University Press, 1998; Zeev Sternhell, *La Droite révolutionnaire 1885-1914*. Paris: Gallimard, 1997; e Loris Zanatta, *El Populismo*. Buenos Aires: Katz, 2013.

Parte I   O Presente como História

sociedade em relação ao *establishment* político — com o objetivo de mobilizar as massas contra «o sistema». Podemos ver essa retórica em uma grande variedade de líderes políticos e movimentos. Nos últimos anos, as acusações de «populismo» foram dirigidas a Nicolas Sarkozy, Marine Le Pen, Jean-Luc Mélenchon na França; Nigel Farage e Jeremy Corbyn no Reino Unido; Silvio Berlusconi, Matteo Salvini e Beppe Grillo na Itália; Viktor Orbán na Hungria e Pablo Iglesias na Espanha; Donald Trump e Bernie Sanders nos Estados Unidos; e Hugo Chávez na Venezuela, Evo Morales na Bolívia, Rafael Correa no Equador; Néstor Kirchner e sua esposa, Cristina, na Argentina... Diante das enormes diferenças entre essas figuras, a palavra «populismo» tornou-se uma concha vazia que pode ser preenchida por conteúdos políticos dos mais disparatados. Tendo em vista a elasticidade e a ambiguidade do conceito de populismo, Marco d'Eramo assinala que ele tem mais a ver com aqueles que o usam do que a quem ele se aplica: é uma ferramenta política útil para estigmatizar adversários. Ao estigmatizar os adversários políticos de «populistas» se está, antes de tudo, mostrando o desdém que se tem pelo povo. Quando a ordem neoliberal estabelece como norma política a austeridade e as desigualdades sociais, todos que contra ela se posicionam são automaticamente chamados de populistas.[18] «Populismo» é uma categoria usada como mecanismo de autodefesa das elites políticas que sempre estão distantes do povo. Diz Jacques Rancière:

---

18 Marco d'Eramo, «Populism and the new Oligarchy». *New Left Review*, 82, 2013, pp. 5-28.

1. Do Fascismo ao Pós-Fascismo

Populismo é o nome conveniente para dissimular a contradição exagerada entre legitimidade do povo e legitimidade do especialista, ou seja, a dificuldade do governo em se adaptar às manifestações da democracia e mesmo à forma mista do sistema representativo. Esse nome, de imediato, mascara e revela o desejo intenso do oligarca: governar sem povo, em outras palavras, sem dividir o governo com o povo; governar sem política.[19]

A julgar pelos jornais europeus *El País, La Repubblica, Le Monde, The Guardian* e *Frankfurter Allgemeine Zeitung*, o crescimento do populismo está enraizado tanto em políticas sociais — o confronto com a austeridade, a luta pelo aumento do salário mínimo, a defesa dos serviços públicos e a rejeição aos cortes nos gastos públicos — quanto no apoio à xenofobia e ao racismo. Esse é apenas um exemplo da confusão que a palavra populismo pode produzir. De acordo com essa lógica, qualquer um que critica a política neoliberal da troika é um populista. O Syriza da Grécia (até 2015) e o Podemos da Espanha foram definidos como populistas. Qualquer político *antiestablishment* pode ser colocado no mesmo saco, quando se ignoram as diferenças ideológicas entre eles. O conceito de populismo elimina a diferença entre esquerda e direita e afasta a possibilidade de entender a política.

Até as tentativas mais nuançadas, informadas e rigorosas de conceituar o populismo caem inevitavelmente nessa armadilha epistemológica. O populismo se transforma numa categoria abstrata formalizada por um conjunto de

---

19   Jacques Rancière, *Hatred of Democracy*. Londres: Verso, 2006, p. 80.

Parte I   O Presente como História   30

características gerais — autoritarismo, nacionalismo radical entendido como religião política, liderança carismática, rejeição ao pluralismo e ao controle da lei, visão monolítica e homogênea do povo, retórica demagógica, entre outras —, categoria na qual alguns movimentos de esquerda e de extrema direita se enquadram. No entanto, para definir essa categoria abstrata, devem-se ignorar tanto as genealogias históricas quanto seus objetivos sociais e políticos, que divergem dramaticamente entre si. Se, conforme a avaliação de Federico Finchelstein, «o populismo é uma forma autoritária de democracia que surgiu originalmente como uma reformulação do fascismo de pós-guerra», uma matriz à qual permaneceria ligado «genética e historicamente», é muito difícil entender sua tipologia que inclui «o populismo neoclássico da esquerda», corrente política à qual pertencem Hugo Chávez, Rafael Correa e Evo Morales na América Latina e também o Podemos e o Syriza na Europa.[20] Isaiah Berlin não estava completamente errado quando, em sua velha sabedoria conservadora, mencionou a futilidade de um tipo de «populismo platônico». Ele dizia que muitos acadêmicos adquiriram um curioso complexo de Cinderela: «Há um sapato — a palavra populismo — para o qual, em algum lugar, deve existir um pé».[21]

Outro exemplo pode também jogar luz sobre essa falta de compreensão. Embora sejam muitas vezes reunidos sob o mesmo rótulo de «populismo», há uma diferença fundamental entre o populismo latino-americano e o pós-fascismo. Quando observamos o

---

20 Federico Finchelstein, *From Fascism to Populism in History*. Berkeley: University of California Press, 2017, pp. 98, 251, 101.

21 Palavras de Isaiah Berlin numa conferência sobre o populismo ocorrida em 1967 na London School of Economics, citado por Finchelstein, *From Fascism to Populism in History*, op. cit., p. 128.

estilo político de Hugo Chávez, vemos que ele foi um populista por excelência. Usou com frequência a demagogia como técnica de comunicação e regularmente convocava o povo quando lhe parecia necessário. Por vezes, estava certo em convocá-lo: em 2002 foi uma revolta popular que o salvou de um golpe de Estado organizado pela direita venezuelana e pela embaixada dos Estados Unidos. Independentemente de seus limites, o populismo latino-americano buscou redistribuir riqueza e *incluir* no sistema político aqueles setores da sociedade geralmente *excluídos*.[22] A política econômica dessas experiências é certamente assunto para uma discussão posterior — a incapacidade de usar a renda do petróleo, que é quase a totalidade da riqueza do Estado, para diversificar a economia venezuelana levou o país a uma catástrofe após a queda do preço do barril de petróleo —, mas os objetivos dos populismos latino-americanos são principalmente sociais. A liderança carismática e a deliberação plebiscitária não são certamente formas de democracia, mas as campanhas contra esses governos pelo *El País* e pelo *Financial Times* estão enraizadas em várias motivações: na América Latina, o populismo era a forma mais consistente de resistência política contra a globalização neoliberal.

Diferentemente, os partidos populistas da Europa Ocidental são caracterizados pela xenofobia e pelo racismo e têm por objetivo principal excluir as camadas mais baixas, mais precárias e marginais da população, o que significa todos os imigrantes. Marco Revelli está certo ao definir o populismo da direita como uma «desordem senil» da democracia liberal, uma «revolta

---

22 Carlos de la Torre, «Left-Wing Populism: Inclusion and Authoritarianism in Venezuela, Bolivia and Ecuador». *The Brown Journal of World Affairs*, 23, 1, 2016, pp. 61-76.

do incluído» que foi empurrado para as margens.[23] Considerando essa diferença radical, os conceitos de «populismo» e «nacional-populismo», ao invés de ajudar a elucidar os termos, só criam confusão. Eles focam apenas o *estilo* político, ou seja, os conceitos podem servir tanto para a direita quanto para a esquerda, obscurecendo assim sua natureza fundamental. Desse ponto de vista, o populismo é irmão gêmeo do «totalitarismo», que é outro conceito de sucesso que serve apenas para enfatizar algumas semelhanças superficiais entre fascismo e comunismo ao retratá-los como regimes políticos que partilham uma natureza comum. Tanto o populismo como o totalitarismo são categorias que pressupõem uma visão do liberalismo clássico como uma norma histórica, filosófica e política. Eles também pressupõem um olhar externo e aristocrático, vindo de observadores distantes que adotam uma atitude superior e condescendente em relação a um vulgo imaturo e perigoso. Mesmo um analista cuidadoso como Jan-Werner Müller, cujo ensaio sobre o populismo é um exercício crítico aos frequentes abusos desse conceito, termina considerando-o uma advertência para nossos governantes, surpreendidos pela profunda crise das formas institucionais de representação das democracias liberais.[24] Marco d'Eramo escreveu uma resenha sobre o ensaio de Müller:

> O discurso convencional sobre o populismo hoje é produto de intelectuais que se consideram conselheiros do príncipe. Naturalmente, os autores desse discurso não se veem como parte do «povo»,

---

23 Marco Revelli, *Populismo 2.0*. Turim: Einaudi, 2017, p. 4.

24 Jan-Werner Müller, *What is Populism?* Filadélfia: University of Pennsylvania Press, 2016, p. 103.

1. Do Fascismo ao Pós-Fascismo

que tratam de forma paternal, examinando-o às vezes com benevolência e mais frequentemente com exasperação e impaciência, para não dizer com alarme.[25]

Trump

A vitória de Donald Trump nas eleições norte-americanas de 2016 levou o eixo político mundial à direita, e suas consequências são sentidas em nível global, mesmo na Europa. É preciso, no entanto, analisar essa vitória cuidadosamente em seu próprio contexto. O resultado final foi tão mais surpreendente e traumático porque, até a véspera das eleições, previa-se uma vitória certeira de Hillary Clinton. De acordo com o *New York Times*, a candidata democrata tinha mais de 80% de chances de vencer, e após sua derrota seus eleitores tiveram a impressão de terem sido arremessados para dentro de um pesadelo, de terem experimentado uma história contrafactual na vida real. As pessoas sentiram como se estivessem vivendo em uma realidade alternativa, como foi a vitória de Charles Lindbergh nas eleições fictícias de 1941 descritas por Philip Roth em seu livro *Complô contra a América*, ou nos Estados Unidos pós-guerra dominados pelo Japão imperial e pela Alemanha nazista no livro *O homem do castelo alto*, de Philip K. Dick, ou na vitória de Robert E. Lee contra a União retratada na série *Confederate* da rede HBO.

Por terem considerado que a vitória de Clinton era inevitável, o sucesso de Trump foi sentido como uma violação de uma «lei da história». Para um italiano, entretanto, isso foi

---

25 Marco d'Eramo, «They, the People». *New Left Review*, 103, 2017, p. 135.

Parte I   O Presente como História   34

muito menos surpreendente, após nossos vinte anos de *berlusconismo*. Já estávamos bem apáticos, apesar do óbvio reconhecimento de que a vitória de Trump traria efeitos muito mais fundamentais. Se olharmos mais de perto para os resultados das eleições nos Estados Unidos, chegaremos a uma conclusão clara: o que a mídia deixou de prever não foi uma gigantesca onda do neoconservadorismo, o que de fato não ocorreu, mas sim o colapso do voto democrata. Trump ganhou devido às peculiaridades do sistema eleitoral norte-americano, em que conseguira muito menos votos não apenas do que Hillary Clinton (recebeu quase 3 milhões de votos a menos que ela), mas também do que Mitt Romney em sua campanha em 2012. Sua vitória deveu-se ao colapso de Clinton em uma série de redutos que tradicionalmente eram democratas. O que se vê não é a «fascistização» dos Estados Unidos, como se o país tivesse sido hipnotizado por um novo líder carismático; mas sim a profunda rejeição ao *establishment* político e econômico, com abstenção em massa e o voto de protesto capturado por um político demagogo e populista.

Durante toda a campanha foram traçados paralelos entre Trump e Benito Mussolini. Trump foi definido como fascista não apenas pelas publicações da esquerda liberal, como *The Nation* e *The New Republic*, mas também por colunistas do *The New York Times* e do *Washington Post* (incluindo o analista neoconservador Robert Kagan), e até mesmo pela ex-secretária de Estado Madeleine Albright.[26] Essas análises eram frequentemente superficiais, tinham como foco a personalidade do candidato republicano. Elas sublinhavam os traços que mais remetiam aos de

---

26 Robert Kagan, «This Is How Fascism Comes to America». *Washington Post*, 18 maio 2016; Madeleine Albright, *Fascism*. Nova York: Harper, 2018.

líderes fascistas clássicos: Trump se apresenta como um «homem de ação» e não de pensamento; ele dá vazão ao seu sexismo ofensivo, ostentando sua virilidade de modo particularmente vulgar e ultrajante; usa a xenofobia e o racismo como instrumentos de propaganda, prometendo expulsar muçulmanos e latinos do país, prestando homenagens à polícia quando esta mata negros norte-americanos, e até sugerindo que, devido à sua ascendência familiar, Obama não seria de fato um norte-americano. Sua promessa de «tornar a América [*sic*] grande outra vez» significa, no fim das contas, torná-la branca novamente.[27] Ele jogou com o chauvinismo de seu eleitorado e se apresentou como defensor das classes populares mais atingidas pela desindustrialização e pela crise econômica que exacerbou as desigualdades sociais a partir de 2008.[28] Cada vez que aparece na televisão, seu carisma sobressai e adentra os lares de famílias norte-americanas: ele não esconde seu autoritarismo e se utiliza de demagogia para contrastar a situação de norte-americanos comuns (dos quais nunca fez parte e que sempre explorou) e o sistema político corrupto de Washington. Nos debates televisionados com Hillary Clinton, ele sempre tratou de ameaçar mandá-la à prisão uma vez que fosse eleito presidente. Embora esses traços fascistas sejam inegáveis, o fascismo em si não se reduz à personalidade de um líder político específico.

Não foi um movimento de massa fascista que elevou Trump ao poder, mas seu estrelato televisivo. Nessa perspectiva, seria mais apropriado compará-lo a Berlusconi do que a Mussolini. Trump não ameaça trazer um exército de camisas-negras (ou camisas pardas)

---

27 Adam Shatz, «Wrecking Ball». *London Review of Books*, 7 set. 2017, p. 17.
28 Ross Douthat, «Is Donald Trump a Fascist?». *New York Times*, 3 dez. 2015.

em marcha a Washington, pelo simples fato de que não há um grupo organizado por trás dele. Ele foi capaz de incorporar a indignação popular contra as elites de Wall Street e Washington, das quais a família Clinton havia se tornado símbolo. Isso apesar de ser ele um representante da elite econômica do país. A luta pessoal de Trump contra o *establishment* é ainda mais paradoxal devido ao fato de ele ser o candidato do Partido Republicano, o chamado Grand Old Party (GOP), que é tido como um dos pilares desse mesmo *establishment*. Até o momento, ele tem se mostrado mais eficaz em transformar o GOP — a maioria dos mais importantes nomes do Partido Republicano se distanciou de sua candidatura durante a campanha eleitoral — do que em construir um movimento fascista. Trump tem conseguido explorar a crise de identidade do Partido Republicano e a perda de marcos ideológicos, crise que o vem caracterizando desde o fim da era Bush. Enquanto representa uma virada autoritária no terreno político, no socioeconômico tem demonstrado certo ecletismo. Ele é tanto protecionista quanto neoliberal: por um lado, busca pôr fim ao tratado de livre-comércio com o México e estabelecer barreiras alfandegárias à Europa e à China; por outro, busca uma diminuição radical de impostos e a privatização completa de serviços sociais. Está, assim, decidido pelo desmantelamento da modesta política social do governo Obama, particularmente no que diz respeito à área da saúde.

Desse ponto de vista, a nova direita europeia, com sua oposição ao euro, é bem mais «social» que Trump. Nos Estados Unidos, foi Bernie Sanders quem representou a oposição social ao *establishment*. O fascismo clássico não era neoliberal; era estatista e imperialista,

1. Do Fascismo ao Pós-Fascismo

promovendo políticas de expansão militar. Trump é antiestatista e bastante isolacionista; a ele agradaria pôr fim às guerras do país e (apesar de múltiplas contradições) buscar uma reconciliação com a Rússia de Putin. O fascismo sempre apoiou a ideia de uma comunidade nacional ou racial, enquanto Trump prega individualismo. Ele incorpora a vertente xenófoba e reacionária do norte-americanismo: o *self-made man* de um darwinismo social, o justiceiro que defende seu direito ao porte de armas, o ressentimento dos brancos que estão se tornando minoria em um país de imigrantes. Ele garantiu o voto de um quarto do eleitorado ao acertar na interpretação do medo e das frustrações de uma minoria, assim como fez o nacionalismo WASP há um século quando se levantou contra a chegada de imigrantes católicos, ortodoxos e judeus da Europa Meridional e Oriental.

Poderíamos definir Trump como um líder pós-fascista sem o fascismo, compreendendo — seguindo o historiador Robert O. Paxton — que o comportamento fascista do presidente norte-americano é inconsciente e involuntário, pois é bem provável que nunca tenha lido um único livro sobre Hitler ou Mussolini.[29] Trump é descontrolado e imprevisível. Quando colocamos tudo na perspectiva histórica adequada, é fácil reconhecer que isso que observamos difere do fascismo clássico. Podemos traçar analogias por meio de comparações históricas, mas não mapear o perfil de Trump dentro de um paradigma fascista do período entreguerras. O contexto é simplesmente diferente demais.

Pode-se dizer que Trump está tão distante do fascismo clássico quanto o

---

29 Ver a entrevista de Isaac Chotiner com Paxton, «Is Donald Trump a Fascist?». *Slate*, 10 fev. 2016.

Occupy Wall Street, o movimento espanhol 15-M e o movimento francês Nuit Debout estão do comunismo do século XX. A oposição social e política entre essas forças é tão profunda quanto a oposição histórica entre o comunismo e o fascismo. Não se deve concluir, a despeito da analogia, que os sujeitos em questão se entendem como herdeiros dessa história do século XX. Nesse sentido, falar em «fascismo» de Trump não é estabelecer uma continuidade histórica ou afirmar que há um legado adotado de maneira consciente por ele. Sem dúvida, há fortes semelhanças. De acordo com suas afirmações, Trump estaria defendendo as classes populares que sofreram com a desindustrialização e a crise econômica de 2008, embora em vez de se manifestar contra o principal responsável — o capital financeiro —, aponte bodes expiatórios. Em sua campanha eleitoral, também foram reproduzidos elementos do antissemitismo fascista dos anos 1930, que defendia de seus inimigos uma comunidade nacional etnicamente homogênea e mítica. Enquanto os judeus foram o inimigo específico do fascismo, Trump alterou e aumentou a lista para incluir os negros, os latinos, os muçulmanos e os imigrantes não brancos. A eleição revelou a enorme divisão entre os segmentos rural e urbano dos Estados Unidos (Trump perdeu em todas as cidades, inclusive nos estados em que ganhou com mais de 60% dos votos), demonstrando a ligação duradoura entre crises econômicas e xenofobia. Diante do crescimento irrefreável do multirracialismo, o medo e a reação xenófoba se alastraram nas comunidades brancas norte-americanas. A política baseada em bodes expiatórios se utiliza disso e os amplifica. Na retórica de Trump, a palavra *establishment* reproduz e reformula o velho chavão antissemita da comunidade serena, harmoniosa e virtuosa enraizada na

1. Do Fascismo ao Pós-Fascismo

terra que se encontra ameaçada pela metrópole corrupta, cosmopolita, intelectual e anônima.

Algumas analogias são caricatas, beirando paródias. Vídeos de Trump em que, após a aterrissagem de seu avião particular, ele desce à pista e se dirige a um aglomerado — um grupo empolgado de indivíduos armados com seus telefones celulares, que os seguram para tirar fotos em uma estranha substituição à saudação fascista — lembram as cenas que abrem o filme de Leni Riefenstahl, *O triunfo da vontade*, sobre o comício nazista em Nuremberg de 1936, no qual Hitler sobrevoa a cidade antes de ser recebido por uma multidão delirante. Essa analogia é, no entanto, apenas acidental. Ao contrário de Mussolini ou Hitler, é bem provável que Trump nunca tenha lido *Psicologia das multidões* (1895), de Gustave Le Bon[30] — a «bíblia» de líderes carismáticos da velha guarda —, e sua habilidade como demagogo se explica pela familiaridade com os códigos da televisão. É provável que muitos de seus apoiadores estivessem sob F (fascista) na classificação de 1950 que Erich Fromm e Theodor Adorno traçaram da «personalidade autoritária».[31] O fascismo não é reduzível, no entanto, ao temperamento de um líder, nem (apesar de sua importância) à disposição psicológica de seus seguidores.

O problema se encontra precisamente no fato de que ele não traz um programa, o que o distingue do fascismo histórico. O fascismo foi capaz, dentro do contexto catastrófico do período entreguerras e a despeito de seu ecletismo ideológico, de propor uma alternativa totalizante àquilo que aparentava ser uma ordem liberal decadente. Isto é, o fascismo apresentou um

---

30 Gustave Le Bon, *The Crowd*. Mineola: Dover, 2002.

31 Theodor W. Adorno (Org.), *The Authoritarian Personality*. Nova York: Harper, 1950.

projeto de sociedade, de uma nova civilização, uma «terceira via» em oposição tanto ao comunismo quanto ao liberalismo. Trump não promove nenhum modelo alternativo para a sociedade. Seu programa limita-se ao slogan «tornar a América [*sic*] grande outra vez». Não busca mudar o modelo socioeconômico dos Estados Unidos, pelo simples fato de que se beneficia enormemente dele.

O fascismo emergiu em uma época de forte intervencionismo estatal na economia, característica compartilhada pela União Soviética, pelos países fascistas e pelas democracias ocidentais, começando com o «New Deal» de Roosevelt. Nasceu na era do capitalismo fordista, da linha de produção e da cultura de massa. Já Trump emergiu na era do neoliberalismo, do capitalismo financeiro, do individualismo competitivo e da precariedade endêmica. Em vez de mobilizar as massas, atrai uma massa de indivíduos atomizados, de consumidores empobrecidos e isolados. Ele não criou um novo estilo político nem busca se assemelhar a um soldado ou utilizar um uniforme. O estilo de vida que ostenta, de uma exuberância chinfrim, imita o *set* de seriados hollywoodianos. Trump incorpora o modelo antropológico neoliberal. Difícil é imaginar Mussolini ou Hitler agindo como promotores imobiliários. Isso é o que separa Trump dos movimentos nacionalistas, racistas e xenófobos da velha Europa, que buscam um grau de respeitabilidade ao se desligarem de suas origens fascistas. Embora os Estados Unidos nunca tenham tido um presidente tão à direita, as ideias fascistas são, paradoxalmente, menos ubíquas em relação a sessenta ou cem anos atrás, durante o macarthismo ou a caça às bruxas da ameaça vermelha.

1. Do Fascismo ao Pós-Fascismo

Isso não quer dizer que a vitória de Trump seja um evento isolado. Ela faz parte de um contexto internacional que inclui também a crise da União Europeia, o *Brexit* e as eleições presidenciais na França de 2017. Faz parte de uma tendência geral de emergência de movimentos que buscam desafiar os poderes estabelecidos e até mesmo a globalização (o euro, a União Europeia, o *establishment* norte-americano), até certo grau, a partir da direita. Essas forças em ascensão mapeiam uma espécie de constelação pós-fascista. Essa é, entretanto, uma tendência heteróclita que junta diversas correntes de genealogias bastante variadas.

Antipolítica

Se o «populismo» é frequentemente definido como uma forma de «antipolítica», é preciso sublinhar a importância que esse termo realmente exprime. De acordo com Pierre Rosanvallon, o populismo seria uma forma «patológica» da política, isto é, a «política pura do não político» (*la politique pure de l'impolitique*).[32] O triunfo do «não político» (ou a antipolítica) significa, simplesmente, que a democracia representativa está paralisada e, em última análise, «vampirizada» pela «contrademocracia», um conjunto de contrapoderes necessários à democracia, mas que são suscetíveis de matá-la se vierem a substituí-la. Embora possa parecer um retorno ingênuo a Rousseau, instrumentos utilizados para avaliar e colocar controles sobre o poder — referendos, transparência, controles permanentes, eliminação de corpos intermediários

---

32 Pierre Rosanvallon, *Counter-Democracy*. Cambridge: Cambridge University Press, 2008, p. 22.

entre cidadãos e o poder — podem destruir uma democracia quando põem em causa o próprio princípio da representação. Na leitura de Rosanvallon, esses contrapoderes criam uma lacuna «entre a sociedade cívica-civil e a esfera política», podendo ter resultados úteis ou perigosos: por um lado, «uma vigilância cívica saudável pode encorajar uma desconfiança social e pressionar o governo a atender às demandas sociais»; por outro, «também pode incentivar formas destrutivas de difamação e negatividade».[33]

Na definição do filósofo Roberto Esposito, «o impolítico» seria uma abordagem desiludida em que a política é reduzida à pura «factualidade», à pura materialidade: tornou-se obsoleta a visão clássica schmittiana da política moderna como forma secularizada da velha teologia política.[34] A política moderna consiste na sacralização de instituições seculares — começando pelo poder soberano do Estado, logo o Parlamento e a Constituição — para tomar o lugar da velha monarquia baseada no direito divino. Substituíram-se emblemas e liturgias do absolutismo por rituais e símbolos republicanos. Nessa visão, valores são incorporados pelas forças políticas; a representação política carrega uma conotação quase sagrada e o pluralismo expressa um conflito de ideias, um poderoso compromisso intelectual. Os estadistas de hoje em dia se consideram universalmente bons gestores pragmáticos (e o mais importante, «pós-ideológicos»). Não incorporada por valores, a política tornou-se um espaço para a «governança» pura e a distribuição de poder, de administração de grandes recursos. O campo político deixou de ser um espaço para o embate de ideias,

33 Ibid., pp. 253, 24.
34 Roberto Esposito, *Categories of the Impolitical*. Nova York: Fordham University Press, 2015; Carl Schmitt, *Political Theology*. Chicago: Chicago University Press, 2006.

1. Do Fascismo ao Pós-Fascismo

para se tornar um em que se dá a construção de carreiras. O «impolítico» revela a realidade material que está na base da representação política. O que hoje se costuma chamar de «antipolítica» é a reação contra a política contemporânea, que foi despojada de seus poderes soberanos — sobrevivendo como instituições vazias — e reduzida à sua «constituição material» — o «impolítico», isto é, um amálgama de poderes econômicos, máquinas burocráticas e um exército de intermediários políticos.

O populismo, tido como a personificação da «antipolítica», tem inúmeros críticos. A maioria, no entanto, silencia em relação às reais causas de suas críticas. A antipolítica é resultado do esvaziamento da política. Nas últimas três décadas, a alternância de poder entre a centro-esquerda e a centro-direita não significou nenhuma mudança essencial nas políticas governamentais. Isso porque a alternância de poder significa uma mudança do pessoal que administra os recursos públicos, em que cada um se utiliza das próprias redes e estruturas patronais, em vez de uma mudança em políticas governamentais. Essa novidade se combina com duas outras transformações significativas na sociedade civil e na política estatal. Por um lado, vemos uma crescente reificação do espaço público — o local de um uso crítico da razão em que as ações das autoridades são analisadas e criticadas[35] —, pois esse espaço foi absorvido pelos monopólios midiáticos e pela indústria da comunicação. Por outro lado, a tradicional separação de poderes é questionada por uma contínua mudança de prerrogativas do poder legislativo para o executivo. Nesse permanente estado de exceção, a função original de criação de leis dos parlamentos se desloca para a

---

35 Jürgen Habermas, *The Structural Transformation of the Public Sphere*. Cambridge: Polity Press, 1991.

de ratificação de leis já desenhadas pelo Executivo. Em tal contexto, o crescimento do «antipolítico» é inevitável. Aqueles críticos que denunciam a «antipolítica» populista muitas vezes são os mesmos responsáveis por essas transformações: piromaníacos disfarçados de bombeiros.

O pós-fascismo não carrega os valores «fortes» de seus ancestrais da década de 1930, porém pretende preencher o vácuo deixado pela política reduzida ao impolítico. Suas receitas são politicamente reacionárias e socialmente regressivas: abrangem a restauração da soberania nacional, a adoção de formas de protecionismo econômico, assim como a defesa de «identidades nacionais» ameaçadas. Como a política caiu em descrédito, os pós-fascistas defendem um modelo plebiscitário da democracia que destrói qualquer processo de deliberação coletiva, favorecendo aquela relação que funde o povo e o líder, a nação e seu chefe. O termo «impolítico» tem uma longa história que remonta a Thomas Mann, um dos principais representantes da Revolução Conservadora alemã do final da Primeira Guerra Mundial.[36] Mas as formas contemporâneas da antipolítica não são, entretanto, exclusividade da direita. O Movimento Cinco Estrelas na Itália encarna uma crítica regressiva da democracia representativa, e ainda consegue canalizar a busca por uma alternativa à atual crise da política. No entanto, está claro que qualquer tentativa de estigmatizar a «antipolítica» por meio da defesa da política realmente existente já está fadada a falhar.

As novas forças da direita radical têm algumas características em comum — em primeiro lugar, a xenofobia, com uma retórica renovada. Elas abandonaram os velhos chavões do

---

36 Thomas Mann, *Reflections of a Nonpolitical Man*. Nova York: Frederick Ungar, 1983.

1. Do Fascismo ao Pós-Fascismo

racismo clássico, ainda que sua xenofobia seja de fato direcionada contra imigrantes ou povos de origem pós-colonial. Em segundo lugar, a islamofobia, núcleo desse novo nacionalismo, tomou o lugar do antissemitismo. Retornaremos a esse ponto. Decerto, terão outros temas em comum, mas o nacionalismo, a antiglobalização, o protecionismo e o autoritarismo podem apresentar-se de modos bastante diferentes, com algumas mudanças ideológicas entre si. A Frente Nacional deixou de pleitear a reintrodução da pena de morte, mas reivindica um governo forte e um Estado soberano que se recusa a se submeter ao poder das finanças: propõe um nacionalismo autoritário e autárquico.

Mesmo sem um embasamento ideológico forte, tal discurso apresenta um grau de coerência. A retórica militarista e imperialista de Mussolini, Hitler e Franco perdeu sua credibilidade. O pós-fascismo, por sua vez, não se interessa por reconstruir os impérios coloniais nem impulsionar a guerra. Sua oposição às guerras ocidentais no Oriente Médio aparenta um «pacifismo». Até mesmo o fascismo clássico se caracterizava pela incoerência, pela tensão e pelo conflito. Variadas tendências se agrupavam sob o fascismo italiano e o nazismo alemão, da vanguarda futurista ao romantismo conservador, de mitologias agrárias à eugenia. Mais adiante veremos como o fascismo francês era uma galáxia de forças políticas, «ligas» e grupos muito além da «Revolução Nacional» do marechal Pétain. A ideologia desempenhou, nas décadas de 1920 e 1930, um papel de grande importância nessa galáxia — e seguramente muito além daquilo que vemos nas forças contemporâneas da direita radical. Por detrás da Frente Nacional não vemos figuras intelectuais comparáveis às lideranças

Parte I   O Presente como História   46

da Action Française, Maurice Barrès, Charles Maurras, Robert Brasillach ou Henri de Man.

Intelectuais

Algumas tentativas de renovar a extrema direita e de transformar suas formas políticas ocorreram na França nas últimas décadas, mas mesmo sua corrente mais dinâmica e sofisticada, o Grece,[37] se enquadra mais como um círculo intelectual do que como um grupo político. Alain de Benoist, seu mais importante líder, parece não ter desempenhado papel algum na metamorfose da Frente Nacional. Hoje, a defesa de suas ideias no debate público é assegurada por intelectuais e analistas políticos da televisão como Éric Zemmour e Alain Finkielkraut, que não são nem ideólogos fascistas nem membros do partido. São poucos, como Renaud Camus, teórico da «grande substituição» da população francesa por imigrantes, que declaram abertamente seu apoio à Frente Nacional. Eles podem ser brilhantes ensaístas e não escondem suas ambições de se tornarem os próximos Maurice Barrès e Charles Maurras, mas sua influência depende quase exclusivamente de sua presença esmagadora em programas de entrevista na televisão.

Em seus esforços para alcançar uma respeitabilidade republicana, a Frente Nacional parece estar se distanciando cada vez mais de pensadores neofascistas extremos, como Alain Soral. Vale mencionar ainda que foi Éric Zemmour e não Marine Le Pen

---

37 Groupement de recherche et d'études pour la civilisation européenne, um *think tank* nacionalista francês fundado por Alain de Benoist em 1968.

1. Do Fascismo ao Pós-Fascismo

quem desenrolou uma campanha em torno da ideia da «grande substituição».[38]

Outro sintoma de uma metamorfose inacabada coloca em questão as categorias tradicionais utilizadas para a análise da extrema direita. Além das diferenças entre os casos francês, italiano e alemão, o fascismo clássico ambicionava um novo projeto e uma nova visão de mundo que dariam fundamento para sua política. Definia-se como revolucionário; buscava a construção de uma nova civilização por meio de uma «terceira via» entre o liberalismo e o comunismo.[39] Hoje, a extrema direita já não se preocupa com isso. Historicamente, houve a necessidade de o nacionalismo fascista se colocar em oposição a algum tipo de «outro». Os primeiros foram os judeus, a visão mítica de uma espécie de antirraça, um corpo estranho cuja intenção era corromper a nação. Soma-se a isso uma visão de mundo sexista e misógina em que a mulher seria sempre submissa. Consideradas reprodutoras da raça, as mulheres seriam cuidadoras de lares, criadoras das crianças, e não desempenhariam papel algum na vida pública.[40] Havia, no entanto, exceções: a fascista italiana e ministra da Cultura Margherita Sarfatti (que também era judia), assim como a cineasta propagandista nazista Leni Riefenstahl. Outra figura da antirraça, a homossexualidade, era tida como a encarnação da fraqueza moral e da decadência da moralidade que contrariava o culto fascista à virilidade.[41] Nos dias de hoje, essa retórica toda desapareceu, mesmo

---

38 Éric Zemmour, *Le suicide français*. Paris: Albin Michel, 2014.

39 George L. Mosse, *The Fascist Revolution*. Nova York: H. Fertig, 2000.

40 Claudia Koonz, *Mothers in the Fatherland*. Nova York: St. Martin Press, 1987; Victoria de Grazia, *How Fascism Ruled Women*. Berkeley: University of California Press, 1993.

41 George L. Mosse, *The Image of Man*. Nova York: Oxford University Press, 1998.

Parte I   O Presente como História

que a homofobia e o antifeminismo continuem ampla-mente difundidos entre o eleitorado da direita radical. Muitos desses movimentos alegam, de fato, ser defen-sores dos direitos das mulheres e pessoas gays contra o islamismo. Pim Fortuyn e, posteriormente, seu sucessor Geert Wilders, na Holanda, representam exemplos bem conhecidos desse conservadorismo LGBT, mas não são exceções. Na Alemanha, o Alternative für Deutschland se opõe ao casamento igualitário, porém a líder do par-tido no Bundestag, Alice Weidel, é lésbica. Florian Phi-lippot, ex-secretário da Frente Nacional, não esconde sua homossexualidade, e Renaud Camus é um ícone do conservadorismo gay francês.

Apesar de personagens da extrema direita terem se envolvido em movimentos como o Manif pour tous em princípios de 2012, que se opôs à introdução do casamento igualitário e da adoção por casais homoafetivos, Marine Le Pen não marcou posição no assunto. Esse papel foi dei-xado à sua sobrinha, Marion Maréchal Le Pen, que, apesar de influente, não consegue muita visibilidade. Os quadros da Frente Nacional se manifestam, na televisão e no rádio, pelo direito ao uso de minissaias, em objeção aos muçul-manos que supostamente defenderiam a imposição da burca (ou o *burquíni*) e a prática do casamento forçado. Isso tudo faz parte das tensões e contradições do pós--fascismo descritas acima. O pós-fascismo começa com o antifeminismo, o racismo reverso, o antissemitismo e a homofobia; e a direita radical continua acumulando esses impulsos. As camadas mais obscurantistas votam na Frente Nacional, apesar da adoção de novos temas e práticas sociais que não pertencem a seu código genético. A posição ambígua de Marine Le Pen em relação ao casa-mento igualitário e ao Manif pour tous não é, portanto, mera decisão tática. É um reflexo da mudança histórica que a extrema direita foi forçada a reconhecer sob o risco de ser marginalizada. As sociedades europeias do século XXI sofreram mudanças em relação aos anos 1930: hoje seria um anacronismo defender que o lugar das mulheres deveria se limitar à esfera doméstica, assim como demandar que a Argélia voltasse a ser colônia francesa. Marine Le Pen é produto dessa mudança e tem plena consciência de que manter-se atada aos velhos bordões ideológicos levaria à alienação de amplas camadas da população.

O fato de a opinião conservadora, a «maioria silenciosa», estar tomando as ruas foi o que mais impressionou no Manif pour tous (para além do aspecto idiossincrático e ultrarreacionário de certos grupos). Essa ocupação de espaços públicos perpassou a adoção de códigos estéticos oriundos da esquerda — lembremos os cartazes de Maio de 1968 — e cujas significações foram invertidas pelos manifestantes. Essa apropriação e redirecionamento de símbolos e slogans não pertencentes à sua história revelam um grau de «emancipação» de seus cânones de direita e uma redefinição geral do panorama intelectual.[42]

A principal característica do pós-fascismo hoje é exatamente a coexistência contraditória da herança do fascismo clássico com os novos elementos que não pertencem à sua tradição. Há, no entanto, desenvolvimentos mais amplos que vêm incentivando essa mudança. A Frente Nacional está se engajando politicamente no mundo contemporâneo, um mundo que atravessa uma profunda metamorfose tanto no campo político como na esfera pública. O século XX viu grandes

---

42 Camille Robcis, «Catholics, the 'Theory of Gender,' and the Turn to the Human in France: A New Dreyfus Affair?». *The Journal of Modern History*, 87, 2015, pp. 893-923.

partidos de massa, com sua própria fundamentação ideológica, sua própria base social, estrutura nacional e raízes profundas na sociedade civil. Tudo isso mudou. Os partidos políticos não precisam mais apresentar um arsenal ideológico. Em toda a Europa, o recrutamento de intelectuais, por partidos governantes tanto da esquerda como da direita, deu lugar ao recrutamento de profissionais de publicidade e comunicação. O mesmo vale para a Frente Nacional, que cuida assiduamente de sua imagem, seus slogans e seus principais argumentos. O estilo político está se tornando cada vez mais importante, à medida que a ideologia desaparece. Diante desse novo contexto, o nacionalismo já não busca definir a comunidade nacional em termos raciais, culturais ou religiosos, mas a partir de uma resistência contra a ameaça da globalização. Donald Trump representa, nitidamente, um caso extremo desse ecletismo «antipolítico» e pós-ideológico. Durante sua campanha, houve um esforço de não se alinhar com ideologia alguma, e até mesmo os elementos mais conservadores do Partido Republicano mantiveram uma distância de Trump. Com a mudança de postura em diversos assuntos de um dia para o outro, Trump nunca abandonou sua postura «*antiestablishment*».

Nação

As nações foram por muito tempo definidas em termos «objetivos» — comunidades estáveis, enraizadas em territórios definidos naturalmente, povos etnicamente homogêneos, unificados em suas economias, culturas, línguas e religiões... As nações eram quase entidades ontológicas dotadas de um destino providencial do

1. Do Fascismo ao Pós-Fascismo

qual a história era seu reflexo. Nas últimas décadas, estudiosos começaram a repensar as nações como construções socioculturais, seguindo a obra pioneira de Benedict Anderson *Comunidades imaginadas*.[43] Na esfera pública, a antiga retórica nacionalista diminuiu e o discurso conservador mudou seu foco da *nação* para a *identidade nacional*. Quase toda a direita reformulou «a nação» em termos de identidade. Na Itália, a extrema direita tem sido antinacionalista em sua xenofobia, como foi o caso da Lega Nord, que buscava inicialmente separar o norte rico e «europeu» do sul pobre, mediterrâneo. A partir de 2013, seu líder Matteo Salvini buscou mudar isso aliando-se aos neofascistas — como o movimento Casa Pound — e substituindo a linha antissul original da Lega por uma xenofobia generalizada.[44] Na França, Nicolas Sarkozy foi quem inaugurou a virada «identitária» antes mesmo de ser adotada por Marine Le Pen. Ela pertence a uma geração que nunca sofreu os traumas que o nacionalismo francês do século xx conheceu: Le Pen não testemunhou nem o regime Vichy, nem a guerra contra a Argélia. Sua formação política se deu num cenário em que todos os elementos constitutivos do fascismo já haviam desaparecido. Havia ainda, nas décadas de 1970 e 1980, muitos que sentiam nostalgia por Vichy, pela Argélia francesa e pela Indochina — hoje, entretanto, não mais.

Longe de dizer que o racismo da extrema direita tenha desaparecido; mas sua matriz fascista original foi consideravelmente desfocada. Nesse sentido, a extrema direita

---

43 Benedict Anderson, *Imagined Communities*. Londres: Verso, 1983.

44 Há uma extensa bibliografia sobre a Lega Nord. A respeito de sua última metamorfose em um movimento de extrema direita sob a liderança de Matteo Salvini, ver Valerio Renzi, *La politica della ruspa*. Roma: Alegre, 2015.

não tem a ideologia como problema. Afinal, sua relação com o fascismo espelha a relação da social-democracia com o socialismo. Hoje em toda a Europa os partidos social-democratas se adaptaram ao neoliberalismo e se destacaram no desmantelamento daquilo que restava dos Estados de bem-estar social que eles criaram logo após a Segunda Guerra Mundial. O Partido Socialista Francês se opôs, historicamente, ao gaullismo e, no final da década de 1950, opunha-se ao advento da Quinta República, tida pelo partido como uma virada autoritária. Posteriormente, no entanto, adaptou-se às suas instituições e abandonou seus valores originários em nome de um «realismo» econômico, em que os críticos de suas políticas seriam tachados de «populistas». Aqueles movimentos que sustentam um discurso marxista-leninista e adotam estilos do comunismo entreguerras são meras seitas, uma vez que grande parte da esquerda radical se afastou de tal retórica. Na França, o Nouveau Parti Anticapitaliste, fundado em 2009, buscou a princípio adotar uma nova linguagem que ultrapassasse o velho discurso marxista revolucionário. Embora os programas do Podemos, e mesmo do Syriza no momento de sua primeira vitória eleitoral em 2015, se coloquem em oposição radical ao neoliberalismo, eles são moderados se comparados aos projetos sociais da década de 1970 do programa comum da Union de la Gauche, do SPD alemão ou do Partito Comunista Italiano. Entramos, simplesmente, em um novo regime da historicidade: no mundo neoliberal, a defesa do Estado de bem-estar social se tornou subversiva. Desse ponto de vista, a «incoerência» ideológica da extrema direita não é nada extraordinária: reflete apenas uma mudança à qual quase todas as forças políticas estão sujeitas.

1. Do Fascismo ao Pós-Fascismo

Macron

As eleições presidenciais francesas de 2017 foram um pequeno terremoto político que questionou radicalmente a dicotomia tradicional entre esquerda e direita que até então tinha estruturado a Quinta República. Nesse sentido, elas se comparam ao que aconteceu na Itália no começo dos anos 1990 quando a Democracia Cristã, o Partido Comunista Italiano e o Partido Socialista desapareceram, ou nas recentes eleições espanholas que viram o Podemos e o Ciudadanos emergirem como competidores ao lado dos tradicionais partidos de esquerda e de direita (o Partido Socialista PSOE e o Partido Popular). No entanto, a eleição não foi uma virada para a extrema direita como muitos anunciavam e temiam. Como previsto, Marine Le Pen chegou ao segundo turno, com quase 34% dos votos (acima de 10 milhões de votos). Mas, dado o que se esperava — parecia que ela conseguiria alcançar não só os 40%, mas também ultrapassar esse limite —, esse resultado foi decepcionante para a Frente Nacional e gerou de imediato uma pequena crise entre seus líderes.

Como explicar tudo isso? Marine Le Pen estava feliz o suficiente para ser colocada como contraponto ao *outsider* Emmanuel Macron: do seu ponto de vista, a situação no segundo turno não poderia ter sido mais favorável. Macron, o jovem candidato que ela enfrentou, é uma pura destilação do *establishment*: formado na ENA (escola da elite francesa) e ex-diretor do banco de negócios Rothschild, também ministro da Economia de um governo bastante impopular. O candidato da direita François Fillon foi tragado por escândalos relativos ao uso de seu prestígio político, enquanto a campanha

Parte I   O Presente como História

do Partido Socialista ficou paralisada pelo legado de um presidente desacreditado e pelo surgimento de um opositor da esquerda, o candidato do France Insoumise, Jean-Luc Mélenchon, um eco do Podemos. Marine Le Pen achava que, no enfrentamento com Macron, ela poderia aparecer como a candidata de todos os patriotas, dos defensores da soberania nacional, a autêntica representante da França profunda contra o candidato globalista das finanças internacionais, o homem de Bruxelas e da troika, muito mais à vontade na City de Londres e em Wall Street do que nas regiões pobres da França. Em resumo, ela estaria ao lado da nação contra o globalismo.

Mas ela não soube aproveitar a oportunidade. Os analistas políticos e até seus correligionários avaliavam que sua campanha de segundo turno tinha sido fraca e que seu desempenho contra seu adversário no debate de TV havia sido um desastre. Muitos falaram dos erros táticos e da fraqueza das mensagens, mas talvez houvesse uma razão mais profunda para seu fracasso, provavelmente relacionada às antinomias do pós-fascismo. Sua campanha se enfraqueceu devido à instabilidade fundamental de sua abordagem, que expressava a transição incompleta entre o fascismo do passado (a matriz de seu movimento) e uma direita nacionalista ainda incapaz de comprovar legitimidade ou respeitabilidade de acordo com os cânones da democracia liberal. Durante o debate na TV com Macron, Marine Le Pen não usou uma linguagem fascista. Seu racismo foi suavizado, enquanto sua xenofobia foi aparente e flexionada por uma retórica que é de fato lugar-comum entre todos os políticos de direita. Porém suas propostas terminaram por parecer confusas e vagas: sua abordagem

1. Do Fascismo ao Pós-Fascismo

hesitante à pergunta sobre o euro terminou por revelar uma surpreendente incompetência e suas tiradas autoritárias pareceram longe de convencer; ninguém podia acreditar que sob sua presidência haveria um combate mais efetivo contra o terrorismo. Em síntese, sua retórica agressiva, sua óbvia demagogia, sua inabilidade de formular um argumento e o caráter vago de suas propostas mostravam que aquela candidata não tinha o preparo exigido para um estadista.

Marine Le Pen já não é uma fascista, mas também não se converteu à democracia: permanece no equilíbrio entre os dois polos. Já não é uma fascista em um mundo que não aceita a ideologia, a linguagem e as práticas do velho fascismo, mas os fantasmas do fascismo continuam a cercá-la. Tampouco é uma democrata, porque suas palavras mostram que sua conversão à democracia é instrumental, não é sincera nem autêntica. Provou ser incapaz de ultrapassar o limite de uma simples denúncia e de se apresentar como arauto de uma força de governo confiável. Nas recentes décadas de austeridade e de violência social e econômica provocadas por governos de todas as cores, a Frente Nacional conseguiu canalizar a revolta das classes populares e se tornar a saída para o mal-estar e o sofrimento crescentes em amplas camadas da sociedade, mas não se tornou um partido de governo. Seu avanço e seus limites foram espelhos para outros partidos nacionalistas e xenofóbicos da União Europeia, que experimentaram «derrotas» semelhantes nos últimos anos, dos Países Baixos ao Reino Unido e à Dinamarca.

Mais amplamente, as eleições francesas introduziram um novo elemento no debate sobre o populismo. A própria vitória de Macron assinalou o surgimento

Parte I   O Presente como História   56

de um novo tipo de populismo, de alguma forma já conhecido com a eleição de Matteo Renzi na Itália: um populismo que não é fascista nem reacionário, nem nacionalista, nem xenofóbico, mas de todo jeito um populismo. Assim como Renzi, Macron se apresentou como um político livre das ideologias do século XX: para além da esquerda e da direita, ele montou um governo em que os ministros de ambos os lados trabalham lado a lado, em harmonia. Jovem, culto, brilhante, tático, ousado e educado, Macron realmente aprendeu a lição de Maquiavel de que a «virtude» de um autêntico político consiste em sua habilidade de explorar as circunstâncias em que está agindo (sua «fortuna») para conquistar o poder. Realmente, ele deparou com circunstâncias extremamente favoráveis: a esquerda estava exausta pelo desgaste de ter ocupado o poder, a direita estava mergulhada em corrupção, e o sistema eleitoral fez com que ele saísse dos 24% do primeiro turno para um voto por aclamação no segundo turno, jogando com os medos do crescimento da Frente Nacional. Seguindo a lição de Maquiavel, Macron usou de uma linguagem capaz de atrair os votos tanto da direita quanto da esquerda. Sua política econômica neoliberal favorecerá a elite dominante, e, em contraposição, ele será cobrado por políticas sociais em defesa das mulheres, dos homossexuais e das minorias étnicas. Ele inclusive ganhou os votos da juventude magrebina e de origem africana quando definiu o colonialismo «como um crime contra a humanidade» e lembrou que os cientistas e empresários do Vale do Silício e de Wall Street são avaliados por suas habilidades e não por suas origens, religião ou cor da pele.

1. Do Fascismo ao Pós-Fascismo

Macron é o grau zero de ideologia. A mídia deslumbrada divulgou seu pedigree como filósofo — ele tinha sido aluno de Paul Ricoeur[45] —, mas, além do realismo maquiavélico acima mencionado, sua filosofia política se limita a um pragmatismo radical sob uma fina capa de humanismo. Durante sua campanha para presidente, ele não clamou por apoio a um projeto ou a um conjunto de valores, mas se apresentou como salvador da pátria, o homem da providência. Sua vontade de reformar a França por meio de decretos presidenciais (inclusive decretos sobre questões fundamentais como a legislação trabalhista) foi uma clara demonstração da supremacia do Executivo sobre o Parlamento e revela uma propensão autoritária que dá à sua presidência um caráter bonapartista. Ele se apresenta como um líder carismático — um «jupiteriano», de acordo com a mídia que o apoia. Ele é apoiado pelas instituições europeias, pelos patrões franceses e pelas finanças internacionais, e se gaba de ter destruído o sistema bipartidário da Quinta República, da mesma forma que Renzi se promoveu como o homem que «desfaria» as velhas lideranças do Partido Democrático. Em resumo, Macron representa um novo populismo neoliberal, pós-ideológico e «libertário».[46] Muitos progressistas foram seduzidos pelo charme desse jovem político, cujas maneiras e cultura parecem fazer dele o oposto de um Sarkozy, sem mencionar Berlusconi ou Donald Trump. Entretanto, mais uma vez, como sempre acontece quando tratamos do populismo, é uma questão de estilo político. Por trás de seus modos afáveis, esconde-se uma nova

---

45 Cf. o ensaio altamente apologético de François Dosse, *Le philosophe et le Président*. Paris: Stock, 2017.

46 A hipótese de que Macron encarnaria o populismo neoliberal é examinada por Eric Fassin, *Populisme*. Paris: Textuel, 2017.

concepção da política que expressa o novo *ethos* da era neoliberal. Esse *ethos* é a competição, a vida concebida como um desafio organizado de acordo com um modelo empresarial. Macron não é de direita nem de esquerda: ele incorpora o *homo economicus* que chegou à arena política. Ele não quer colocar o povo contra as elites, pelo contrário: oferece ao povo as elites como modelo. Sua linguagem é a linguagem dos bancos e empresas: seu desejo é ser o presidente de um povo produtivo, criativo e dinâmico, capaz de inovar e ganhar dinheiro. Mas, se é verdade que as leis do mercado governam o mundo, é verdade também que a vasta maioria do povo será sempre perdedora, o que continuará a alimentar o nacionalismo e a xenofobia. Podemos apostar que cinco anos de «macronismo» não farão a Frente Nacional desaparecer.

1. Do Fascismo ao Pós-Fascismo

2. Identitarismo de Direita

Políticas de Identidade

Na França, é comum a mídia convencional retratar a Frente-Nacional e o Parti des Indigènes de la Republique (PIR) — um movimento pós-colonial de esquerda — como uma das muitas formas de «política identitária». Isso levou a uma campanha contra o «racismo anti-branco», que nada mais é do que uma forma perversa de legitimar o racismo, a islamofobia e a xenofobia.[1] Com essa linha de argumento, não é muito difícil acusar Franz Fanon e Malcolm X de racistas porque eles defendiam o uso da violência contra a supremacia branca. Ou Martin Buber, autor de textos sionistas sobre o valor místico do «sangue judeu», de não ser diferente dos ideólogos do nacionalismo alemão *völkisch*. A campanha contra o PIR não foi adiante porque a insinuação que ela faz é extremamente brutal. Mas afirmações iguais vêm à superfície periodicamente. As mesmas pessoas que denunciam o «racismo contra os brancos» lançaram recentemente uma petição contra a «limpeza étnica» que os judeus sofreriam na França por causa do antissemitismo muçulmano.[2] Deixando de lado essa retórica xenofóbica e demagógica, na verdade algumas das posições «identitárias» podem dar frutos. A linguagem essencialista e os slogans provocativos do PIR podem suscitar ceticismo, mas também estimular algumas reflexões interessantes. É importante distinguir o identitarismo

---

1 Sylvie Laurent, Thierry Leclère (Orgs.), *De quelle couleur sont les Blancs?* Paris: La Découverte, 2013.
2 «Manifeste contre le nouvel antisémitisme». *Le Parisien*, 22 abr. 2018.

que leva à exclusão — como o da Frente Nacional que defende «os franceses da gema» contra imigrantes, refugiados e estrangeiros — das afirmações identitárias das minorias oprimidas. Poderíamos discutir qual é a forma que essas demandas assumem, mas, no geral, o PIR tem desempenhado papel salutar, ao estimular uma radicalização política de esquerda nas periferias (*banlieues*) e atuar contra a atração do fundamentalismo religioso, para não mencionar o deslizamento em direção ao islamismo radical e ao terrorismo.

Quanto ao identitarismo da Frente Nacional — sua nova ideologia em uma era pós-ideológica —, é importante salientar quão ineficazes são as tentativas de fazer oposição a elas usando uma retórica republicana tradicional. A ideia de que a Frente Nacional é uma força estranha e incompatível com os valores da República francesa deveria ser seriamente averiguada, pois, na verdade, esse discurso pressupõe uma interpretação muito seletiva do passado. O colonialismo francês atingiu seu apogeu sob a Terceira República, regime que surgiu quando a Comuna de Paris foi esmagada e chegou à sua conclusão com Vichy. Quanto à Quarta República, sua história começou com os massacres de Sétif e a repressão em Madagascar e acabou com o golpe gaullista durante a Guerra da Argélia. A retórica perniciosa que envolveu a República em uma áurea mística é nada menos do que um grande embaraço. A coisa mais surpreendente, entretanto, é o quanto essa mitologia transcende as divisões políticas: ela é compartilhada por quase todas as forças políticas, tanto da direita quanto da esquerda. Se, após abandonar sua roupagem fascista, a Frente Nacional agora quer fazer parte da tradição republicana, fica difícil lhe negar esse «direito».

Parte I   O Presente como História   62

Na imprensa nacional, muitos editoriais alertam contra a Frente Nacional, dizendo que ela quer excluir parte da população. Certamente isso é verdade, mas é também verdade que as políticas de exclusão e de guetização étnica e social dos imigrantes foram implementadas por todos os governos da Quinta República. Essa é uma razão por que o discurso republicano é tão impotente; e essa impotência só aumenta porque as pessoas que o adotam são as mesmas que tentam combater a Frente Nacional usando seus mesmos argumentos. Nicolas Sarkozy criou um Ministério da Imigração e Identidade Nacional, e recentemente François Hollande propôs retirar a cidadania dos terroristas, como se isso exorcizasse seu pertencimento à comunidade nacional. Se todas essas propostas realmente fazem parte da moldura intelectual, legal e política republicana, fica difícil saber por que alguém se escandaliza quando Marine Le Pen afirma que é republicana.

À parte o caso francês, podemos ver com clareza as diferenças entre os contextos nacionais, mesmo que não seja para superestimá-los. Na Espanha, praticamente não existe neofascismo. Mesmo assim, a nostalgia do franquismo se faz presente nos elementos mais conservadores da sociedade entre aqueles que votam no Partido Popular. A Falange quase foi extinta, mas a crise catalã provocou uma explosão significativa do nacionalismo franquista. Na Itália, experimentamos uma dupla mudança: por um lado, o neofascismo — o Movimento Social Italiano (MSI), herdeiro da República de Salò — tornou-se uma força liberal conservadora que juntou a direita tradicional de meados dos anos 1990; e, por outro lado, a Lega Nord, que originalmente nada tinha a ver com o fascismo, mas gradualmente tornou-se um movimento de extrema direita

2. Identitarismo de Direita

sob a liderança de Matteo Salvini. Quanto à Alemanha, observa-se um profundo impulso conservador aparentemente no Leste, com o Pegida[3] e agora o Alternative für Deutschland,[4] ambos alimentando a crise dos refugiados. De toda forma, a Alemanha acertou contas com seu passado nazista; reconheceu seus crimes nazistas e fez da memória do Holocausto um dos pilares de sua consciência histórica. Para um amplo setor da sociedade alemã, «identidade alemã» significa antes de tudo «patriotismo constitucional».[5] A França, pelo contrário, nunca reconheceu seus crimes coloniais, cujo legado vai e volta como um bumerangue, o que Aimé Césaire chamou de *choc en retour*.[6] Em *Le suicide français* (2014), Éric Zemmour argumenta que os franceses deveriam se defender da nova invasão bárbara das hordas de muçulmanos provenientes da África e do mundo árabe.[7] Os discursos de Nicolas Sarkozy foram apimentados com ideias semelhantes, «Ame a França ou deixe-a», ou mais recentemente, «Quando você se torna um francês, seus ancestrais são os gauleses». As minorias étnicas poderiam muito bem pegar essa primeira frase e pedir que o próprio Sarkozy viva de acordo com ela. Elas insistem que a França é um país cultural, religiosa e etnicamente plural; um mosaico de identidades moldado por um século de imigração — é disso que a França é feita, e, se você

---

3   Patriotische Europäer gegen die Islamisierung des Abendlandes (Patriotas europeus contra a islamização do Ocidente) é um grupo anti-islâmico fundado em Dresden em 2014, considerado por alguns analistas políticos próximo à extrema direita e ao Nationaldemokratische Partei Deutschlands (Partido Nacional Democrático da Alemanha).

4   Alternative für Deutschland (AfD – Alternativa para a Alemanha) é um partido da direita, eurocético, fundado em fevereiro de 2013 pelo professor de macroeconomia da Universidade de Hamburgo, Bernd Lucke.

5   Sobre esse conceito (cunhado originalmente por Jürgen Habermas), cf. Maurizio Virolli, *For Love of Country*. Nova York: Oxford University Press, 1995.

6   Aimé Césaire, *Discourse on Colonialism*. Nova York: Monthly Review, 2000. Sobre esse conceito, cf. Michael Rothberg, *Multidirectional Memory*. Stanford: Stanford University Press, 2009, cap. 3.

7   Zemmour, *Le suicide français*, op. cit.

não a ama como ela é, você tem de sair. Por isso, esse discurso anti-imigrante é literalmente «utópico», pois é impossível fazer o relógio voltar. Com seu desdém pelos descendentes de imigrantes, o discurso reacionário sobre quem são os da «gema» (*de souche*) pressupõe e idealiza uma França mística que não existe, um país que morreu há séculos e para o qual não há retorno em uma era de globalização. Não só nunca pode retornar, e, mesmo que isso fosse possível, seria uma catástrofe, um passo para trás que produziria isolamento geral e empobrecimento.

Isso se aplica a toda a Europa. A imigração é seu futuro: é condição para evitar o declínio econômico e demográfico, para pagar as pensões da população idosa, para se abrir para o mundo, para renovar as culturas da Europa e colocá-las em diálogo com outros continentes. Todos os analistas chegam às mesmas conclusões, mas os políticos que só priorizam seus limitados cálculos eleitorais não admitem isso. A crítica ritual ao comunitarismo nada mais é do que um pretexto para empurrar uma forma regressiva de etnocentrismo.[8]

Essas considerações também se aplicam à Itália, onde ainda há cidadania baseada em *jus soli*. Ao contrário de países com um longo período de imigração — como a França ou os Estados Unidos —, por mais de um século a Itália foi um reservatório de onde constantes ondas de migrantes saíram para vários continentes, longe das costas europeias. Só nas últimas três décadas é que o país se transformou em um país de imigração, no qual quase 1 milhão de jovens — os filhos dos imigrantes — continuam estrangeiros em seu próprio país. Claro que há muitas razões para explicar as origens de uma cidadania

---

8 Cf. Fabrice Dhume, *Communautarisme*. Paris: Demopolis, 2016.

2. Identitarismo de Direita

baseada exclusivamente no *jus sanguinis* — a mística do sangue é uma das mais significativas da ideia nacional que surgiu da cultura do *Risorgimento*[9] —, que, óbvio, já não é adequada para a Itália dos dias atuais. Não só negar cidadania para milhões de pessoas que vivem e trabalham na Itália (muitas das quais nascidas lá) é uma forma intolerável de discriminação, indigna de um país civilizado, mas é também contraproducente e prejudicial do ponto de vista social e econômico. Qualquer um é capaz de entender que, perante os desafios da globalização, a presença de uma nova geração de italianos capazes de falar árabe, chinês, espanhol e russo é uma vantagem para a exportação, a comercialização, o intercâmbio científico e tecnológico, e assim por diante. Apesar disso, as tentativas de reformar as leis da cidadania continuam a ser totalmente bloqueadas, devido aos preconceitos xenofóbicos de muitas das forças políticas.

Laïcité

O secularismo é outro tópico controverso que se relaciona profundamente com o surgimento da direita radical. Os usos do conceito de *laïcité* — marca francesa do secularismo do Estado, da separação da Igreja e do Estado como um artigo da Constituição republicana — são mais do que questionáveis e, quase sempre, abertamente reacionários. Em geral, é feita uma distinção entre as duas concepções de secularismo que surgiram com o Iluminismo, as suas versões anglo-saxônica e francesa. Em síntese, a diferença é liberdade *para* a religião e liberdade *de*

---

9   Alberto Mario Banti, *Sublime madre nostra.* Roma: Laterza, 2011.

Parte I   O Presente como História   66

religião, e as restrições que ela impõe. Há uma diferença entre essas duas interpretações. A concepção de secularismo como liberdade *para* a religião, adotada em particular nos países protestantes, faz com que o Estado seja fiador de todas as minorias religiosas, garantindo-lhes livre expressão na sociedade civil. Esse é um princípio estruturante dos Estados Unidos, um país que acolheu as minorias religiosas perseguidas e banidas na Europa. Ou seja, o Estado garantiu pluralismo religioso muito antes do surgimento de algo parecido ao significado moderno de multiculturalismo. Na França, pelo contrário, a ideia de *laïcité* é fruto de uma luta para ser livre da religião e de uma batalha tenaz contra o absolutismo: o espaço público foi sendo progressivamente liberado das garras da Igreja católica. Nesse contexto, a lei de 1905 da separação da Igreja e do Estado foi uma medida que a República adotou para se defender contra os ataques do conservadorismo católico, nacionalista e antirrepublicano. Uma concepção de secularismo que postula, por um lado, a separação entre a religião e o Estado e, por outro, o reconhecimento de uma liberdade completa para os credos religiosos (e também para os não crentes) é decerto defensável. Nesse amplo escopo, o princípio geral poderia ser aplicado em todos os lugares, da França ao Reino Unido, dos Estados Unidos à Índia.

No entanto, na França, a história da *laïcité* também se interliga com a história do colonialismo: a Terceira República travou sua batalha pela *laïcité* ao mesmo tempo que construía seu império, fundamentando assim a cidadania republicana em uma antropologia política colonial. Sob a Terceira República, o *cidadão* era contrastado com o *nativo* que não tinha os

2. Identitarismo de Direita

mesmos direitos. Enquanto se defendia dos seus inimigos domésticos, o republicanismo criou barreiras legais e hierarquias políticas que deixaram de lado os súditos colonizados. Ou seja, o secularismo foi inseparável do orientalismo e fez parte da construção das dicotomias coloniais: o civilizado versus o primitivo, o branco versus o não branco, europeus versus não europeus e, finalmente, o cidadão versus o nativo.[10] Enquanto na virada do século XX a Terceira República defendeu a *laïcité* em uma batalha contra uma série de ameaças reacionárias, hoje ela é utilizada como ferramenta de exclusão. Existe certa continuidade nessa propensão republicana para discriminar. Mas, atualmente, essa visão de *laïcité* é um ataque ao caráter plural da França real: muitos de seus críticos não buscam questionar o princípio básico do secularismo, fundamental para qualquer sociedade livre e democrática, mas preferem realçar as contradições de sua história e de seu caráter neocolonial. O recente movimento contra o uso de burcas pelas mulheres nas praias francesas[11] é um exemplo revelador dessa interpretação sectária do secularismo como *laïcisme*: não a neutralidade do Estado em assuntos religiosos, mas a obrigação dos cidadãos de conformar uma posição antirreligiosa assumida pelo Estado. De fato, essa forma de secularismo se transformou no instrumento de uma campanha antimuçulmana. Com o caso do *burquíni* mais uma vez revelado, além das ambiguidades do *laïcisme*, viu-se que o coração do problema não é o secularismo, mas a

---

10 Cf. Carole Reynaud Paligot, *La République raciale 1860-1930*. Paris: Presses Universitaires de France, 2006; e Nicolas Bancel, Pascal Blanchard, Françoise Vergès, *La Republique coloniale*. Paris: Albin Michel, 2003. Essa dicotomia cidadão/nativo é a dimensão política do orientalismo europeu estudado por Edward Said, *Orientalism* (Nova York: Vintage, 1978).

11 Sobre esse debate, ver Philippe Marlière, «La gauche de l'entre-soi et le burkini». *Médiapart*, 26 ago. 2016.

Parte I   O Presente como História

islamofobia. Na verdade, foi precisamente em nome do secularismo que muitos antirracistas elevaram a voz para condenar a odiosa intervenção policial contra as mulheres de véu nas praias e em defesa da visão multicultural da França.[12] E eis que o caso do *burquíni* finalmente revelou o *background* histórico da mudança republicana da Frente Nacional. Vemos assim que há uma convergência problemática entre esse *laïcisme* — na verdade um empurrão agressivo de uma versão intolerante do secularismo — e um tipo de feminismo islamofóbico, expressado por Élisabeth Badinter e Caroline Fourest. Essa também é uma peculiaridade francesa, já que em muitos países ocidentais — especialmente nos Estados Unidos — a islamofobia é obsessão de neoconservadores e fundamentalistas cristãos.[13]

No final do século XIX, Cesare Lombroso — fundador da antropologia criminal, acadêmico positivista e fervoroso arauto do progresso — via as origens europeias da filosofia do Iluminismo como uma prova incontestável da superioridade do homem branco sobre as «raças de cor».[14] Um certo feminismo pressupõe a superioridade da civilização ocidental e, assim, se identifica com uma concepção dos valores do Iluminismo. Dessa forma, a própria existência de mulheres com véus nada mais é do que a prova de que o colonialismo europeu deixou incompleta sua missão civilizatória.

Vários estudos mostraram que as mulheres escolhem usar o véu por diversos motivos, ou seja, seu uso não pode ser interpretado apenas como um ato de submissão à dominação masculina. Muitas

---

12 Étienne Balibar, *Secularism and Cosmopolitanism*. Nova York: Columbia University Press, 2018.

13 Caroline Fourest, *Génie de la laïcité*. Paris: Grasset, 2016.

14 Cesare Lombroso, *L'uomo bianco e l'uomo di colore*. Turim: Bocca, 1892.

mulheres muçulmanas — que usam ou não o véu — expressaram seus pontos de vista sobre o assunto mostrando que esse é um fenômeno variado. Às vezes, o véu expressa uma identidade cultural, e não religiosa. Palestrantes universitários que têm jovens mulheres entre seus alunos podem confirmar isso. Mesmo que o véu fosse uma representação exclusivamente patriarcal, a ideia de combatê-lo com medidas legais repressivas — a exemplo das tentativas de erradicar a religião na velha União Soviética — parece ser inaceitável e contraproducente.[15]

Quando afirma que «não devemos temer sermos chamadas de islamofóbicas»,[16] Élisabeth Badinter simplesmente legitima uma série de impulsos xenofóbicos e reacionários que cruzam toda a França e alimentam a Frente Nacional. Se, na verdade, ser secular significa rasgar os véus das mulheres muçulmanas que escolhem usá-los, então a Frente Nacional é certamente a melhor defensora do feminismo! Essas convergências revelam a antiga simbiose entre republicanismo e colonialismo e explicam por que a Frente Nacional alega representar a tradição republicana. Se o populismo é antes de tudo uma forma de demagogia política, o atual uso de *laïcité* é evidentemente um bom exemplo desse fenômeno. Os recentes movimentos legislativos mostram que tem havido um esforço constante para mascarar o que e quem eles estão realmente visando atingir: aqueles que advogaram em favor da lei contra a «exibição de símbolos religiosos» em espaços públicos insistiram que estavam se referindo a

---

15 Cf. Joan Scott, *The Politics of the Veil*. Princeton: Princeton University Press, 2010; e, com uma perspectiva mais ampla, Id., *Sex and Secularism*. Princeton: Princeton University Press, 2017.

16 Élisabeth Badinter, «Il ne faut pas avoir peur de se faire traiter d'islamophobe». *Marianne*, 6 jan. 2016.

todas as religiões e não apenas ao islã, que, na verdade, foi a única religião contra a qual a legislação foi aplicada. Igualmente, a emenda constitucional que buscou permitir a remoção de duas cidadanias nacionais foi justificada por todos os tipos de argumentos retóricos voltados para negar o fato de que era essencialmente direcionada contra os muçulmanos — e que se tratava de uma proposta da Frente Nacional. A mensagem era clara: os terroristas não pertencem à França (mesmo que tivesse sido a própria sociedade francesa que os tivesse produzido). O esforço de combater a Frente Nacional terminou por adotar a própria retórica e discurso desse partido: a França tem de se proteger contra a barbárie e o obscurantismo que o colonialismo foi incapaz de erradicar.

Com relação ao debate que se seguiu aos ataques terroristas contra o *Charlie Hebdo*, vale a pena relembrar que o direito à blasfêmia e à crítica à religião sempre é exercido dentro de um contexto histórico. Uma piada é percebida de diferentes formas a depender de suas circunstâncias. Uma história engraçada sobre judeus que faria as pessoas rirem em Tel Aviv poderia parecer sinistra na Berlim de 1938. Da mesma forma, as charges de Maomé publicadas na imprensa ocidental não têm o mesmo significado das caricaturas do obscurantismo islâmico publicadas no Norte da África. Um cartunista satírico no Irã se arrisca — e sempre paga um preço alto por isso — para exigir uma liberdade negada por um regime opressivo. Na França e na Dinamarca, há cartunistas que exploram sua liberdade para ridicularizar as pessoas que são objeto de exclusão. O sociólogo francês Emmanuel Todd observou com muita pertinência que há uma diferença fundamental entre o direito de

2. Identitarismo de Direita

blasfemar contra sua própria religião e a religião do outro. Na França, afirma, blasfemar de forma repetitiva e sistemática contra Maomé, o principal personagem religioso de um grupo que é fraco e discriminado, deveria — não importa o que os tribunais tenham a dizer — ser tratado como incitamento ao ódio religioso, étnico e racial.[17]

Os mesmos argumentos sobre *laïcité* são ouvidos em todo o espectro político: de forma nenhuma esse debate se enquadra na tradicional divisão entre direita e esquerda. Pensemos no Novo Partido Anticapitalista (NPA), que teve de se confrontar com uma situação inesperada. Na busca por se estabelecer nas *banlieues*, tão logo começou a ter certo grau de apoio, uma jovem ativista vestindo *hijab* apareceu em uma de suas listas de candidatos. Ela foi imediatamente submetida a uma campanha de ódio por parte da mídia, que fez uma ofensiva contra o «esquerdismo islâmico» desse partido (*islamo-gauchisme*), mostrando uma suposta convergência entre a extrema esquerda e o islamismo radical. Ilham Moussaid, uma ativista marroquina que defendeu seu direito de usar o véu, falou com real convicção quando reafirmou seu compromisso com o feminismo, com o anticapitalismo e com a causa palestina. Mas a cultura do NPA não estava preparada para lidar com uma situação sem precedente em sua história. Não podia expulsá-la e, de fato, a acolheu como uma de suas representantes, mas, ao mesmo tempo, fez questão de lembrar a tradição ateísta e marxista do partido. Na prática, isso significou um duplo status dos membros do NPA: os ateístas e os religiosos, que «estão fora das normas, porém são

---

17   Emmanuel Todd, *Qui est Charlie?* Paris: Seuil, 2015, p. 15.

tolerados». Desde 1930, e em especial durante a Guerra da Argélia, o anticolonialismo foi um traço que distinguia os antepassados do NPA.[18] Mas seu olhar sobre religião não ia muito além do que foi a crítica ao obscurantismo herdada do Iluminismo radical. A despeito dos esforços de alguns de seus membros — em particular de Michael Löwy, sociólogo de religiões e autor de importantes trabalhos sobre a Teologia da Libertação da América Latina,[19] o partido não estava preparado para enfrentar essa crise que terminou por provocar uma divisão em duas posições opostas. Muitos dos jovens ativistas abandonaram o NPA. Suas posições anticolonialismo tinham ajudado a criar raízes entre os filhos de imigrantes, mas ele ficou paralisado por seu atavismo ideológico. A França de hoje não é a França de 1905: é um país de mais pluralismo cultural e religioso do que há um século. Para além do NPA, outros movimentos tomaram um caminho totalmente oposto. O Indigènes de la Republique não começou como um movimento religioso, hoje se identifica mais com o caráter cultural e político do islã do que com sua posição política, e abandonou o discurso da intolerância e do obscurantismo religioso. A esquerda está longe de chegar a um acordo com as realidades da religião, especialmente desde que essas passaram a ser uma dimensão fundamental da política após a derrota das revoluções do século XX feitas em nome do socialismo secular.

Olhando para o Indigènes de la Republique, podemos fazer uma comparação com os anos 1930. Muitos judeus que nada tinham a ver com o judaísmo como religião, que nunca tinham pisado em uma sinagoga e

---

18 Cf. Sylvain Pattieu, *Les camarades des frères*. Paris: Syllepse, 2002.
19 Michael Löwy, *The war of Gods*. Londres: Verso, 1996.

2. Identitarismo de Direita   73

até tinham se juntado aos movimentos marxistas ateus, reconheciam sua ligação com o judaísmo cultural. Faziam isso simplesmente para declarar, de maneira digna, seu compromisso com uma identidade que estava sendo estigmatizada e que o antissemitismo lhes imputava. Em sua palestra ao receber o Prêmio Lessing, Hannah Arendt disse que, na Alemanha pré-guerra, a única resposta apropriada à famosa questão de *O mercador de Veneza*, «quem é você?», era «um judeu»: «apenas aquela resposta dava conta da realidade da perseguição».[20] O início do século XXI na Europa não é igual aos anos 1930, mas os padrões sociais e culturais de ódio permanecem os mesmos apesar das mudanças no contexto histórico. Algo semelhante está acontecendo nos dias de hoje para muitas pessoas de «*background* muçulmano»: renunciar a suas origens significaria fugir da realidade, ou significaria engolir o discurso de opressão e exclusão ao qual estão submetidos. Sabemos também que, no lançamento da publicação *Eichmann em Jerusalém*, Arendt recusou-se a falar em nome do povo judeu ou declarar sua lealdade à suposta «comunidade judaica». Como escreveu a Gershom Scholem, ela não amava um povo abstrato, mas apenas seus amigos.[21] Sua digna posição perante o estigma e sua rejeição a qualquer cumplicidade com o tribalismo foram altamente salutares.

A complexidade de navegar pela identidade política e confessional na França moderna também foi levantada recentemente no debate sobre o trabalho de Houria Bouteldja. Acusaram-na de, em seu ensaio

---

20 Hannah Arendt, «On Humanity in Dark Times: Thoughts about Lessing». In: *Men in Dark Times*. Nova York: Harcourt Brace, 1970, p. 17.
21 Hannah Arendt, Gershom Scholem, *Correspondence*. Chicago: University of Chicago Press, 2017, p. 207.

Les Blancs, les Juifs et nous,[22] assumir posições antissemitas. Uma acusação altamente discutível como essa é inevitável quando é baseada em recortes dessa ou daquela passagem fora de contexto. Sem dúvida, há algumas formas infelizes de se expressar, mas a acusação de antissemitismo simplesmente não se sustenta quando se lê seu livro de forma honesta. Vale a pena lembrar novamente que Franz Fanon e Malcolm X foram algumas vezes acusados de «racismo contra brancos». As posições de Houria Bouteldja são frequentemente controversas, mas seu ensaio é interessante e provocador. É um trabalho pessoal, íntimo, um texto escrito com habilidade e também muito político: é uma provocação no melhor sentido da palavra. Ela rasga o véu da hipocrisia republicana e insiste de forma bastante segura que na França há uma questão racial ligada ao legado colonial. Ela está certa com relação a esse ponto, quando vemos como a segregação espacial das minorias molda a paisagem urbana. Só sendo cego para não ver isso. Ao tentar nos confrontar com a questão da raça na França moderna — uma questão sempre ignorada pelo discurso dominante —, Bouteldja se utiliza de palavras que muitos consideram perturbadoras: os «brancos», os «judeus» e os «*indigènes*», significando pretos e árabes, em grande parte muçulmanos.

Desse ponto de vista, é interessante fazer uma comparação com os Estados Unidos. Os Estados Unidos não são um modelo de coexistência entre grupos étnicos diferentes, mas se aceitam como um país diverso. Em 2016, o *New York Times* publicou uma reportagem em seu website, chamada «Race in America: your stories», com numerosas

---

22 Houria Bouteldja, *Les Blancs, les Juifs et nous*. Paris: La Fabrique, 2016.

2. Identitarismo de Direita

entrevistas on-line. Pessoas de vários contextos e religiões contribuíram e disseram o que significava, para elas, ser americanas; quais eram suas raízes culturais e religiosas; e quais preconceitos enfrentaram em sua vida nos Estados Unidos. O *Le Monde* jamais fez algo semelhante. Em resumo, a provocação semântica de Houria Bouteldja não veio de lugar nenhum: ela não fez isso «a sangue-frio». Foi resultado de trinta anos em que a discussão da questão colonial não produziu nenhuma mudança, depois da «Marche des beurs»[23] de 1983, quando jovens oriundos da África do Norte marcharam por igualdade e correram contra uma parede de tijolos. E foi respondida com um crachá cujo slogan era «tire as mãos de meu companheiro» (*touche pas à mon pote*).[24] A etapa final veio com as demonstrações de 11 de janeiro de 2015, quando a França vestiu o disfarce de «Charlie». Causas comuns não surgem espontaneamente. Esses movimentos têm de ser construídos, inclusive com o reconhecimento de diferentes subjetividades. Se essa diversidade não for reconhecida, o universalismo será sempre hipócrita e enganoso como no caso do colonialismo republicano. O problema do ensaio de Bouteldja não é sua fala sobre brancos, judeus ou negros. Ao contrário, é que, mesmo tornando claro que está usando essas categorias com um «sentido social e político», livre de qualquer forma de «determinismo biológico», ela de fato as transforma em entidades homogêneas,

---

23 A «Marcha pela Igualdade» em 1983 em toda a França — conhecida como «Marche des beurs» — terminou com uma enorme marcha por Paris. Foi a primeira grande demonstração organizada pela segunda geração pós-colonial na França, nascida nas favelas e nos bairros habitados por migrantes africanos e magrebinos. Cf. Abdelali Hadjjat, *La marche pour l'égalité et contre le racism*. Paris: Éditions Amsterdam, 2013.

24 Slogan lançado pela sos Racismo, associação fundada em 1984 por membros e simpatizantes do Partido Socialista.

Parte I   O Presente como História   76

eliminando as diferenças e contradições que caracterizam esses termos.

Bouteldja ignora as revoluções árabes e transforma o islã em um bloco monolítico em oposição ao Ocidente, um pouco como Samuel Huntington (autor por quem certamente nutre pouca simpatia) faz em seu livro *O choque de civilizações*.[25] Também nada fala sobre o terrorismo islâmico, mesmo que ele tenha papel crucial para definir as relações entre diferentes grupos muçulmanos. Podemos apostar que sua visão positiva do ex-presidente iraniano Mahmoud Ahmadinejad não é compartilhada pelos gays de Teerã, nem a apologia que ela faz do machismo norte-africano é aceita pelas mulheres vítimas dele, independentemente de suas origens. Bouteldja escreve que «a castração masculina, uma consequência do racismo, é uma humilhação pela qual os homens nos fazem pagar um alto preço», antes de chegar à conclusão de que «a crítica radical do patriarca *indigène* é um luxo».[26] Seu ensaio oscila constantemente entre ser persuasivo e ser sincero, com análises afiadas e surpresas desagradáveis que servem para enfraquecer qualquer causa comum. O mecanismo psicológico não é novo: foi exatamente por causa de sua «lealdade tribal» que muitos judeus que tinham experimentado o antissemitismo nazista se recusaram a criticar Israel e que muitos comunistas refrearam qualquer crítica ao stalinismo para evitar «fazer o jogo do inimigo». Essa atitude é compreensível como reação psicológica, mas sempre traz resultados desastrosos.

Em seu livro, os brancos são sempre considerados uma categoria homogênea: são brancos, sem diferentes matizes. Mas

---

25 Samuel P. Huntington, *The Clash of Civilizations and the Remaking of World Order*. Nova York: Simon & Schuster, 1996.
26 Bouteldja, *Les Blancs, les Juifs et nous*, op. cit., pp. 84, 95.

2. Identitarismo de Direita

esse assunto é muito mais complexo. Pensemos na Itália. Para quem é da Líbia ou da Etiópia, os italianos com certeza são brancos, são a corporificação da «brutalidade branca», com seu legado de campos de concentração na Líbia e de extermínio por armas químicas na Etiópia. Para os africanos que cruzam o Mediterrâneo em um barco, na esperança de alcançar com segurança a costa da Sicília, a Itália é a fronteira de uma fortaleza armada chamada União Europeia. Mas os migrantes italianos que desembarcaram na ilha de Ellis há um século não eram tão brancos. Camponeses da Europa Meridional e católicos, esses italianos «feios, sujos e malvados» ficaram presos ao status de «raça inferior», bem diferente dos dominantes WASPs.[27] Gérard Noiriel lembrou que um século atrás havia pogroms anti-italianos na França.[28] São brancos os atuais imigrantes turcos, herdeiros do Império Otomano, que oprimem os curdos? Eu não usaria essas categorias com linhas divisórias tão marcantes. Várias passagens do ensaio de Bouteldja parecem confirmar a afirmação de Vivek Chibber de que o pós-colonialismo frequentemente toma a forma de um orientalismo virado de cabeça para baixo.[29]

---

27 Sobre o status híbrido racial da primeira geração de imigrantes italianos nos Estados Unidos, nem negro nem branco, cf. Thomas A. Guglielmo, *White on Arrival*. Nova York: Oxford University Press, 2004. Sobre o preconceito racista dos italianos nortistas contra seus homólogos sulistas, cf. Vito Teti, *La razza maledetta*. Roma: Manifestolibri, 2011.

28 Gérard Noiriel, *Le massacre des Italiens*. Paris: Fayard, 2010.

29 Vivek Chibber, *Postcolonial Theory and the Specter of Capital*. Nova York: Verso, 2013.

Interseccionalidade

O conceito de interseccionalidade — definido originalmente pelo pensador jurídico Kimberlé Crenshaw no fim dos anos 1980 — reforça que a questão social e a questão racial estão profundamente interconectadas.[30] Sem dúvida é uma ideia produtiva que inspirou a campanha Black Lives Matter [Vidas Negras Importam], o mais importante movimento nos Estados Unidos desde o Occupy Wall Street, seis anos antes. Nos Estados Unidos, a questão da identidade foi colocada bem antes do que na Europa Continental. Na origem dessa sensibilidade estava o Movimento dos Direitos Civis Afro-americanos, do qual emergiram outros movimentos não limitados aos econômicos, a exemplo do feminismo, do LGBT e do ambientalismo. Isso exige uma reflexão crítica sobre as «fundações» — seria possível dizer filosófica, e não apenas estratégica — da esquerda europeia.

A esquerda marxista sempre teve dificuldade em ligar classe, gênero, raça e religião. Desde o século XIX, ela pensou essas dimensões de forma hierárquica: privilegiou o conflito de classes, articulando gênero, raça e religião de forma subordinada. A solução para essas questões viria como resultado do fim da exploração de classe. Nos anos 1960, a Nova Esquerda tentou articular essas outras dimensões de maneira não hierárquica, sem reduzi-las a um mero corolário de identidade de classe. Por outro lado, a direita radical faz uma forte conexão entre as questões sociais e de identidade: o discurso da Frente Nacional ataca com clareza as desigualdades, mas apresenta uma resposta reacionária em defesa dos «brancos

---

30 Cf. Patricia Hill Collins, Sirma Birge, *Intersectionality*. Cambridge: Polity Press, 2016.

2. Identitarismo de Direita

pobres». Existem muitas razões para o sucesso deles com relação a esse aspecto: antes de tudo, o colapso eleitoral do Partido Comunista e o envelhecimento de sua cultura. Historicamente, a matriz do fascismo foi o anticomunismo, o que limitou o escopo de seu discurso social. Hoje, a extrema direita pode avançar sua crítica sobre a Europa neoliberal sem borrar seus flexíveis limites ideológicos. Nos casos em que a esquerda assume uma forte oposição ao neoliberalismo e uma dimensão anticapitalista, a extrema direita será neofascista (como é o caso do Aurora Dourada na Grécia): seu discurso social é totalmente obscurecido por seu racismo e xenofobia. A Frente Nacional ganhou apoio popular nesse terreno pela simples razão de a esquerda ter sido incapaz de oferecer uma alternativa.

As forças da direita radical buscam mobilizar as massas. Convocam um despertar nacional, pedem a remoção das elites corruptas geridas pelo capitalismo global e responsabilizam as políticas que abriram os países da Europa para uma imigração descontrolada e para uma «invasão islâmica». Como Luc Boltanski e Arnaud Esquerre observaram com muita pertinência, a direita radical não abandonou o velho mito do «povo bom» em oposição às elites corruptas, mas o reformulou significativamente. No passado «o povo bom» era a França rural em oposição às «classes perigosas» das grandes cidades. Após o fim do comunismo, uma classe trabalhadora derrotada, golpeada pela desindustrialização, foi reintegrada nessa virtuosa comunidade nacional popular. O «povo mau» — os imigrantes, os muçulmanos, os negros dos subúrbios, as mulheres de véu, os viciados e os marginais — se juntou aos membros das classes que adotaram costumes liberais: feministas, gays, antirracistas, ambientalistas e

Parte I   O Presente como História   80

defensores dos direitos dos imigrantes. Finalmente, as «boas» pessoas na imaginação pós-fascista são nacionalistas, antifeministas, homofóbicas, xenofóbicas e nutrem uma clara hostilidade contra a ecologia, a arte moderna e o intelectualismo.[31]

Em essência, quando a direita fala de identidade, sua preocupação principal é a *identificação*, ou seja, as políticas de controle social adotadas pela Europa a partir do final do século XIX.[32] Isso significa controlar os movimentos da população e a migração interna, e registrar estrangeiros, criminosos e subversivos. A invenção dos papéis de identificação foi muito mais para controlar do que para reconhecer a cidadania como uma conquista de direitos políticos e legais. A identificação é apenas um aspecto daquilo que Foucault chamou de advento do poder biopolítico, com seu mecanismo de controle e governança dos territórios e das populações. Além de serem categorias jurídico-políticas, as nações são consideradas corpos vivos.[33] A direita radical combinaria medidas biopolíticas muito modernas de identificação e controle com um discurso identitário muito conservador de denúncia ao cosmopolitismo e à globalização como vetores do desenraizamento.

As políticas de identidade da esquerda são muito diferentes: não são uma questão de exclusão, mas uma demanda por reconhecimento.[34] Mariage pour tous [casamento para todos] foi uma demanda por direitos para casais gays, ou seja, uma extensão dos atuais direitos e não um chamamento pela restrição ou

---

31 Luc Boltanski, Arnaud Esquerre, *Vers l'extrême*. Paris: Dehors, 2014; Gérard Mauger, «Mythologies: le 'beauf' et le 'bobo'». *Lignes*, 45, 2014.

32 Ilsen About, Vincent Denis, *Histoire de l'identification des personnes*. Paris: La Découverte, 2010.

33 Michel Foucault, *The Birth of Biopolitics*. Nova York: Picador, 2010.

34 Cf. Axel Honneth, *The Struggle for Recognition*. Cambridge: Polity Press, 2015.

2. Identitarismo de Direita

negação dos direitos de outras pessoas. As mulheres de véu na Europa estão pedindo para serem aceitas; não estão tentando banir as minissaias. Black Lives Matter não é um movimento «contra brancos», mas um movimento contra a opressão sofrida por uma minoria sujeita à crescente violência policial.

Não obstante, é preciso afastar as ambiguidades frequentemente conectadas a esse discurso de identidade (do latim *idem* = mesmo) que leva a todos os tipos de usos. Vale a pena retornar à diferença feita por Paul Ricoeur entre dois tipos de identidade: identidade como *mesmidade* e identidade como *si-mesmo*, ou *ipseidade*.[35] A primeira responde à questão «o que somos?» e se refere a uma identidade biológica, nosso DNA, algo já dado e imutável. Essa é a identidade inventada pela direita: uma identidade ontológica ligada à essência da pessoa; é uma identidade determinada no nascimento (nossos antepassados, os gauleses). E é também o objeto da moderna identificação biopolítica: nossos passaportes biométricos. O segundo tipo de identidade responde à questão «quem somos?» e é resultado de um processo de autoconstrução. Somos o que nossa vida fez de nós e o que escolhemos ser. Essa identidade é subjetiva, aberta e responsável por uma transformação posterior. Identidade se distingue de cidadania, que define o pertencimento de alguém a uma comunidade política. Visto que ela pressupõe um pluralismo cultural e religioso, também constrói as bases para uma útil concepção de secularismo. Existe uma miríade de caminhos para ser membro de uma comunidade, a ela pertencer e se identificar com um destino comum.

---

35   Paul Ricoeur, «Narrative Identity». *Philosophy Today*, 35, 1, 1991, pp. 73-81.

Parte I   O Presente como História

A riqueza da França e da Europa — assim como dos Estados Unidos ou da Argentina — é exatamente a multiplicidade de identidades. Na França, por exemplo, há pelo menos um aspecto positivo no fato de ter sido um império colonial, que é a riqueza de identidades e de culturas que a compõem. Não é algo que se ache facilmente em outro lugar. Benjamim Stora analisou um exemplo notável: enquanto na Argélia existe uma memória oficial dominante, na França o legado da *Algérie française* formado pelos *pieds-noirs* coexiste com o dos dissidentes exilados da Frente de Libertação Nacional, dos argelinos que emigraram depois da guerra, dos árabes que lutaram do lado colonial (*Harkis*), dos franceses anticolonialistas e combatentes veteranos... Todos eles carregam uma parte dessa memória, que é uma memória multidirecional.[36] Essas identidades não se reduzem a um «épico nacional» ou a uma história de origens.

A identidade é subjetiva e necessariamente faz parte de um padrão social e cultural diverso. Ela exige reconhecimento, e a política tem de considerar essa questão. No entanto, uma política identitária exclusiva — a política reduzida à identidade — é míope e perigosa, pois o papel da política é exatamente superar e transcender as subjetividades particulares. Nos Estados Unidos, a política identitária produziu resultados contraditórios: por um lado, conquistou direitos fundamentais; por outro, separou negros, feministas, gays e ambientalistas em movimentos distintos e marginalizados. A política identitária falhou quando abandonou qualquer perspectiva de

---

36 Benjamin Stora, *La gangrène et l'oubli. La mémoire et l'oubli. La mémoire de la guerre d'Algérie*. Paris: La Découverte, 2006. Sobre o conceito de «memória multidimensional», cf. Rothberg, *Multidirectional Memory*, op. cit.

2. Identitarismo de Direita

unidade, arriscando se transformar em uma atitude meramente conservadora. Não é o caminho para construir causas comuns.[37]

Memórias Identitárias

Atualmente, a esfera pública está dominada pela memória de guerras e genocídios; a primeira de todas, a do Holocausto. Essa virada memorial das sociedades ocidentais data de três décadas. Na França, começou com o retorno de Vichy à arena do debate público e também com o surgimento da memória judaica, em particular após o lançamento do filme *Shoah* (1985), de Claude Lanzmann. Na Alemanha, foi resultado da apresentação da série de TV americana *Holocausto* e a *Historikerstreit* (1986), a «disputa das histórias» entre um grupo de intelectuais conservadores liderado por Ernest Nolte e o front progressista liderado por Jürgen Habermas.[38] Reação tardia, hiperbólica e compensatória de décadas anteriores em que se negligenciou o Holocausto, transformou-se em verdadeira obsessão. De certa forma, o fenômeno começou nos anos 1960 (com o julgamento de Eichmann), mas só passou a ter grande importância após duas décadas. Atualmente, a memória institucionalizada pelos governos, ritualizada em comemorações oficiais e reificada pela indústria cultural, aos poucos exerce um papel pedagógico e de coesão. Tornou-se uma memória seletiva e

---

37 Cf. Nancy Fraser, Axel Honneth, *Redistribution or Recognition?* Londres: Verso, 2004. Cf. também Nicole Lapierre, *Causes Communes. Des Juifs et des Noirs.* Paris: Stock, 2011.

38 Sobre os debates intelectuais derivados da emergência da memória do Holocausto em escala global, cf. em particular Dominique LaCapra, *History and Memory After Auschwitz.* Ithaca, NY: Cornell University Press, 1998.

unilateral que produz divisão e ressentimento. Durante a Segunda Guerra Mundial, os judeus foram vítimas de um genocídio, mas nos dias atuais já não são uma minoria oprimida em nenhum país europeu, e agora, com a fundação de Israel, são associados a um Estado opressor. É necessário ter uma atitude apropriada para lidar com as perversas consequências de uma política de memória que transforma os judeus em vítimas paradigmáticas e, ao mesmo tempo, silencia ou trivializa a violência colonial.

A memória dos campos de extermínio foca o antissemitismo, enquanto é a islamofobia que cresce em todo lugar. Ao permanecer separada do presente, essa memória termina por se tornar estéril. Na verdade, pode ser uma boa ideia levar alunos para assistirem a *Shoah* ou organizar visitas a campos de concentração, o que arrisca ser mera diversão se ao mesmo tempo o Parlamento estiver aprovando leis que vangloriem os méritos do colonialismo, como aconteceu em 2005. Quando os líderes políticos condenam unanimemente o antissemitismo da forma mais intransigente e ao mesmo tempo apoiam a xenofobia anti-imigrante, o que ocorre é que a virtude da memorialização do Holocausto é completamente destruída.[39]

O colonialismo tornou-se, assim, um legado controverso mesmo no campo do antirracismo. O museu da história da imigração — Cité nationale de l'histoire de l'immigration (CNHI) — é um exemplo particular disso. Criado em 2007 em Paris, é o único museu nacional da França que não foi inaugurado por um ministro do governo. Foi inaugurado oficialmente pelo presidente François Hollande

---

39 Enzo Traverso, *The End of Jewish Modernity*. Londres: Pluto, 2016, cap. 7.

dez anos após sua fundação! O museu surgiu em meio a uma tempestade de debates, até mesmo entre quem o propôs, devido à sua localização. Realmente, o prédio que o abriga tem grande significação simbólica, pois foi construído para uma exibição colonial de 1931. Deve um museu da história da imigração ser montado em um prédio que seria naturalmente destinado para ser um museu do colonialismo? Como não existe de fato tal museu na França, o CNHI desempenha esse papel quando promove exibições temporárias sobre a colonização.

O CNHI é um bom museu, suas qualidades não estão em questão; no entanto, ele reproduz uma concepção historiográfica equivocada: a ideia de que o legado do colonialismo pode ser dissolvido na história da imigração. Há conexões profundas entre os dois fenômenos, que precisam ser diferenciados para serem entendidos de forma apropriada. O desprezo e o desrespeito com que são tratados os imigrantes poloneses, italianos ou espanhóis durante o século XX é diferente da opressão do colonizado. Esses imigrantes não eram «*indigènes*» (nativos) como seus parceiros africanos; nunca foram expostos em jaulas ou mostrados como objetos exóticos em uma exposição colonial.[40]

Religião Civil

Uma contraposição interessante entre o republicanismo nacional e a memória pós-colonial como duas formas de conflitos da identidade francesa ocorreu após os ataques terroristas de janeiro de 2015. Naquela

---

40 Cf. Nicolas Bancel, Pascal Blanchard (Orgs.), *Human Zoos*. Liverpool: Liverpool University Press, 2009.

ocasião, o republicanismo nacional experimentou (pelo menos por um momento) um despertar extraordinário, em que expôs seus velhos hábitos como uma religião civil. Muitos observadores chamaram atenção para a vitalidade inesperada de uma crença aparentemente arcaica. De repente, sob o choque de um massacre no coração de Paris, o velho sentimento patriótico reencontrou sua antiga força: os valores constitucionais da República mais uma vez foram sacralizados, e os cidadãos desfilaram de novo pelas ruas, abraçando-os em um ato de fé. A República é sagrada: foi isso que o primeiro-ministro Manuel Valls nos disse depois dos ataques contra *Charlie Hebdo* e o supermercado kosher Hypercacher, como também François Hollande no despertar dos ataques de Paris em novembro de 2015. Em meio a esses eventos, os rituais republicanos foram realmente eficazes. Régis Debray escreveu o quanto ficou feliz ao assistir à manifestação de 11 de janeiro que se seguiu àqueles dias trágicos, reconhecendo a força da tradição republicana como uma surpresa divina.[41] A dimensão da manifestação em defesa da República, em que emoções muito poderosas foram expostas, foi realmente impressionante. Mas, novamente, essas manifestações exibiram todas as contradições do nacionalismo republicano. Quando *Charlie* foi integrado aos símbolos da República, o espectro do colonialismo voltou com força. Se *Charlie* é a quintessência da República, os muçulmanos foram forçosamente excluídos dela.

Houve também formas mais espontâneas de comemorações na Praça da República, em Paris. Por exemplo, no santuário montado em frente ao café La Belle Époque, coberto de flores e

---

41 Régis Debray, «Mise au point». *Medium*, 43, 2015, pp. 8-25.

2. Identitarismo de Direita

mensagens em homenagem às vítimas. Foi um momento espontâneo de compaixão, mas que não teve a mesma força simbólica ou a mesma dimensão política das manifestações que ocorreram depois dos ataques. Por um lado, essa mobilização extraordinária foi profundamente autêntica: as pessoas expressavam sua raiva, sua dor e sua adesão aos valores da liberdade e da democracia; por outro, o slogan *Je suis Charlie* circunscreveu claramente as fronteiras republicanas. Clamava-se pela liberdade de expressão, pelo pluralismo de ideias e pela religião, ou até mesmo pelo direito à blasfêmia. O slogan impôs cegamente uma linha divisória que excluiu não só os terroristas da República, mas também os muçulmanos que formam um setor significativo da população francesa e que eram estigmatizados todas as semanas nas páginas do *Charlie Hebdo*. Emmanuel Todd aponta que

> A Neorrepública exige de alguns de seus cidadãos um intolerável grau de renúncia do que eles são. Para serem reconhecidos como bons franceses e francesas, os muçulmanos são forçados a aceitar que é uma boa coisa blasfemar contra sua própria religião. O que equivale a lhes pedir de fato que deixem de ser muçulmanos. Ideólogos bem vendidos mencionam a deportação como uma solução.[42]

Aqui reside a ambiguidade da religião cívico-republicana. Desde o século XIX, essa contradição tem sido uma ferida aberta ao longo da história da República.

---

42 Todd, *Qui est Charlie?*, op. cit., p. 225.

Parte I   O Presente como História

3. Espectros do Islã

Antissemitismo

O terrorismo e a islamofobia moldam a paisagem cultural e política do século XXI. Ao surgir com força na esteira do Onze de Setembro, a islamofobia recolocou o antissemitismo no imaginário ocidental. Por quase dois séculos, o antissemitismo tem sido simbioticamente interligado com todos os nacionalismos europeus, permeando a cultura e as mentalidades do Velho Continente. De acordo com Jacob Toury, que reconstituiu a genealogia da referência à «Questão Judaica», ela não existia sob o Antigo Regime ou no tempo das primeiras leis de emancipação; surgiu na era do nacionalismo moderno.[1] Naquele momento aconteceu uma mudança significativa na cultura política europeia do Estado para a Nação, e o debate público já não era sobre a posição dos judeus dentro do Estado, mas sim dentro dos Estados-nações. Eles se tornaram cidadãos, mas, para o nacionalismo do fim do século, permaneceram um corpo estranho dentro de nações concebidas como entidades etnicamente homogêneas. As principais características da modernidade judaica — urbanidade, mobilidade, textualidade e extraterritorialidade — entraram em choque com essa nova visão de nacionalismo. De acordo com a famosa definição alegórica de Yuri Slezkine, os judeus se transformaram em uma minoria de «mercurianos» (estranhos, móveis, produtores de conceitos) em um mundo de «apolonianos»

---

1   Jacob Toury, «The Jewish Question: A Semantic Approach». *Leo Baeck Institute Year Book*, 11, 1, 1966, pp. 85-106.

(guerreiros, sedentários, produtores de mercadorias).[2] Nesse momento, o tipo ideal (ou estereótipo) do judeu como a corporificação da marginalidade, da alteridade, do cosmopolitismo e do pensamento crítico foi finalmente codificado. Em outras palavras, a «Questão Judaica» aparenta ser um aspecto da modernidade, a era da invenção de nações como «comunidades imaginadas».[3] Os judeus não tinham lugar nessas entidades fabricadas social e culturalmente que o nacionalismo via como corpos monolíticos, cujo passado e futuro estavam inscritos em um tipo de condição ontológica e de destino providencial.

O fascismo foi profundamente antissemita. O antissemitismo saturou toda a visão de mundo do nacional-socialismo germânico e afetou profundamente os nacionalismos radicais da França. O fascismo italiano não foi inicialmente antissemita, mas em 1938 promulgou leis raciais que discriminavam os judeus e instalou no «império» africano hierarquias rígidas promulgadas por Mussolini depois da Guerra da Etiópia. Mesmo na Espanha, de onde os judeus tinham sido expulsos no final do século XV, fez parte da propaganda de Franco, que os identificava com os Vermelhos (*los Rojos*), inimigos do nacional-catolicismo. Na primeira metade do século XX, o antissemitismo se espalhou por quase toda parte, das camadas aristocráticas e burguesas (onde estabeleceu fronteiras simbólicas) à *intelligentsia*: muitos dos mais importantes escritores dos anos 1930 não esconderam seu ódio aos judeus. Hoje, o racismo mudou suas formas e seus alvos: o imigrante muçulmano substituiu o judeu. O racialismo — um discurso

---

2 Yuri Slezkine, *The Jewish Century*. Princeton: Princeton University Press, 2004, cap. I.

3 Anderson, *Imagined Communities*, op. cit.

científico baseado em teorias biológicas — abriu espaço para um preconceito cultural que dá ênfase a uma discrepância antropológica radical entre uma Europa «judaico-cristã» e o islã. O antissemitismo tradicional, tão bem retratado por Arthur Schnitzler e Marcel Proust em suas novelas, tornou-se o fenômeno residual, enquanto as comemorações do Holocausto criaram um tipo de «religião civil» na União Europeia.[4] Tal qual um sistema de vasos comunicantes, o antissemitismo pré-guerra diminuiu e a islamofobia cresceu. A representação pós-fascista do inimigo reproduz o velho paradigma racial, e, como o antigo bolchevique judeu, o terrorista islâmico é sempre retratado com traços físicos que salientam sua alteridade. A ambição intelectual do pós-fascismo, entretanto, vem diminuindo de forma significativa. Hoje em dia, não há equivalente da *França judaica* de Edouard Drumont (1886) ou de *As fundações do século XIX* de Houston Stewart Chamberlain (1899), nem os ensaios de antropologia racial de Hans Günther.[5] A nova xenofobia não produziu escritores como Léon Bloy, Louis-Ferdinand Céline e Pierre Drieu La Rochelle, para não falar de filósofos como Martin Heidegger e Carl Schmitt. O húmus cultural do pós-fascismo não se nutriu de criação literária — sua expressão mais significativa é um romance recente de Michel Houellebecq, *Submissão* (2015),[6] que retrata a França em 2022 transformada em uma República Islâmica e que contou com uma massiva campanha publicitária para chamar atenção.

---

4 Cf. Enzo Traverso, *The End of Jewish Modernity*, op. cit., cap. 7. Sobre a interpretação da memória do Holocausto como uma religião civil, cf. Peter Novick, *The Holocaust in American Life*. Boston: Mariner, 2000, pp. 198-201.

5 Cf. Michel Winock, *Nationalism, Anti-Semitism, and Fascism in France*. Stanford: Stanford University Press, 1998; e Geoffrey G. Field, *Evangelist of Race*. Nova York: Columbia University Press, 1981.

6 Michel Houellebecq, *The Submission*. Nova York: Picador, 2015.

Muitas personalidades políticas e intelectuais, canais de televisão e revistas populares, que não podem ser qualificados de fascistas, contribuíram imensamente para alimentar esse húmus cultural. Podemos também lembrar o famoso comentário de Jacques Chirac sobre o «barulho e o odor» dos edifícios habitados pelos imigrantes norte-africanos;[7] a prosa inflamada de Oriana Fallaci sobre «os filhos de Alá que procriam feito ratos e urinam nos muros de nossas catedrais»;[8] e mais recentemente a comparação dos ministros negros a macacos, tanto na França como na Itália.[9] Vale a pena lembrar que Chirac era o presidente da República francesa e que Oriana Fallaci recebeu prêmios de inúmeras fundações de vários países, especialmente dos Estados Unidos e da Itália; em 2005, o presidente italiano Carlo Azeglio Ciampi condecorou-a com uma medalha de ouro por suas «contribuições culturais». George L. Mosse (cuja interpretação do fascismo iremos analisar no próximo capítulo) mostrou que, no fascismo clássico, a palavra falada era mais importante do que o texto escrito. Em uma era na qual as imagens destituíram a hegemonia da cultura escrita, o discurso pós-fascista se espalha primeiro pela mídia e relega a segundo plano as produções literárias (como no caso de *Submissão*), exatamente porque elas são transformadas em eventos midiáticos.

As semelhanças mais significativas entre a islamofobia atual e o antissemitismo mais antigo têm provavelmente mais relação com o Reich alemão do fim do século XIX do que com a Terceira República

---

7 *Le Monde*, 21 jun. 1991. As palavras racistas de Chirac se tornaram o título de uma famosa canção da banda Zebda, de Toulouse.

8 Oriana Fallaci, *The Rage and The Pride*. Nova York: Random House, 2002, p. 39.

9 Os ministros italiano e francês Cecile Kyenge e Christiane Taubira foram retratados como «macacos» pelos parlamentares da direita Robert Calderoli e Nadine Morano. Cf. *La Reppublica*, 14 jul. 2013, e *Le Nouvel Observateur*, 16 jul. 2014.

francesa. Desde o Caso Dreyfus, o antissemitismo francês estigmatizou os imigrantes judeus da Polônia e Rússia, mas seu principal alvo eram os altos funcionários (*juifs d'État*) que ocupavam os cargos mais importantes da burocracia, do exército, das instituições acadêmicas e do governo.[10] O capitão Dreyfus foi um símbolo dessa ascensão social. Na época da Frente Popular, o alvo do antissemitismo foi Léon Blum, judeu e homossexual que simbolizou a imagem de uma República dominada pela «Anti-França». Os judeus eram designados como um «Estado dentro de um Estado»,[11] uma posição que certamente não corresponde à atual situação das minorias muçulmanas árabes e africanas, excessivamente sub-representadas nas instituições de Estado dos países europeus. Assim, a comparação mais correta é com a Alemanha de Guilherme II, quando os judeus foram cuidadosamente excluídos da máquina do Estado e os jornais alardeavam uma iminente «invasão judaica» (*Verjudung*) e, com isso, questionavam a matriz étnica e religiosa do Reich. O antissemitismo teve o papel de um «código cultural» que fez com que os alemães definissem *negativamente* uma consciência nacional, em um país conturbado por uma rápida modernização e pela concentração de judeus nas grandes cidades, onde pareciam ser o grupo mais dinâmico. Em outras palavras, um alemão era em primeiro lugar um não judeu.[12] Da mesma forma, hoje o islã está se tornando um código cultural que permite aos escritores achar, por uma demarcação negativa, uma «identidade» francesa ameaçada ou mergulhada

---

10 Cf. Pierre Birnbaum, *The Jews of the Republic*. Stanford: Stanford University Press, 1996.

11 Id., *Un mythe politique*. Paris: Fayard, 1988.

12 Shulamit Volkov, «Anti-Semitism as Cultural Code: Reflections on the History and Historiography of Anti-Semitism in Imperial Germany». *Leo Baeck Institute Year Book*, 23, 1, 1978, pp. 25-46.

3. Espectros do Islã

no processo de globalização. O medo do multiculturalismo e do hibridismo (*métissage*) é simplesmente uma volta à antiga mestiçagem da «mistura de sangue» (*Blutvermischung*). Uma atmosfera de desespero cultural invade essa nova literatura xenofóbica, que mimetiza as primeiras lamentações antissemitas do século XIX. Uma comparação textual bem superficial é muito reveladora. Em seu famoso ensaio «O judaísmo na música» (1850), o compositor Richard Wagner denunciou a «judaização (*Verjüdung*) da arte moderna», mostrando que a assimilação cultural dos judeus produziu uma corrupção de todas as tradições herdadas. O judeu, explicou, falava as «modernas línguas europeias somente como adquiridas e não como línguas-mães» e, assim, todo o seu ser expressava algo «inautêntico», o que por sua vez justificava a «mais profunda repugnância pela natureza judaica».[13] Em 1880, o historiador Heinrich von Treitschke deplorava a «intrusão» (*Einbruch*) dos judeus na sociedade alemã, provocando mudanças nos costumes da *Kultur*, sendo assim vistos como um «sério perigo» e um elemento corrupto. Ele escreveu:

> A imigração está crescendo visivelmente e a questão se torna mais e mais grave: como podemos amalgamar essas pessoas alienígenas (*fremde Volkstum*)? Os semitas dividem uma pesada culpa pela falsidade e engano, pela ganância insolente de práticas comerciais fraudulentas, que embasam o materialismo de nosso dia, e

---

13   Richard Wagner, «Judaism in Music» (1850). In: *Judaism in Music and Other Essays*. Lincoln: Nebraska University Press, 1995, p. 54; cf. também Jacob Katz, *The Dark Side of the Genius*. Hanover: Brandeis University Press, 1986.

Parte I   O Presente como História   94

que vê qualquer trabalho como puro negócio e ameaça sufocar a tradicional alegria do trabalho. Em milhares de vilarejos alemães encontram-se judeus que vendem aos seus vizinhos com usura.[14]

O antissemitismo não foi um preconceito de pessoas ignorantes, seus precursores «eram homens altamente educados» que rejeitavam tanto a «intolerância da Igreja como a arrogância nacional». A conclusão de Treitschke foi uma nota de desespero que acabou virando o slogan «os judeus são nosso infortúnio» (*die Juden sind unser Unglück*).[15]

Temos apenas de substituir «judeus» por «muçulmanos» para encontrar a linguagem contemporânea e xenofóbica do «desespero cultural» (*Kulturpessismus*).[16] Na Europa, o medo do islã é tão antigo quanto as Cruzadas. Durante a Guerra da Argélia, ele ressurgiu até nas conversas de Charles de Gaulle com seu confidente Alain Peyrefitte:

> Você acredita que a nação francesa pode absorver 10 milhões de muçulmanos, que amanhã serão 20 milhões e depois de amanhã serão 40 milhões? Se adotarmos a integração, se todos os árabes e berberes da Argélia fossem considerados franceses, o que evitaria que eles viessem se estabelecer no continente francês, onde o padrão de vida é muito mais alto? Meu vilarejo não mais se chamaria Colombey-les-Deux-Églises, mas Colombey-les-Deux-Mosquées![17]

14 Heinrich von Treitschke, «Unsere Aussichten» (1879). In: Karsten Krieger (Org.), *Der Berliner Antisemitismusstreit 1879-1881*. Munique: K.G. Saur, 2003, vol. 1, p. 16.

15 Ibid.

16 O estudo clássico sobre *Kulturpessismus* do final de século alemão é o de Fritz Stern, *The Politics of Cultural Despair*. Berkeley: University of California Press, 1961.

17 Apud Adam Shatz, «Colombey-les-deux-Mosquées». *London Review of Books*, 9 abr. 2015, p. 15.

3. Espectros do Islã   95

Cinquenta anos mais tarde, Renaud Camus acha que essa «invasão» já aconteceu. Ele retrata a «grande substituição» como «desculturação», «processo de descivilização» (*décivilisation*), e o hibridismo como um «apagamento do sentimento nacional». A seus olhos, a imigração em massa coloca em questão a vontade de preservar nossa cultura, nossa linguagem e, claro, nossa arte de viver e nosso comportamento, nossa religião ou o que dela restar, nossa paisagem e o que dela sobreviver, nossas leis, nossos costumes, nossos hábitos, nossa comida, nossa liberdade.[18] Em *Le Grand Remplacement* ele escreve que um dia, ao caminhar em um vilarejo no sul da França, ele subitamente constatou,

> [...] surpreso, que a população em uma geração tinha mudado completamente, que não eram mais as mesmas pessoas nas janelas e nas calçadas... No próprio solo de minha cultura e de minha civilização, eu estava caminhando em uma nova cultura e em outra civilização, sem saber que elas exibiam, como se fosse uma decoração, o belo e enganoso nome de multiculturalismo.[19]

Ao denunciar obsessivamente a imigração, os *melting pots*, o hibridismo como uma ameaça letal à cultura e à civilização, os ensaios de Camus atualizam o velho medo de «mistura de sangue» (*Blutvermischung*). Ele gostaria de reabilitar o conceito de «raça», mesmo a definindo como o legado de uma «história compartilhada em maior escala» e não como uma «filiação biológica».[20] Embora com um estilo completamente diferente e uma dose menor de ódio racial, um sentimento

---

18 Renaud Camus, *Le Grand Remplacement*. Neuilly-sur-Seine: Reinharc, 2011, p. 66.
19 Ibid., p. 82.
20 Ibid., p. 23.

semelhante de decadência e contemplação de uma civilização em declínio invade os romances de Michel Houellebecq, e particularmente *Submissão*, em que narra a eleição de um presidente muçulmano na República Francesa. Como Adam Shatz enfatiza, «Houellebecq tem sido comparado com seu antecessor reacionário Céline, mas os escritos de Céline tinham um espírito selvagem e insurgente; os escritos de Houellebecq exaltam o ressentimento, o desamparo e a derrota».[21] Entretanto, o bardo da decadência é Alain Finkielkraut. Em seu recente ensaio *A identidade envergonhada* (2013), ele defende «o francês a quem não mais definimos pela linhagem (*de souche*)», que agora sofre por causa de um triunfo da alteridade — «o romantismo para outros» — que o leva a um exílio em seu próprio país. «Sob a luz do romantismo para outros», escreve, «a nova norma social da diversidade traça uma França na qual a única origem legítima é exótica e a única identidade proibida é a identidade nacional».[22] Quando homens e mulheres franceses «da gema» vivem cercados de açougues *halal* e veem ao seu redor um número crescente de conversões ao islã, «eles se tornam estrangeiros em seu próprio solo».[23] Infelizmente a França abandonou seu antigo e nobre universalismo:

> A França é a imagem da Europa, e a Europa já não acredita em sua vocação — do passado, do presente ou do futuro — para guiar a humanidade em direção à sua essência. Ela não quer mais converter ninguém — seja a conversão religiosa, seja a reabsorção da diversidade de culturas ao catolicismo

---

21 Shatz, «Colombey-les-deux-Mosqueés», op. cit., p. 18.
22 Alain Finkielkraut, *L'identité malheureuse*. Paris: Folio-Gallimard, 2013, p. 110.
23 Ibid., p. 109.

do Iluminismo — mas prefere reconhecer o Outro mediante o reconhecimento dos preconceitos que inflige a ele.[24]

Deparando com uma calamidade como o multiculturalismo e um hibridismo erroneamente idealizado — a mestiçagem preta-branca-moura de seu time de futebol —, a França não pode deixar de expressar sua «identidade envergonhada»: *Os muçulmanos são nosso infortúnio!* Na Alemanha, o refrão da decadência foi cantado com fortes acentos spenglerianos por Rolf Peter Sieferle, pensador neoconservador e ideólogo do Alternative für Deutschland. Para Sieferle, a sociedade alemã perdeu todos seus suportes tradicionais e «não pode distinguir entre ela própria e as forças que a dissolveriam», ou seja, a imigração muçulmana e os fantasmas judaicos que assombram seu próprio passado. A Alemanha «está vivendo moralmente além de seus meios». Seu destino é trágico na medida em que o processo de globalização a condenou a sofrer com a imigração em massa e a lembrança do Holocausto que provocou uma perda irreparável de sua identidade nacional, substituída por uma expiação eterna. Em uma ação consistente com seu diagnóstico, ele se suicidou logo após publicar um ensaio-testamento com o título de *Finis Germania*.[25] O desespero cultural: eis o húmus do pós-fascismo por toda a União Europeia.

---

24 Ibid., p. 100.
25 Rolf Peter Sieferle, *Finis Germania*. Steigra: Antaios, 2017; Id., *Das Migrationsproblem*. Berlim: Manuscriptum, 2016. Sobre Sieferle, que no passado escreveu um livro interessante sobre a Revolução Conservadora, cf. Timothy Garton Ash, «It's the Kultur, Stupid». *The New York Review of Books*, 7 dez. 2017.

Parte I   O Presente como História

Islamofobia

Embora tenha raízes antigas, a islamofobia passou por mudanças na era pós-colonial ao se voltar contra as populações de imigrantes árabes e africanos. A hostilidade contra o islã data da Idade Média, foi diminuindo a partir do século XVIII e parecia ter desaparecido depois do desmembramento do Império Otomano no final da Primeira Guerra Mundial. Voltou, no entanto, no final do século XX. Atualmente, o confronto com o islã ajudou a criar o mito da identidade europeia, constantemente invocado por aqueles que clamam «pelas raízes do continente judaico-cristão». Desde os anos 1980, primeiro com a Guerra do Afeganistão, depois com a Guerra do Golfo e a Guerra do Iraque de 2003 e finalmente com o terrorismo islâmico, a islamofobia vem crescendo sem parar.

No final do século XIX, o «judeu» tornou-se uma figura metafórica: essa palavra indicava uma minoria étnica e cultural que ultrapassava a religião, pois incluía também os judeus que não frequentavam a sinagoga e não tinham identidade religiosa. Atualmente, os árabes e o islã desempenham o mesmo papel. Para os nacionalistas islamofóbicos, o islã é muito mais que uma religião: ele inclui toda uma parcela da população que não necessariamente está afinada com as práticas religiosas, e, nesse sentido, representa um islã secularizado. Assim como o «código cultural» antissemita que mencionamos anteriormente, necessário para demarcar uma Alemanha definida de forma negativa, o medo do islã hoje se torna o que Rachid Benzine denominou «novo elo identitário».[26] Do mesmo

---

26 Rachid Benzine, «La peur de l'Islam, ferment d'un nouveau lien identitaire en France?». In: Pascal Blanchard, Nicolas Bancel, Dominic Thomas (Orgs.), *Vers la guerre des identités?* Paris: La Découverte, 2016, pp. 101-9.

3. Espectros do Islã

modo que na famosa afirmação de Sartre — «O judeu é alguém que os outros homens consideram um judeu [...] é o antissemita que *fabrica* o judeu»[27] —, o muçulmano tornou-se uma projeção, uma materialização de fantasias e temores.

Como todas as comparações, a analogia entre judeus de cem anos atrás e muçulmanos da atualidade deve ser feita com precaução, prestando atenção às semelhanças e às diferenças, mas sua pertinência é dificilmente contestável. A memória coletiva tem um papel significativo em um tópico tão controverso. Assim como o antissemitismo desembocou no Holocausto, comparar antissemitismo com islamofobia pode sugerir que estamos na iminência de uma guerra genocida contra os muçulmanos. Até o argumento de que foi o antissemitismo que provocou o genocídio é discutível: muitos historiadores concordam que o Holocausto surgiu de circunstâncias excepcionais durante a Segunda Guerra Mundial e que ele não era inevitável. Não foi inevitável o surgimento da ideologia *völkisch* ou o antissemitismo do século XIX. O mesmo é também verdade para o genocídio armênio sob ordem do Império Otomano em declínio ou o extermínio dos tútsis de Ruanda em 1994, ocorrido em meio a uma guerra civil. Todos os genocídios têm suas premissas, mas não há nenhuma relação determinista de causa e efeito. Essa comparação trabalha com o antissemitismo do fim do século, não com a «Solução Final». Felizmente, na Europa atual não há nada semelhante ao «antissemitismo redentor».[28]

Entretanto, a islamofobia não é uma simples versão substituta do antigo antissemitismo. Ela tem suas raízes próprias e antigas e

---

27 Jean-Paul Sartre, *Anti-Semite and Jews*. Nova York: Schocken, 1995, p. 69.

28 Sobre esse conceito, cf. Saul Friedländer, *Nazi Germany and the Jews, Vol. 2: The Years of Persecution, 1933-1939*. Nova York: Harper Collins, 1997, cap. 3.

possui suas próprias tradições, isto é, o colonialismo. As raízes da islamofobia contemporânea repousam na memória do longo passado colonial da Europa e, na França, na memória da Guerra da Argélia, que foi a conclusão traumática desse colonialismo. Como vimos em um capítulo anterior, o colonialismo inventou uma antropologia política baseada na dicotomia entre cidadãos e sujeitos coloniais — *citoyens* e *indigènes* — que fixou as fronteiras raciais e políticas. Em resumo, a direita radical pretende restaurar essa velha separação jurídica. «A cidadania existe apenas como referência à não cidadania», escreve Renaud Camus, que também salienta sua vontade de «melhorar tanto quanto possível a diferença de status e tratamento entre cidadãos e não cidadãos».[29]

Depois de rompida essa clivagem jurídica codificada na Terceira República, os imigrantes muçulmanos foram vistos como um agente infeccioso, como «um povo dentro do povo» (assim como os judeus que adquiriram cidadania por toda a Europa com o fim dos guetos). A matriz colonial da islamofobia explica tanto sua virulência como sua persistência: após três gerações o sobrenome italiano, polonês ou espanhol se dissolve naturalmente em várias matrizes do patronímico francês, ao passo que um nome africano ou árabe revela imediatamente que seu titular pertence a uma categoria especial de segundo escalão. Essa categoria carrega um eufemismo que substitui um léxico racial proibido atualmente: «oriundo da imigração», *issu de l'immigration*.

A julgar por um recente estudo do Instituto Nacional de Estudos Demográficos (Insed) e do Instituto Nacional de Estudos Estatísticos e Econômicos (Insee), a segunda geração se sente menos integrada

---

29 Camus, *Le Grand Remplacement*, op. cit., p. 17.

3. Espectros do Islã

do que a primeira; isso marca uma reversão sem precedentes da tendência histórica. Homens e mulheres franceses «oriundos da imigração» não são franceses «hifenizados», a exemplo dos ítalo-americanos, judeus-americanos, nipo-americanos e assim por diante. Eles são apenas cidadãos franceses de segunda classe. Esse tratamento diferente em comparação com as ondas anteriores de imigração é algo particular à França, e que não encontramos nos Estados Unidos nem em outros países europeus. Se não levamos em consideração o passado colonial da França, não podemos entender por que tanto o exército republicano como a escola pública — instituições privilegiadas por meio das quais, por mais de um século, os imigrantes se tornaram cidadãos franceses — já não desempenham esse papel.[30] Não se pode esquecer que a França foi por muito tempo um modelo para seus vizinhos, em especial para a Alemanha, onde a definição de cidadania não reconhece o *jus soli*. Nos anos 1980, Jürgen Habermas clamou por um «patriotismo constitucional» e por uma reforma que permitisse à Alemanha definir nacionalidade a partir de critérios políticos e não étnicos (que foi introduzida uma década depois). Isso mostra o quanto foi difícil — e ainda é — para a União Europeia integrar seus imigrantes (em 2015, cerca de 35 milhões de residentes em seus Estados-membros eram nascidos fora da União Europeia).[31]

A matriz colonial da islamofobia nos dá uma chave para compreender a metamorfose ideológica do pós-fascismo, que abandonou as ambições

---

30 Ver Maryline Baumard, «Emploi, école, les réussites et les blocages de l'intégration en France». *Le Monde*, 8 jan. 2016, que resume os resultados desse estudo. Edwy Plenel oferece uma boa análise das causas da islamofobia em seu *Pour les musulmans* (Paris: Découverte, 2016).

31 Dados disponíveis em: ‹https://ec.europa.eu/eurostat/statistics-explained/index.php?title=Migration_and_migrant_population_statistics›.

Parte I   O Presente como História

imperiais e conquistadoras do fascismo clássico, para adotar uma postura muito mais conservadora e defensiva. Ele não deseja conquistar, mas expulsar (mesmo criticando as guerras neoimperiais travadas desde o início dos anos 1990 pelos Estados Unidos e seus aliados ocidentais). Enquanto o colonialismo do século XIX desejava executar sua «missão civilizatória» por meio de suas conquistas territoriais, a islamofobia pós-colonial combate um inimigo interno em nome dos mesmos valores. A rejeição substituiu a conquista, mas as motivações são as mesmas: no passado, a conquista visava subjugar e civilizar os bárbaros; atualmente, rejeição e expulsão visam proteger a nação de sua influência deletéria. Isso explica os recorrentes debates sobre o secularismo e o véu islâmico que levaram à lei — promulgada há dez anos — que o proíbe em lugares públicos. Esse acordo sobre uma concepção neocolonial e discriminatória de secularismo contribui para legitimar o pós-fascismo.

O pós-fascismo não esconde sua propensão ao autoritarismo: ele reivindica um poder forte, leis de segurança especiais etc. Mas abandonou sua antiga estrutura ideológica — essa é uma verdadeira ruptura com o fascismo arquetípico para adotar a democracia e os valores herdados do Iluminismo. Na era pós-totalitária dos direitos humanos, isso lhe proporciona respeitabilidade. O colonialismo clássico ocorreu em nome do Progresso e, na França, do universalismo republicano. Essa é a tradição com a qual o pós-fascismo tenta se unir. Ele não justifica sua guerra contra o islã com os velhos e hoje inadmissíveis argumentos de racialismo doutrinário, mas sobretudo com a filosofia dos direitos humanos. Marine Le Pen — que claramente se distanciou do pai

3. Espectros do Islã   103

nesse quesito — não deseja defender exclusivamente os franceses nativos contra os racialmente hifenizados (*les métèques*); também deseja defender mulheres e judeus contra o obscurantismo islâmico, o terrorismo e o comunitarismo. Nessa extrema direita em transformação, convivem islamofobia *gay-friendly* e a homofobia. Nos Países Baixos, o feminismo e os direitos dos homossexuais foram as bandeiras de uma violenta campanha xenofóbica empreendida por Pym Fortuyn — e depois por seu sucessor, Gert Wilders — contra a imigração e os muçulmanos.

Uma segunda similaridade impressionante entre a islamofobia atual e o antigo antissemitismo — nesse caso, o dos anos 1920 — refere-se à representação do «inimigo». Naquela época o antissemitismo se nutria do anticomunismo: os judeus eram identificados com o bolchevismo, com a União Soviética e com a onda revolucionária que varreu a Europa no final da Primeira Guerra Mundial. O nazismo forneceu a forma mais extrema desse fenômeno, espalhando o mito do «bolchevismo judaico». Hoje os muçulmanos são identificados com outra ameaça que paira sobre a ordem ocidental, ou seja, o terrorismo islâmico. Não se trata de fazer uma comparação ideológica entre o bolchevismo e o islamismo, mas o perfil do terrorista islâmico barbudo, o jihadista retratado pela imaginação racista, coincide de modo notável com o velho estereótipo do bolchevique com uma faca entre os dentes. O bolchevique era frequentemente apresentado por meio de estereótipos racistas, como um corpo estranho, com suas características físicas, intelectuais, psicológicas e culturais particulares... a «antirraça». Hoje assistimos a um fenômeno semelhante, com a imagem obsoleta e

Parte I   O Presente como História

estereotipada do jihadista, o monstro que se esconde em cada muçulmano.

Os neoconservadores norte-americanos, particularmente ativos durante o governo de George W. Bush, buscaram repensar as categorias herdadas da Guerra Fria. Eles tiveram um papel importantíssimo na propagação da islamofobia. Seu ideólogo mais polido foi Samuel Huntington, o teórico do «choque de civilizações».[32] Porém devemos mencionar também Bernard Lewis, para quem o islã é, por definição, impermeável a toda forma de secularização e, portanto, inimigo do Ocidente.[33] Como Robert Kagan, ele formulou a guerra contra o islã em termos filosóficos, atualizando Hobbes ao fazer dos Estados Unidos o novo Leviatã encarregado da ordem e da proteção em troca de obediência e submissão.[34] Para todos esses ideólogos e estrategistas, o novo inimigo é o islamismo político. Essa convicção se disseminou pela direita de todos os países ocidentais, mesmo depois das evidentes consequências desastrosas das guerras no Afeganistão, Iraque, Líbia e, por atores intermediários, Síria.

Nos Estados Unidos, a islamofobia tem outras raízes. Há um século, Henry Ford era o propagador que liderava o antissemitismo no país. Foi ele quem introduziu nos Estados Unidos os *Protocolos dos Sábios de Sião*, uma falsificação inventada pela polícia tzarista no começo do século xx.[35] Os *Protocolos* foram um dos componentes da ideologia WASP. Esse antissemitismo foi menos virulento do que na Europa Continental.

---

32 Huntington, *The Clash of Civilizations and the Remaking of World Order*, op. cit.

33 Bernard Lewis, *What Went Wrong?* Nova York: Oxford University Press, 2001.

34 Robert Kagan, *Of Paradise and Power*. Nova York: Vintage, 2013.

35 Cf. Henry Ford, *The International Jew*. Torrance: Noontide, 1978. Trata-se de uma coletânea de artigos publicados no semanário *Dearborn Independent*, em 1920.

3. Espectros do Islã

A Ku Klux Klan e os supremacistas brancos eram acima de tudo movimentos antinegros e seu antissemitismo era apenas um complemento disso. Foi o racismo WASP — que desejava manter os Estados Unidos um país branco, anglo-saxão e protestante — que viu a onda de imigração como uma ameaça.[36] Hoje, essa tradição da xenofobia americana incorporou quase naturalmente a islamofobia como um de seus maiores componentes. Mas, além de um preconceito cultural profundamente enraizado, ela também carrega uma dimensão geopolítica, na tentativa de estabelecer uma nova ordem política global. Claro que, após o trauma do Onze de Setembro de 2001, os Estados Unidos foram atingidos por uma onda de racismo antimuçulmano, mas não há uma tradição específica de islamofobia no país. A chamada de Donald Trump para que os muçulmanos sejam expulsos dos Estados Unidos foi prontamente rechaçada, até mesmo por seus apoiadores, e suas medidas proibindo viagens foram interrompidas por juízes federais em várias ocasiões. Na Europa, ao contrário, a matriz colonial oferece a base cultural para que essa nova islamofobia crie raízes e cresça em meio a condições de crise social e econômica.

Judeofobia

A islamofobia não chega sozinha; ela vem com uma nova «judeofobia», que, mais uma vez, assume sua forma mais virulenta na França. Essa judeofobia é diferente do velho antissemitismo. Pense em Mohammed Merah,

---

36 O clássico estudo sobre o racismo americano é de John Higham, *Strangers in the Land*. New Brunswick: Rutgers University Press, 2001.

Parte I   O Presente como História

autor dos assassinatos terroristas em Toulouse e Montauban em 2012 e em seguida no supermercado kosher em Vincennes em janeiro de 2015. Esse brutal terrorismo antijudeu não tem ligação com a longa história do antissemitismo europeu. Para alguns acadêmicos conservadores, o ódio ao judaísmo e ao cristianismo, o ateísmo iluminista, o racismo biológico, o sionismo de esquerda e o fundamentalismo islâmico são todos basicamente a mesma coisa: o eterno antissemitismo em sua forma camaleônica. Mas a realidade não é tão simples. De fato, essa hostilidade aos judeus não se alimenta da velha tradição nacionalista. Permanecem alguns estereótipos, mas muitos estudos mostram que essa nova onda de ataques antijudeus coincide, na verdade, com um declínio do antissemitismo na opinião pública. De acordo com pesquisas de opinião do Instituto Francês para o Oriente Próximo, ao final da Segunda Guerra Mundial apenas um terço dos entrevistados via os judeus como «franceses iguais a quaisquer outros». Em 2014, esse número alcançava 85%.[37]

Uma das causas óbvias dessa nova judeofobia é o conflito entre Israel e Palestina. Os *Protocolos dos Sábios de Sião* tornaram-se um best-seller no mundo árabe, disponível nas livrarias do Cairo a Beirute, mas as origens desse ódio ao judeu não se encontram na Europa cristã. A judeofobia se desenvolveu em meio às minorias que se sentem excluídas das nações europeias e atacam os judeus como os representantes do Ocidente. Devido à política de Israel, os judeus se tornaram a corporificação do Ocidente, virando de cabeça para baixo o velho paradigma antissemita que via os judeus como corpos estranhos às nações da Europa.

---

37 Nonna Mayer, «Vieux et nouveaux visages de l'antisémitisme en France». In: Pascal Blanchard, Nicolas Bancel e Dominic Thomas (Orgs.), *Vers la guerre des identités?*, op. cit., p. 92.

3. Espectros do Islã

A tragédia desse preconceito é que ele põe duas minorias em uma violenta oposição: uma delas oprimida na atualidade e a outra no passado. Hoje, os judeus franceses estão integrados econômica e culturalmente e até mesmo simbolicamente. Na Alemanha, ter origem judaica é um símbolo de distinção, exatamente o oposto do que era um século atrás, quando o antissemitismo era uma forma muito difundida de um auto-ódio judaico (*jüdische selbsthass*).[38] Os judeus carregam uma dolorosa memória e atualmente se tornaram o objeto de violentos ataques por parte de outras minorias pós-coloniais que se sentem discriminadas na sociedade francesa. É esse o espelho de uma deplorável reação cultural e política. Nos anos 1930 e 1960, os judeus estiveram profundamente envolvidos na luta pelos direitos civis afro-americanos. Em 1965, o rabino Abraham J. Heschel e Martin Luther King Jr. estiveram lado a lado durante a famosa marcha Selma. Era bastante óbvio que deveria haver uma aliança entre judeus e negros, duas comunidades que tinham sido cada uma vítimas de perseguições.[39]

Na França, durante a Guerra da Argélia, os judeus eram muito bem representados entre os três componentes do movimento antiguerra: os republicanos dreyfusistas engajados na defesa da «honra francesa»; os internacionalistas bolcheviques; e os apoiadores terceiro-mundistas da revolta dos «condenados da terra».[40] Naquela época, o historiador Michael

---

38 Cf. Sander L. Gilman, *Jewish Self-Hatred*. Baltimore: John Hopkins University Press, 1986.

39 Cf. Hasia Diner, *In the Almost Promised Land*. Baltimore: Johns Hopkins University Press, 1995; Rothberg, *Multidirectional Memory*, op. cit., cap. 4 («W.E.B. Du Bois in Warsaw: Holocaust Memory and the Color Line»); Lapierre, *Causes Communes*, op. cit.

40 Essa tripartição é sugerida por Pierre Vidal-Naquet, *Mémoires, vol. 2: Le trouble et la lumière 1955-1998*. Paris: Seuil/La Découverte, 1998, p. 159.

Parte I   O Presente como História

Rothberg observou, com pertinência, que o Holocausto era um tipo de subtexto da guerra argelina que, nas palavras de Sigmund Freud, tinha desempenhado o papel de uma «memória visual» (*deckerinnerung*).[41] De acordo com Freud, uma «memória visual» esconde uma experiência imersa no inconsciente. A terapia psicanalítica permite que um paciente recupere essa memória reprimida, que pode reaparecer obsessivamente em sonhos, mas também em lembranças cognitivas. Freud distinguia diferentes tipos de «memória visual», particularmente aquelas relacionadas a fatos da infância, mas seu conceito pode ser transposto para outros campos do conhecimento. Por exemplo, transferências ou deslocamentos entre diferentes acontecimentos vividos e experiências históricas. Isso explicaria a aproximação dos judeus com a Guerra da Argélia. Em 1950, já antes do começo da guerra, o Movimento contra o Racismo e pela Amizade entre os Povos, o MRAP, denunciava os métodos usados pela polícia francesa contra os argelinos, comparando-os aos das forças de ocupação alemãs na França durante a Segunda Guerra Mundial. Um pôster do MRAP denunciava:

> Esse uso espetacular das forças repressivas, essas prisões arbitrárias, esse terrível racismo são inspirados na ocupação nazista e seus agentes. Os gritos de «cão sarnento» que eram ouvidos durantes as operações policiais são iguais àqueles de «judeu sujo» que a polícia de Vichy usava quando levava milhares de pessoas inocentes para a deportação e a câmara de gás.[42]

41 Rothberg, *Multidirectional Memory*, op. cit., pp. 12-6. Cf. Sigmund Freud, «Screen Memories». In: *The Uncanny*. Nova York: Penguin, 2003, pp. 5-6.

42 Apud Jim House, «Memory and the Creation of Solidarity During the Decolonisation of Algeria». *Yale French Studies*, 118, 119, 2010, p. 21.

3. Espectros do Islã

Em 1960, Armand Dymenstain, membro do MRAP, escreveu:

> Em mais de um aspecto, a situação dos argelinos lembra a dos judeus durante a ocupação. Não existe um sinal especial para os argelinos, como a estrela amarela [...], mas quanto ao resto: há toque de recolher para argelinos, estão submetidos a uma força policial especial e não têm certeza de sua permanência em suas casas, nem nos seus empregos por terem sido banidos de diferentes partes da França e por causa da internação.[43]

Adolf Kaminsky, um judeu que tinha participado da Resistência Francesa, tornou-se membro da Frente Nacional de Libertação (FNL) durante a Guerra da Argélia. Sem jamais ter encontrado um argelino antes de 1954, ele agora tinha a delicada responsabilidade de fabricar documentos de identidade para os ativistas da FNL. «Na minha cabeça», ele escreveu, «era totalmente intolerável que as autoridades francesas estivessem caçando pessoas não brancas (*basanés*), como os nazistas faziam contra os judeus vários anos antes. [...] As vítimas tinham mudado, mas os métodos (contra os argelinos) eram os mesmos».[44] Em sua autobiografia, Pierre Vidal-Naquet explica as razões de sua oposição à tortura, praticada em larga escala pelo exército francês na Argélia: «Meu pai, Lucien, tinha sido torturado pela Gestapo em Marselha em maio de 1944. A ideia de que essas mesmas técnicas foram — depois da Indochina, de Madagascar, Tunísia e Marrocos — usadas na Argélia pela polícia francesa e pelos militares me horrorizou».[45] Em 1960, escreveu:

---

43 Ibid., p. 15.
44 Ibid., p. 34.
45 Pierre Vidal-Naquet, *Mémoires*, vol. 2, op. cit., p. 32.

Parte I   O Presente como História

«Ninguém pode afirmar hoje que os anos nazistas ficaram completamente para trás».[46] O exemplo mais poderoso da *memória visual* é aquele dado por Jean Améry (Hans Mayer), um judeu austríaco que tinha sido deportado para Auschwitz, e que em 1965 descreveu a tortura não como uma «característica acidental do Terceiro Reich», mas como sua essência.[47] Para ele, a tortura foi «a apoteose do nacional-socialismo»: «Foi precisamente na tortura que o Terceiro Reich se materializou em toda a intensidade de seu ser». O Holocausto era revisitado pelo prisma do colonialismo. Podemos debater a interpretação histórica do texto de Améry, mas o objetivo político dessa comparação é claro. Fechando esse breve parêntese e voltando à situação atual, não se pode negar que é desconfortável ver intelectuais como Alain Finkielkraut apoiando a islamofobia e humoristas como Dieudonné fazendo discursos antissemitas. Isso revela uma regressão bastante problemática.

Nos séculos XIX e XX, os judeus foram confrontados em vários países com um Estado antissemita. Hoje, os Estados os defendem. Certamente existem formas de hostilidade e de violência contra os judeus, mas vivemos em sociedades em que os estudantes visitam o museu de Auschwitz e a pedagogia racista se concentra no Holocausto. A memória do Holocausto tornou-se uma religião cívico-republicana, enquanto a memória dos crimes coloniais ainda é negada ou reprimida, a exemplo das controversas leis de 2005 sobre o «papel positivo» da colonização. A República francesa reconhece

---

46 Ibid.

47 Jean Améry, *At the Mind's Limits*. Bloomington: Indiana University Press, 1980, p. 30. Para uma contextualização mais ampla do pensamento de Améry sobre tortura, cf. Dan Diner, «Verschobene Erinnerung: Jean Améry 'Die Tortur' wiedergelesen». In: Ulrich Bielefeld, Yfaat Weiss (Orgs.), *Jean Améry*. Paderborn: Wilhelm Fink, 2014, pp. 73-8.

3. Espectros do Islã

a responsabilidade pela deportação de judeus durante a Segunda Guerra Mundial, mas não reconhece sua responsabilidade pelas guerras e massacres coloniais. Essa duplicidade tem sérias consequências. Iluminar um passado doloroso pode agravar o sofrimento quando associado a outra memória que segue desconhecida. Muito diferente da solidariedade entre os oprimidos, a «competição entre vítimas» não é natural e pode ser estimulada por políticas de memórias míopes e discriminatórias.[48]

Pode-se falar, na esteira de Shlomo Sand ou Amnon Raz-Krakotzkin, de um «filossemitismo» de Estado?[49] «Filossionismo» seria uma denominação mais apropriada. Após cada ataque terrorista em solo francês, do caso Merah em 2012 ao massacre do *Charlie Hebdo*, Benjamin Netanyahu aparecia ao lado do presidente francês. Os estadistas de Israel se apresentavam como os legítimos representantes dos judeus franceses, que por sua vez são identificados não apenas pela forma de cerimônias de lembrança e políticas de memória histórica, mas também com um Estado no Oriente Médio que oprime os palestinos. Com o passar dos anos, as associações comunitárias, a exemplo do Conseil Répresentatif des Institutions Juives de France (Conselho Representativo das Instituições Judaicas da França, CRIF), tornaram-se um tipo de subsidiárias da embaixada de Israel na França, e poderíamos dizer o mesmo sobre aquelas de muitos outros países.

Claro, a nova judeofobia — atacar os judeus franceses e europeus em nome da luta contra a política de Israel — nada mais é do que

---

48 Cf. Jean-Michel Chaumont, *La Concurrence des victimes*. Paris: La Découverte, 1997; Françoise Vergès, *La mémoire enchaînée*. Paris: Albin Michel, 2006.

49 Shlomo Sand, *How I Stopped Being a Jew*. Londres: Verso, 2015; e Amnon Raz-Krakotzkin, *Exil et souveraineté. Judaïsme, sionisme et pensée binationale*. Paris: La Fabrique, 2007.

Parte I   O Presente como História

uma armadilha para quem é ingênuo ou estúpido e uma ferramenta para propagandistas demagogos. O antissionismo e o antissemitismo podem na verdade emergir, e uma incompreensão sobre a conexão entre os judeus europeus e Israel permite que um siga o outro. Claro, isso também justifica uma analogia óbvia entre a nova judeofobia e o que August Bebel chamou de «socialismo dos tolos».[50] É o bode expiatório do homem pobre, um antissemitismo que também assume uma dimensão religiosa e política por causa do conflito entre Israel e Palestina.

Fascismo Islâmico?

Uma comparação entre a atual crise do Oriente Médio e a história do fascismo europeu pode ser interessante. Se fizermos as necessárias ressalvas e nos assegurarmos de que não projetamos uma experiência histórica na outra, poderemos comparar o nacionalismo da Al-Qaeda ou o Estado Islâmico no Iraque e na Síria (Isis) com o fascismo histórico. O que é surpreendente sobre a expressão «fascismo islâmico» é seu caráter incerto e ambíguo. Todos os tipos de pessoa a têm usado com diferentes significados e escopos, de George W. Bush a Nicolas Sarkozy e, mais recentemente, Marine Le Pen e o ex-primeiro-ministro francês Manuel Valls. A expressão tornou-se um lugar-comum tanto da direita como da esquerda ou até mesmo da extrema esquerda; o filósofo Alain Badiou referiu-se aos ataques do Isis como «crimes fascistas».[51] Isso cria um tipo de

50 Cf. Michele Battini, *Socialism of Fools*. Nova York: Columbia University Press, 2016; Michel Dreyfus, *L'antisémitisme à gauche*. Paris: La Découverte, 2010.

51 Alain Badiou, «Le rouge et le tricolore». *Le Monde*, 27 jan. 2015.

3. Espectros do Islã

cacofonia. Com poucas exceções, «fascismo islâmico» é mais uma expressão cercada por razões de luta política do que uma categoria analítica frutífera. Sem dúvida, a barbárie e a extrema violência são as características mais marcantes do Isis, um movimento cuja hostilidade radical à democracia e às liberdades modernas não precisa de provas. Mas, se focarmos nessas semelhanças óbvias com o fascismo, corremos o risco de negligenciar algumas diferenças cruciais.

A primeira diferença significativa diz respeito à religião. O fascismo italiano e o nazismo alemão foram «religiões políticas», ou seja, regimes seculares que buscaram substituir religiões tradicionais criando seus próprios valores e símbolos políticos. Eles sacralizaram a nação, a raça, o líder, a luta, celebrando-os de maneira litúrgica e ritualizada. Raymond Aron, durante a Segunda Guerra Mundial, enfatizou que eles eram *religiões substitutas*.[52] Desse ponto de vista, o fascismo italiano e o nazismo alemão foram «religiões políticas» incompletas: o fascismo teve compromisso com a Igreja católica nos Pactos Lateran de 1929, e o nazismo nunca rompeu com as Igrejas católica e protestante. Outros fascismos chegaram até a incorporar a Igreja em seu sistema político: o franquismo definiu-se como uma forma de nacional-catolicismo e finalmente absorveu a Falange, um movimento que tinha prometido um fascismo ateu nos anos anteriores à Guerra Civil. Igualmente, em 1933-34, o chanceler austríaco Engelbert Dollfuss adotou um tipo de fascismo clerical. Na Eslováquia durante a Segunda Guerra Mundial, o regime fascista colaboracionista foi liderado por um líder católico, Jozef Tiso. Vichy é

---

52 Raymond Aron, «L'avenir des religions séculières». In: *Chroniques de guerre*. Paris: Gallimard, 1990, pp. 925-48.

Parte I   O Presente como História   114

outro exemplo da coexistência entre correntes fascistas e católicas. Então, por que não uma ditadura teocrática com características fascistas? O Isis se enquadra perfeitamente nessa definição. A comparação entre esses dois fenômenos não parece ser artificial, mas está claro que, mais do que uma «religião secular», o Isis encarna uma interpretação fundamentalista de uma religião tradicional, extremamente politizada e radicalizada. Não é um regime secular que incorpora movimentos religiosos, como o exército espanhol fez quando buscou o apoio da Igreja católica durante a Guerra Civil. Em vez disso, é um movimento fundamentalista islâmico que integrou setores do antigo exército iraquiano de Saddam Hussein — exército de um regime secular — em seu próprio aparato militar.

Outras semelhanças têm a ver com as origens do movimento. O fascismo clássico surgiu em um continente que tinha sido profundamente desestabilizado pela Primeira Guerra Mundial, sobretudo em países como a Itália e a Alemanha, em que o monopólio estatal da violência havia sido seriamente questionado. A violência do fascismo foi um produto da brutalização das sociedades europeias traumatizadas pela guerra.[53] Há alguma semelhança com o que está ocorrendo atualmente no mundo árabe e islâmico: o Iraque e o Afeganistão foram devastados por décadas de guerra permanente (o Afeganistão desde a invasão soviética em 1978, e o Iraque desde a guerra com o Irã nos anos 1980). Se esquecermos as consequências dessas guerras contínuas, será impossível entender a violência do Isis. Não é coincidência que muitas das pessoas responsáveis

[53] Cf. George L. Mosse, *Fallen Soldiers*. Nova York: Oxford University Press, 1990, cap. 8 («The Brutalization of German Politics»); e Enzo Traverso, *Fire and Blood*. Londres: Verso, 2016.

3. Espectros do Islã   115

pelos ataques terroristas na França tenham atravessado o Iraque ou a Síria, onde conviveram com a violência. Essa condição é provavelmente um fator mais decisivo do que o fundamentalismo religioso. Este último produz obscurantistas, não homens-bomba suicidas ou indivíduos prontos para atirar indiscriminadamente em uma multidão. O Isis é um fenômeno muito mais complexo do que apenas uma questão de fundamentalismo religioso.

Há semelhanças entre o Isis e os movimento fascistas históricos, mas a comparação tem de ir mais fundo. Os historiadores têm feito distinção entre o fascismo «imperial» e o fascismo de «ocupação».[54] O nazismo alemão é, por definição, um fascismo imperial, enquanto o caso típico do fascismo de ocupação é a França de Vichy — ou seja, um regime subordinado, colaboracionista, que surgiu (lá como em outros países) depois de uma derrota militar. Por essa perspectiva, o fascismo italiano pré-1943 — um regime cujo projeto era transformar o Mediterrâneo no próprio *Lebensraum* da Itália, buscando criar seu império fundando colônias na África, nos Bálcãs e na Grécia — deve ser diferenciado da República de Salò, um regime colaboracionista subserviente à Alemanha nazista. Ao invocar a fase expansionista do islã, o Isis está mais próximo de um fascismo imperialista, mesmo que, ao contrário da Itália de Mussolini e da Alemanha de Hitler, onde o expansionismo surgiu após a conquista do poder e da consolidação do regime, o Estado Islâmico tenha se estabelecido e se estruturado precisamente mediante sua expansão.

Além de ser um projeto abertamente teocrático, o Isis abraçou uma

---

54 Robert O. Paxton, *The Anatomy of Fascism.* Nova York: Knopf, 2004.

Parte I   O Presente como História

forma radical de nacionalismo. O Estado Islâmico foi a expressão de uma fratura no mundo muçulmano, separando sunitas e xiitas. O Isis é impulsionado por um nacionalismo radical sunita, que ultrapassa sua dimensão religiosa e fundamentalista. Ele inclui não só os islâmicos, mas também parte do antigo exército de Saddam Hussein, formado por sunitas seculares que se rebelaram contra o governo xiita imposto pelos Estados Unidos após a guerra de 2003. Ao término de uma década sendo excluídos pelos xiitas, os sunitas finalmente se vingaram.

Desse ponto de vista, o nacionalismo do Isis é muito diferente dos nacionalismos fascistas. Nada tem a ver com a mística do fascismo italiano da *stirpe* (antepassado), nem com o culto ao sangue e ao solo tão central para o nazismo alemão. O fundamentalismo islâmico tem uma dimensão universal que os fascismos europeus não tiveram: ele se identifica com o princípio do *ummah*, uma comunidade religiosa que une todos os crentes sem limites étnicos ou territoriais, que fortalece a diáspora muçulmana. O historiador israelense Moshe Zuckermann chamou atenção para as semelhanças paradoxais entre essa concepção e o sionismo, uma analogia muito mais próxima do que aquela com o nazismo.[55]

Outras diferenças são igualmente relevantes. Fora da Europa, por exemplo na América Latina, vários fascismos chegaram ao poder graças à ajuda que receberam dos Estados Unidos. No Chile, o pior dos regimes fascistas da América Latina, a ditadura militar de Augusto Pinochet se instalou graças ao golpe organizado pela CIA. O Isis, ao contrário, se fortalece por sua luta contra a lei ocidental. É problemático, portanto, atribuir ao Isis qualquer definição como fascista.

---

55 Moshe Zuckermann, «'Islamofascism': Remarks on a Current Ideologeme». *Die Welt des Islams*, 52, 2012, pp. 351-69.

3. Espectros do Islã

Vale a pena lembrar que o fascismo foi uma alternativa à crise histórica da democracia liberal. Na Itália, Mussolini lutou contra o Estado liberal que havia muito recentemente introduzido o sufrágio universal; na Alemanha fez oposição à República de Weimar, que tinha uma das mais avançadas formas de democracia da Europa; na Espanha o franquismo foi uma reação contra a Segunda República e sua Frente Popular. Mas nos territórios do mundo árabe onde o Isis surgiu nunca houve democracia. Ele não representa uma reação contra a democracia, mas um fenômeno que cresce pela falta de democracia, alimentado pela rejeição das ditaduras que estão oprimindo os países árabes e os muçulmanos há décadas.

Um último elemento fundamental do fascismo clássico, e na verdade uma das suas razões de ser, é o anticomunismo. Mas o Isis cresceu no pós-Guerra Fria, em um contexto em que o anticomunismo não tem mais nenhum papel. O terrorismo islâmico tem um apelo apenas para uma pequena franja do mundo muçulmano — incluindo a juventude pós-colonial da Europa —, em alguns aspectos comparável à radicalização do comunismo nos anos entreguerras. O islamismo radical atrai os jovens muçulmanos das classes populares e os convertidos da classe média. Ele compensa a ausência de um polo de atração de extrema esquerda.

O argumento de Olivier Roy de que o jihadismo parece ser para muitos jovens europeus a «única causa disponível» no mercado de ideias, comparável ao apelo da violência da extrema esquerda dos anos 1970,[56] talvez seja exagerado, mas não é completamente

---

56 Olivier Roy, «Le djihadisme est une révolte générationnelle et nihiliste». *Le Monde*, 4 nov. 2015.

errado. Entretanto, essa atração pela revolução é um trágico equívoco, pois logo se torna desilusão. O redespertar de uma esquerda anticolonial poderia interromper esse processo que leva os jovens da conversão religiosa à radicalização islâmica e à partida para a Síria. O projeto do Isis de restaurar um califado mitológico está voltado para o passado; falta-lhe tanto a força da utopia quanto a da emancipação do comunismo. Buscando analogias, pode-se observar que tanto o terrorismo islâmico quanto o fascismo clássico são formas de revolução conservadora ou de modernismo reacionário.[57] O fascismo adotou certos valores da tradição conservadora — autoridade, hierarquia, ordem — que ele articulou com uma aceitação entusiasmada do modernismo, em especial com relação à ciência e acima de tudo com relação ao avanço tecnológico. A propaganda fascista era também moderna, criou sua imaginação coletiva mediante símbolos e mitos que difundia por meios de comunicação de massa. Os filmes de Leni Riefenstahl e as «catedrais de luz» nos comícios fascistas e nazistas foram um bom exemplo dessa «estetização da política».[58] Algo semelhante ocorre com o Isis: ao lado de um projeto obscurantista baseado em um passado imaginário, ele produz propaganda extremamente moderna pela internet e videoclipes. A propaganda do Isis recicla os códigos do estilo hollywoodiano: o enquadramento, a tensão, o aspecto macabro. De acordo com Claire Tolon:

---

57 Stefan Breuer, *Anatomie der Konservativen Revolution*. Darmstadt: Wissenschaftliche Buchgesellsschaft, 1995; Jeffrey Herf, *Reactionary Modernism*. Nova York: Cambridge University Press, 1984.

58 Peter Reichel, *Der schöne Schein des Dritten Reiches*, *Faszination und Gewalt der Faschismus*. Munique: Hanser, 1996. Sobre a «estética da política», cf. Walter Benjamin, «The Work of Art in the Age of Mechanical Reproduction». In: *Illuminations*. Nova York: Schocken, 1968, pp. 217-52.

3. Espectros do Islã

[...] ao se apresentar na forma de épico, faroeste, thriller ou filme de fantasia, o Isis, assim como antes a Al-Qaeda, mostrou que conhece os códigos do imperialismo cultural. Reproduz toda a gama do orientalismo, de Lawrence da Arábia a *Games of Thrones*, passando por Salomé e João Batista.[59]

Os sofisticados filmes de recrutamento de Omar Omsen transmitem um sentimento de futuro para os «escolhidos» que se tornarem jihadistas. Remanescentes dos jogos de videogame, eles com certeza mostram a habilidade do Isis em usar as tecnologias mais recentes, mas também mostram algo mais profundo. O Isis encena seus crimes com certo grau de imitação. Exemplo: antes de executar um jornalista americano ou britânico, seus soldados vestem a vítima com o uniforme laranja que já vimos nos prisioneiros da Baía de Guantánamo. A representação espetacular da violência, de prisioneiros sendo queimados vivos e de decapitações lembra os filmes de efeito especial que Hollywood vem fazendo há décadas. As filas de picapes atravessando o deserto ou a diversão de um dos jovens agressores do Bataclan puxando os corpos dos inimigos do Isis na traseira do carro vão além do simples mimetismo da violência diária no Iraque ou na Síria. Correspondem também a uma imaginação da violência que pertence ao Ocidente e que é produzida em série pela indústria cultural. Tudo isso ajuda a ilustrar a lógica da «revolução conservadora», uma combinação de extremos obscurantistas e de modernidade tecnológica. Isso não torna Quentin Tarantino responsável pela violência do Isis, mas

---

59 Claire Talon, «Comprendre le djihadisme pour le combattre autrement». *Mediapart*, 5 out. 2014.

muitos guerreiros islâmicos estão mais familiarizados com a televisão americana do que com o Alcorão.

O fascismo clássico tinha a irracionalidade vital da mitológica dureza física, dos corpos metálicos da estética e da força animal dos guerreiros que Ernst Jünger chamou de nova raça, forjada pelo aço das armas na Primeira Guerra Mundial.[60] Esse irracionalismo era niilista na medida em que seu elogio à força viril também implicou um desprezo pela vida e uma atração pela morte. Hoje encontramos tudo isso no Isis. Os territórios que ele controlou foram tão profundamente devastados que até o próprio valor da vida humana desapareceu, algo semelhante ao que os historiadores identificaram como uma interrupção antropológica na Europa do entreguerras. Nos dois casos, a morte violenta tornou-se algo normal, uma dimensão naturalizada da existência. *Sein-zum-Tode*, ou o «ser-para-a-morte» — o lema do existencialismo heideggeriano[61] —, parece agora ter encontrado um novo significado no Iraque, na Líbia e na Síria.

Por todas essas razões, existem realmente semelhanças entre o Isis e o fascismo, e vale a pena levá-las em consideração lado a lado com as maiores diferenças mencionadas anteriormente. Por que, então, a noção de «fascismo islâmico» suscita um ceticismo? Primeiro porque, mais do que explicar os conflitos do presente, ela revela uma nostalgia pelas linhas divisórias da Guerra Fria que assombram os novos Cruzados.[62] Segundo porque falar sobre o fascismo islâmico significa falar sobre a

---

60 Ernst Jünger, *The Worker*. Evanston, IL: Northwestern University, 2017.

61 Sobre a relação entre a filosofia de Heidegger e o trauma da Primeira Guerra Mundial, cf. Domenico Losurdo, *Heidegger and the Ideology of War*. Amherst, NY: Humanity Books, 2001.

62 Müller, *What is Populism?*, op. cit., p. 6.

3. Espectros do Islã

121

guerra contra o terror do Isis como uma nova luta antifascista. Seu aparecimento é uma nova *Union Sacrée* que leva ao equívoco de ver as guerras do Ocidente no Oriente Médio como iguais à guerra dos Aliados contra a Alemanha nazista entre 1939 e 1945. As guerras que têm sido feitas no Oriente Médio há duas décadas são na verdade a *fonte* do Isis.

O fundamentalismo islâmico existe há um século, desde o fim do Império Otomano e o começo da descolonização. Tomou a forma atual nas décadas recentes, quando essa parte do mundo foi sendo devastada por guerras destrutivas e sem fim. Em vez de combater o «fascismo islâmico», as guerras no Afeganistão, Iraque, Líbia e Síria o criaram e o fortaleceram.

Acadêmicos como Faisal Devji e Olivier Roy salientaram que o jihadismo é resultado não da «radicalização do islã», mas da «islamização do radicalismo»; ele encarna um radicalismo engendrado pelo colapso de qualquer ordem geopolítica no Oriente Médio, em que o jihad parece mais uma ferramenta política para lutar contra o domínio ocidental do que uma orientação religiosa para a construção de um Califado.[63] Isso quer dizer que não precisamos levar a sério a mensagem do próprio islã? Claro que não, não se deve considerar a religião como algo superficial, como uma camada externa e instrumental da ideologia do Isis que pode ser facilmente substituída por outra coisa. Mesmo assim, só esse pano de fundo teológico-político não explica o espetacular surgimento e queda do Isis. O islã tem uma história de muitos séculos, mas apenas nessa conjuntura histórica

---

63 Faisal Devji, *Landscapes of the Jihad*. Ithaca: Cornell University Press, 2005; Olivier Roy, *Jihad and Death*. Nova York: Oxford University Press, 2018.

Parte I   O Presente como História

específica, na virada do século XXI, um setor do islã assumiu uma dimensão terrorista. Na época do Império Otomano, o islã era mais tolerante do que a Europa cristã, com quem sempre manteve trocas econômicas e culturais.[64] Se há uma relação orgânica entre o islã e o Isis, explicar a violência deste último como produto do islã é tão sem sentido como interpretar o gulag de Stálin como produto da filosofia de Marx ou os massacres de Franco durante a Guerra Civil como fruto da cristandade. Vale observar, como vários comentaristas têm feito, que muitos jovens que se juntam ao Isis na Síria são novos convertidos sem passado religioso. Ao olhar a França, o sociólogo Raphael Liogier argumentou que aqueles que têm uma educação religiosa e uma compreensão mais profunda sobre o islã são mais atraídos pelo salafismo (corrente literalista e puritana mas não politizada do islã sunita) do que pelo Isis, que recruta majoritariamente jovens em crise pessoal ou que se encontram socialmente marginalizados. Olivier Roy cita o caso emblemático de um londrino preso a caminho da Síria que carregava o *Islã para leigos* em sua mala. Mais de um século após as controvérsias em torno da obra de Max Weber *A ética protestante e o espírito do capitalismo* (1905), somos compelidos a lembrar que, mesmo sendo importante, a religião não atua como a última causa.

Durante o período da Guerra Fria, os acadêmicos anticomunistas retratavam a União Soviética como uma «ideocracia».[65] O neoconservadorismo manteve o mesmo esquema ideológico, ao mesmo tempo que trocava o inimigo para o «islã radical». A discussão

---

64 Jack Goody, *Islam in Europe*. Cambridge: Polity Press, 2004.
65 Cf., por exemplo, Martin Malia, *The Soviet Tragedy*. Nova York: Free Press, 1995.

3. Espectros do Islã

sobre o papel do islã em provocar a violência do Isis é remanescente da introdução de Stéphane Courtois no *Livro negro do comunismo*, em que reduziu o comunismo a nada mais do que uma ideologia criminosa,[66] que explicava a Guerra Civil Russa, o stalinismo, os gulags e assim por diante. O Isis não é a divulgação da essência do islã, é apenas *uma das* suas expressões, da mesma forma que a Inquisição e a Teologia da Libertação são faces diferentes do cristianismo. Uma das chaves para entender o islã político e suas expressões mais radicais é o fracasso das revoluções árabes. O Isis surgiu de uma guerra civil no Iraque e na Síria alimentada pelo colapso de uma série de movimentos revolucionários, cujo impulso foi esmagado pela intervenção militar ocidental na Líbia. Mas o fracasso das revoluções árabes também revelou suas fraquezas. No século XX, o Norte da África e o Oriente Médio experimentaram um socialismo árabe, um nacionalismo pan-árabe e movimentos políticos seculares. Em 1979, a revolução no Irã não foi uma questão só de Khomeini: houve uma guerra civil em que as forças religiosas eliminaram todas as forças seculares e ateias. Na Síria, as forças que se insurgiram contra o regime de Bashar al-Assad eram formadas por movimentos seculares e democráticos. Os Estados Unidos e a Europa Ocidental começaram a dar apoio financeiro e militar aos movimentos fundamentalistas no Afeganistão que estavam lutando contra os soviéticos e depois aos islâmicos contra Al-Assad. Muitas dessas forças passaram para o Isis. O outro grande aliado americano na região, a Turquia, passou a apoiar o Isis e a bombardear os curdos, mesmo que na região eles

---

66 Cf. o prefácio em Stéphane Courtois (Org.), *The Black Book of Communism*. Cambridge, MA: Harvard University Press, 1999.

Parte I   O Presente como História

fossem os únicos a lutar contra o islamismo. Essa é uma crise extremamente complexa, mas é preciso que se levem em consideração todos os fatores para entender o surgimento do Califado. A volta a uma interpretação literalista do islã, ou seja, de sua reinterpretação como um jihad moderno, ocorreu durante esse caos.

Claro que a responsabilidade dessa situação é muito ampla. Mas, tendo em vista que muitas alternativas foram descartadas e desacreditadas no mundo árabe ao longo de todo o século passado — o socialismo, o nacionalismo, os movimentos democráticos e seculares —, uma volta à religião tornou-se uma opção extremamente atraente. Enquanto muitas ideologias seculares parecem hoje fenômenos meramente temporários, ou mesmo armadilhas, o islã permanece como a única referência enraizada profundamente. No Ocidente, vemos o Isis como um inimigo radical dos direitos humanos, da liberdade e da democracia. Mas essa é apenas uma dimensão do quadro. Observada dos litorais sulistas do Mediterrâneo, a paisagem aparece com muito mais nuances. Daqui, ao contrário, pode parecer que os direitos humanos, o liberalismo e a democracia universal nada mais são do que ideologias invocadas para justificar guerras que trouxeram opressão, destruição, assassinatos em massa, e que na verdade afastaram as condições que poderiam ter permitido que um movimento de libertação se desenvolvesse. As «democracias» instaladas em Cabul e Bagdá como protetorados dos Estados Unidos não funcionaram, e certamente as revoluções árabes não lhes serviram de modelo. Sob esse ponto de vista, elas foram muito diferentes das «revoluções de veludo» da Europa Central em 1989, cuja perspectiva foi importar modelos

3. Espectros do Islã

econômico e político ocidentais. As revoluções árabes buscavam eliminar ditaduras militares — bem-sucedidas na Tunísia e também, por um breve período, no Egito —, mas a perspectiva democrática, assim como seu projeto socioeconômico, ainda precisa ser renovada.[67] O Isis foi o produto desse fracasso e pode, por sua vez, ser apenas a fase de um processo mais profundo de reordenamento político e social na região. Em termos militares, o Isis foi derrotado, e muitos observadores acham que ele colapsará nos próximos anos. Sem dúvida, as populações civis sofrem muito com seu regime de terror, mas ele carrega certa legitimidade por sua oposição às guerras imperiais dos Estados Unidos e da Europa, que causaram incomparavelmente mais mortes do que seus ataques terroristas. Se levarmos em consideração o enorme ressentimento e o desejo de vingança que a derrota de 1918 e a Conferência de Versalhes provocaram na Alemanha — e que Hitler explorou com maestria —, a comparação com o fascismo histórico não é sem sentido. O historiador Renzo De Felice estava certo ao enfatizar que o fascismo nunca se baseou apenas no terror, mas também no consenso que obteve em amplos setores e às vezes até mesmo na *maioria* da população (o líder comunista Palmiro Togliatti definiu o fascismo como um regime de massa reacionário).[68] Se por um lado isso não é necessariamente verdade com relação ao Isis, por outro existe sem dúvida uma parte da sociedade sunita do Oriente Médio que se identifica com esse movimento ou, pelo menos, o apoia contra Assad na Síria, contra o governo xiita no Iraque e contra as autoridades

---

67 Cf. Gilbert Achcar, *The People Want*. Berkeley: University of California Press, 2013.

68 Renzo De Felice, *Interpretations of Fascism*. Cambridge, MA: Harvard University Press, 1977.

pró-Ocidente na Líbia. Entre 1930 e 1933, a esquerda alemã foi dividida e as forças democráticas foram isoladas, enquanto as democracias liberais do Ocidente, amedrontadas com o bolchevismo, viam Hitler com uma neutralidade benevolente. Hoje, os defensores da civilização ocidental contra o «fascismo islâmico» parecem repetir o que ocorreu na Segunda Guerra, e na realidade estão repetindo um trágico erro.

3. Espectros do Islã

Parte II

A História no Presente

4. Interpretando o Fascismo

O que é fascismo? Essa pergunta tem dirigido o debate acadêmico desde a década de 1920. Velhas interpretações têm sido continuamente criticadas, reformuladas, matizadas ou colocadas em questão. Desde que esse debate intelectual surgiu pela primeira vez no palco da história europeia, ele nunca foi «neutro» ou puramente acadêmico, envolvendo intelectuais desinteressados. A tarefa de estudar o fascismo é algo distinto de analisar o despotismo oriental ou a gênese do feudalismo; é um engajamento intelectual profundamente entrelaçado com as linguagens e conflitos políticos. A própria definição do fascismo é um tópico controverso. A abordagem mais restritiva refere-se exclusivamente ao regime político sob a liderança de Benito Mussolini, que governou a Itália entre 1922 e 1943. Uma descrição mais ampla inclui todo um conjunto de movimentos e regimes que apareceram na Europa entre as duas Guerras Mundiais, dentre os quais os mais importantes foram o nacional-socialismo alemão (1933-1945) e o franquismo espanhol (1939-1975). Ainda existe um debate historiográfico aberto sobre os numerosos movimentos e ditaduras que surgiram nas décadas de 1930 e 1940 na Europa — Vichy na França, o salazarismo em Portugal, os regimes nacionalistas e militares na Europa Central — e também na Ásia, notadamente no Japão Imperial, ou, mais recentemente, na América Latina. Por várias décadas, a análise do fascismo foi dominada pelas escolas conservadora e marxista. A primeira escola interpretou o fascismo como uma ditadura moderna, um poder autoritário baseado numa liderança carismática. Suas principais características foram a destruição quase completa do Estado de direito, das instituições representativas, da separação de poderes e das liberdades constitucionais. A segunda escola descreveu-o como uma ditadura de classe destinada a defender os interesses do capitalismo em tempos de crise econômica. Ameaçado pela ascensão da revolução socialista, o capitalismo só pôde manter seu governo abandonando a democracia liberal e adotando uma face violenta. O fascismo era, antes de tudo, a dimensão política da contrarrevolução.

Durante as três últimas décadas, duas grandes mudanças históricas reformularam esse debate acadêmico. Por um lado, a divisão entre fascismo e antifascismo deixou de polarizar a esfera pública e o campo político nos países europeus; por outro lado, a maioria dos estudiosos que hoje estão envolvidos nesse campo de pesquisa nasceu após a Segunda Guerra Mundial. Tanto na indústria cultural como nas comemorações públicas, a memória do Holocausto gradualmente substituiu a memória do antifascismo. Depois de mais de meio século de paz nas relações internacionais e do fortalecimento da democracia liberal, o colapso do socialismo real favoreceu uma mudança paradoxal tanto em nossa imaginação política como em nosso léxico historiográfico: a revolução mudou de lado. O conceito de «revolução fascista» tornou-se lugar-comum na academia. Este capítulo analisa um momento crucial dessa mudança de foco, ocorrida entre os anos 1980 e o final do século XX.

Entre os historiadores que mais contribuíram para a renovação das interpretações do fascismo, George L. Mosse, Zeev Sternhell e Emilio Gentile ocupam um lugar particularmente importante. Mosse concentrou sua pesquisa na Alemanha nazista, Sternhell na Terceira República e na França de Vichy, e Gentile na Itália de Mussolini. Mas todos eles colocam suas pesquisas numa perspectiva comparativa, que compartilha o horizonte no conceito de fascismo. Incontestavelmente, o pioneiro entre eles foi Mosse; o mais velho dos três, o falecido Mosse já foi «canonizado» como um dos mais destacados historiadores do século XX. Sua abordagem da história contemporânea foi o resultado de uma experiência intelectual peculiar, que ele descreveu em suas memórias, publicadas pouco após sua morte.[1] Ele nasceu em 1918, no início da República de Weimar, em uma família influente da elite judaica prussiana. Filho do proprietário da editora mais importante de Berlim, deixou a Alemanha com sua mãe pela Itália em 1933, e seguiu seus estudos universitários primeiro em Cambridge, na Inglaterra, depois em Harvard, nos Estados Unidos, aonde chegou em 1939. A partir de meados da década de 1950, prosseguiu sua carreira acadêmica na Universidade de Wisconsin, em Madison. Judeu e gay, Mosse buscou inspiração em suas lembranças e experiências ao escrever sobre respeitabilidade burguesa, a complexa relação entre nacionalismo e sexualidade, norma e alteridade, conservadorismo e vanguarda artística, bem como a imagem do corpo na estética fascista.[2]

Pertencentes a uma geração posterior, Sternhell e Gentile tiveram experiências formativas

---

1   George L. Mosse, *Confronting History*. Madison: University of Wisconsin Press, 2000.

2   Emilio Gentile destacou pertinentemente que na obra de Mosse a autobiografia e a historiografia estão frutiferamente entrelaçadas; cf. Emilio Gentile, *Il fascino del persecutore*. Roma: Carocci, 2007, p. 24. Para uma reconstituição geral, bem informada e lúcida do itinerário intelectual de Mosse, cf. Karel Plessini, *The Perils of Normalcy*. Madison: The University of Wisconsin Press, 2014.

---

4. Interpretando o Fascismo

diferentes. O primeiro, professor de história na Universidade de Jerusalém, preparou sua tese de doutorado no Institut d'Études Politiques, em Paris. Embora ele tenha criticado severamente essa instituição nos últimos anos, seu trabalho pertence à tradição clássica da história das ideias políticas, quase indiferente às influências da antropologia ou da história social e cultural.[3] Gentile foi aluno e um dos primeiros seguidores de Renzo De Felice, conhecido biógrafo de Mussolini e historiador do fascismo italiano.[4] Porém ele se distanciou gradualmente de seu mentor, devotando menos atenção à biografia do *Duce* como também orientando sua pesquisa em direção à história cultural, com o resultado de que hoje suas afinidades metodológicas com Mosse aparecem com muito mais evidência do que a influência de De Felice.[5]

Diferentemente de De Felice, que privilegiou a história institucional e política, Mosse focava a cultura e a estética. Apesar das diferenças, De Felice tinha grande admiração por seu colega norte-americano, encontrando em suas obras o desenvolvimento para suas próprias intuições e realizações. A obra de Mosse ajudou-o a especificar sua interpretação do fascismo como fenômeno moderno e «revolucionário». Em particular, ajudou-o a ver os segredos do «consenso» da sociedade italiana durante o regime fascista como produto da «nacionalização das massas». A obra de Mosse também o ajudou a localizar as origens do fascismo na tradição de esquerda surgida

---

3   Para a trajetória intelectual de Sternhell, ver sua interessante entrevista «autobiográfica»: Zeev Sternhell, *Histoire et Lumières*. Paris: Albin Michel, 2014. Para um retrato crítico de Sternhell como historiador das ideias, cf. Enzo Traverso, «Illuminismo e anti-illuminismo: La storia delle idee di Zeev Sternhell». *Storiografia*, 18, 2014, pp. 219-30.

4   Emilio Gentile, *Renzo De Felice. Lo storico e il personaggio*. Roma: Laterza, 2003.

5   Gentile reconhece sua «gigantesca dívida» com Mosse, cf. Emilio Gentile, *Il culto del Littorio. La sacralizzazione della politica nell'Italia fascista*. Roma: Laterza, 1993, p. IX.

durante o jacobinismo francês.[6] Ao mesmo tempo, De Felice contribuiu para a difusão dos livros de Mosse na Itália, local onde ele teve o maior impacto fora dos Estados Unidos.[7] Mosse considerava De Felice um historiador que aplicou sistematicamente um método muito próximo ao seu. Ambos os historiadores enfocam o fascismo «a partir de dentro», levando em consideração seus participantes, suas ideias e suas autorrepresentações.[8] De certo modo, De Felice é o elo entre nossos três historiadores, já que Gentile foi um de seus discípulos na Universidade de Roma La Sapienza. Sternhell reconheceu abertamente suas afinidades com «os herdeiros italianos de De Felice», Pier Giorgio Zunino e Emilio Gentile, para quem «a explicação do fascismo italiano está acima de tudo na ideologia e na cultura».[9]

---

6 Renzo De Felice, «Prefazione». In: *Le interpretazioni del fascismo*. Roma: Laterza, 1995, pp. VII-XXV. Essa menção a Mosse, incluída em um prefácio de 1988 não foi incluída na tradução inglesa de 1977. Ver também a introdução de Renzo De Felice à tradução italiana de Mosse, *La nazionalizzazione delle masse. Simbolismo politico e movimenti di massa in Germania 1815-1933*. Bologna: Il Mulino, 1975, pp. 7-18.

7 Sobre a recepção francesa das obras de Mosse, cf. Stéphane Audoin-Rouzeau, «George L. Mosse. Réflexions sur une méconnaissance française». *Annales*, 1, 2001, pp. 1183-6.

8 George L. Mosse, «Renzo De Felice e il revisionismo storico». *Nuova Antologia*, 2206, 1998, pp. 177-86, especialmente p. 185. Ver a correspondência entre Mosse e De Felice citada em Gentile, *Il fascino del persecutore*, op. cit., p. 111.

9 Zeev Sternhell, «Morphologie et historiographie du fascisme en France». In: *Ni droite ni gauche. L'idéologie fasciste en France*. Paris: Fayard, 2000, p. 49.

Cultura

De acordo com esses três historiadores, o fascismo era simultaneamente uma revolução, uma ideologia, uma *Weltanschauung* [visão de mundo] e uma cultura. Como revolução, ele desejava construir uma nova sociedade. Como ideologia, reformulou o nacionalismo mediante a rejeição do marxismo que servia como alternativa tanto ao conservadorismo quanto

4. Interpretando o Fascismo

ao liberalismo. Como *Weltanschauung*, inscrevia seu projeto político no interior de uma filosofia que via a história como um campo para construir o «Novo Homem». E, como cultura, o fascismo tentou transformar a imaginação coletiva, mudar o modo de vida do povo e eliminar todas as diferenças entre as esferas pública e privada fundindo-as em uma única comunidade nacional (delimitada segundo linhas étnicas ou raciais). Cada um considerava o fascismo uma «revolução da direita»,[10] cuja engrenagem social era a classe média e cuja ambição era criar uma nova civilização.[11] Em outras palavras, foi simultaneamente uma revolução antiliberal e antimarxista, «espiritualista» e «comunitarista».[12]

Por muitos anos, os historiadores defenderam uma interpretação do fascismo como um amálgama eclético de fragmentos ideológicos. Nessa visão, o fascismo só foi capaz de se definir *negativamente* como uma forma de antiliberalismo, anticomunismo, antidemocracia, antissemitismo e anti-iluminismo e foi fundamentalmente incapaz de criar sua própria cultura original e coerente. De acordo com Norberto Bobbio, a coesão ideológica do fascismo era superficial. O fascismo só conseguiria essa coesão pela negação dos valores da velha tradição conservadora que não era moderna nem revolucionária: isso foi resultado da fusão de diversas negações com os valores da ordem, autoridade, hierarquia, submissão e obediência, herdados pelo fascismo da tradição

---

10   Emilio Gentile, *Il fascismo. Storia e interpretazione*. Roma: Laterza, 2002, p. 95.

11   Mosse, *The Fascist Revolution*, op. cit., p. 42; Zeev Sternhell, «Le concept de fascisme». In: Zeev Sternhell, Mario Sznajder. Maia Asheri (Orgs.), *Naissance de l'idéologie fasciste*. Paris: Folio-Gallimard, 1994, pp. 23-4.

12   Zeev Sternhell, *Ni droite ni gauche*, op. cit., pp. 273-4. A. James Gregor, para quem o fascismo foi a «verdadeira revolução» do século xx, elaborou a mais radical versão desta interpretação: Anthony James Gregor, *The Fascist Persuasion in Radical Politics*. Princeton: Princeton University Press, 1974.

Parte II   A História no Presente   136

conservadora clássica.[13] Contra essa interpretação, nossos três historiadores enfatizam a coerência do projeto fascista. Incontestavelmente foram recuperados vários elementos preexistentes, mas fundidos numa nova síntese. Dissolvidos no turbilhão fascista, os valores conservadores mudaram seus códigos e reapareceram com uma nova qualidade eminentemente moderna. O darwinismo social transformou a ideia organista de comunidade herdada do Antigo Regime em uma visão monolítica da nação, baseada na raça e decorrente de um processo de seleção natural. O imperialismo metamorfoseou a rejeição à democracia e à igualdade no culto de uma nova ordem nacional e racial, o anti-individualismo no culto das massas. O militarismo transformou o antigo ideal de coragem no irracional culto do combate. Também transformou a ideia de força num projeto de conquista e dominação, e o princípio da autoridade em uma visão totalitária de mundo.

Os elementos constitutivos do fascismo eram discrepantes. Encontramos a princípio um impulso romântico, isto é, uma mística nacional que idealiza tradições antigas, frequentemente inventando um passado mítico. A cultura fascista glorificava a ação, a virilidade, a juventude e a luta, traduzindo-as em uma imagem particular do corpo, em gestos, emblemas e símbolos que visavam redefinir a identidade nacional. Todos esses valores exigiam uma antítese, correspondente a diferentes figuras externas: os gêneros excluídos, como gays e mulheres que não aceitavam sua posição subalterna; os excluídos sociais, como criminosos e ladrões; os excluídos políticos, como anarquistas, bolcheviques

---

13   Norberto Bobbio, «L'ideologia del fascismo» (1975). In: *Dal fascismo alla democrazia. I regimi, le ideologie, le figure e le culture politiche*. Milão: Baldini & Castoldi, 1997, pp. 61-98.

4. Interpretando o Fascismo

e subversivos; os excluídos raciais, como judeus e povos colonizados. Eles carregavam em sua mente e corpo as marcas da «degeneração», simbolizando a antítese da normalidade burguesa (que é física, como também estética e moral).

O intelectual judeu habitante do centro urbano, distante da natureza, não praticante de esportes e reflexivo em vez de ativo encarnava a decadência à qual o fascismo opunha a força física, a coragem, o desprezo pelo perigo e a luta ética pelo «Novo Homem». Judeus, gays e mulheres rebeldes eram os excluídos por excelência e permitiam ao fascismo elaborar seus próprios mitos positivos de virilidade, beleza e saúde física e moral.[14] Mas no fascismo a estigmatização burguesa da homossexualidade coexistiu com uma imaginação erótica herdada do *Männerbund* (o movimento masculino juvenil da Alemanha anterior a 1914) e inspirada pelos modelos estéticos da Grécia Antiga que foram codificados por Johan Winckelmann em fins do século XVIII.[15] Muitos escritores — de Pierre Drieu la Rochelle a Robert Brasillach e de Julius Evola a Ernst Jünger — foram muito atraídos por essa mescla *sui generis* entre ética conservadora, ideologia repressiva e imaginação subversiva.[16]

Pela eugenia e pela biologia racial, o nazismo transformou os estereótipos negativos desses excluídos em categorias médicas. «O conceito de raça», escreveu Mosse, «afetou principalmente os judeus, mas [...] a estilização dos excluídos em caso médico colocou todos eles firmemente além das normas sociais».[17]

---

14 George L. Mosse, *Nationalism and Sexuality*. Nova York: Howard Fertig, 1985, cap. 7; Id., *The Image of Man*, op. cit., cap. 8.

15 Id., *The Fascist Revolution*, op. cit., cap. 10, p. 188.

16 Ibid., cap. 9, pp. 175-82.

17 George L. Mosse, «Bookburning and Betrayal by the German Intellectuals». In: *Confronting the Nation*. Hanover: Brandeis University Press, 1993, p. 111.

Apesar das analogias entre elas, a visão de mundo nazista concebia essas figuras excluídas em ordem hierárquica. Portanto, judeus e gays não eram intercambiáveis. Diferentemente do judeu, rejeitado por sua essência negativa, gays eram estigmatizados por causa de seu «desvio», no caso, suas práticas sexuais. Ao passo que um poderia ser «reeducado» e «corrigido» (ainda que deportado aos campos de concentração), o outro deveria ser exterminado.[18] Isso implicava uma profunda mudança em relação às formas burguesa clássica e conservadora de rejeição dos excluídos. O fascismo herdou da cultura novecentista burguesa a ideia de normas sociais e respeitabilidade, mas, como Gentile pertinentemente observou, *respeitabilidade em trajes civis* não corresponde à *respeitabilidade de uniforme*.[19]

Paradoxalmente, no fascismo o impulso romântico coexiste com o culto da modernidade tecnológica que era ilustrada pela celebração futurista da velocidade e, de modo mais sincrético, pelo «romantismo de aço» (*stahlartes Romantik*) de Joseph Goebbels, o qual tentava unir a beleza natural das florestas alemãs à força industrial das fábricas da Krupp. Esse sincretismo contraditório e paradoxal continha os elementos da metamorfose do pessimismo cultural de fins do século XIV ao modernismo reacionário de princípios do século XX.[20] Essa nova corrente ideológica injetou os antigos valores da tradição conservadora na moderna luta pela regeneração nacional, alimentada pelo uso de meios

---

18 Cf. Saul Friedlander, «Mosse's Influence on the Historiography of the Holocaust». In: Stanley G. Payne, David Jan Sorkin, John S. Tortorice (Orgs.), *What History Tells*. Madison: The University of Wisconsin Press, 2004, pp. 144-5.

19 Cf. Emilio Gentile, «A Provisional Dwelling. The Origin and Development of the Concept of Fascism in Mosse's Historiography». In: Paine, Sorkin, Tortorice, *What History Tells*, op. cit., p. 101.

20 Ibid.

4. Interpretando o Fascismo

imperialistas e totalitários. Mas Mosse, Sternhell e Gentile rejeitaram o conceito de modernismo reacionário por este permanecer muito próximo àquela tese que enfatiza a heterogeneidade ou até mesmo o ecletismo ideológico do fascismo. A seus olhos, o fascismo não tinha caráter reacionário, antes era um fenômeno revolucionário em todos os sentidos. Segundo Gentile, o conceito de «modernismo fascista» ou «modernidade totalitária» seria mais apropriado.[21]

Tanto as características conservadoras como as modernas do fascismo se ajustam à estrutura do nacionalismo que transformou a sociedade de massas. Foi nesse contexto que o fascismo ampliou suas bases, modificou sua linguagem e selecionou seus líderes, na maioria dos casos oriundos da pequena burguesia e das classes baixas. Mussolini e Hitler não eram políticos com ancestralidade aristocrática, mas plebeus que descobriram sua vocação política nas ruas, em contato íntimo com as massas durante a crise política que precedeu e seguiu a Primeira Guerra Mundial. De fato, essa metamorfose foi completada quando o fascismo tentou introduzir o legado da linguagem e dos métodos de luta forjados nas trincheiras da própria luta política. Como importante ponto de virada na história da Europa, a guerra total introduziu a violência massificada na vida cotidiana, «brutalizou» as sociedades e as acostumou com os massacres industriais e a morte de massas anônimas.[22] Como um movimento político nacionalista, o fascismo cresceu a partir desse trauma. Mosse o via como um produto da «nacionalização das massas» que foi fortemente

---

21 Gentile, *Il fascismo*, op. cit., cap. 11, pp. 265-306.
22 George L. Mosse, *Fallen Soldiers*, op. cit., caps. 7-8, pp. 126-80.

acelerada durante a guerra.[23] Ele desejava mobilizar as massas, dando-lhes a ilusão de serem atores, não simplesmente espectadores, como no caso das sociedades europeias pré-1914.

A nacionalização das massas se expressa nos ritos coletivos — demonstrações patrióticas, comemoração de mártires, festividades nacionais, monumentos, bandeiras, símbolos e hinos — que logram sua conclusão na liturgia fascista e nazista. Os comícios que Mussolini realizou na Piazza Venezia de Roma e (especialmente) os comícios de Hitler no estádio Zeppelin em Nuremberg são os mais visíveis aspectos dessa tendência. Em outras palavras, o fascismo paradigmaticamente ilustra um típico fenômeno da modernidade: a transformação do nacionalismo numa *religião civil*.[24] De acordo com Mosse, as origens dessa tendência datam da Revolução Francesa, quando a sacralidade foi transferida às instituições seculares (a República Francesa) e à sua *crença* na nação. Além disso, essa nova crença necessitava de sua própria liturgia, ou seja, um conjunto de cerimônias reproduzidas como rituais religiosos. Como Mosse incisivamente observou, o fascismo era «um descendente direto do estilo político jacobino».[25] Celebrando suas conquistas e comemorando seus mártires, o fascismo se inscrevia na tradição histórica das festividades revolucionárias surgidas após 1789. Mas também revelava o legado da tradição socialista, especialmente o alemão. Mobilizando as classes trabalhadoras em torno de valores como a emancipação e a igualdade, enquadrando-as em poderosas organizações políticas, a social-democracia alemã

---

23 Id., *The Nationalization of the Masses*. Nova York: Howard Fertig, 1974.

24 Ibid., cap. l; e Mosse, *The Fascist Revolution*, op. cit., xvii-xviii, p. 45.

25 Id., *The Nationalization of the Masses*, op. cit.; Id., *The Fascist Revolution*, op. cit., p. 7.

4. Interpretando o Fascismo

desenvolveu o socialismo como uma nova religião secular construída em torno de símbolos como a bandeira vermelha e rituais como as demonstrações de Primeiro de Maio, com seus desfiles e músicas. Claramente uma diferença fundamental separava o socialismo do fascismo, uma vez que a dimensão religiosa do primeiro era fortemente contrabalanceada por sua adesão à tradição racionalista do Iluminismo, e a concepção da emancipação proletária era radicalmente oposta ao populismo fascista. Mas, para Mosse, mesmo essa enorme diferença não prevenia o fascismo de ser também inspirado por vários traços do socialismo. Em outros termos, ele rejeitava radicalmente a ideologia socialista e, ao mesmo tempo, imitava os rituais socialistas.[26]

Esse enfoque não corresponde à interpretação de totalitarismo elaborada nos anos 1930 por Eric Voegelin e Raymond Aron. Para esses teóricos políticos, nazismo e comunismo eram duas distintas «religiões seculares» da modernidade, compartilhando a mesma rejeição ao neoliberalismo e defendendo analogamente aspirações escatológicas.[27] Enfatizando a dimensão religiosa do fascismo, Mosse referia-se ao movimento capaz de criar um sentimento fundado na crença e não na escolha racional, mas sua interpretação essencialmente focava o estilo, as práticas e representações fascistas, e conferia um lugar menos importante a seu conteúdo ideológico. Seguindo Mosse, Gentile define o estilo fascista como uma «sacralização da política» e analisa suas diferentes formas simbólicas: a purificação e a força bruta regeneradora, o encantamento durante

---

26 Id., *The Nationalization of the Masses*, op. cit., cap. 7.

27 Eric Voegelin, *Die politische Religionen*. Munique: Fink, 1996; Aron, «L'avenir des religions séculières», op. cit. Sobre esse conceito, cf. particularmente Emilio Gentile, *Politics as Religion*. Princeton: Princeton University Press, 2006.

Parte II   A História no Presente

as comemorações dos mártires, o *fascio littorio*, a loba que fundou Roma, o *saluto romano* e assim por diante.[28] Em particular, ele prova que o fascismo estava consciente de sua própria dimensão religiosa, abertamente reconhecida por Mussolini num artigo redigido junto com Giovanni Gentile para a *Enciclopedia italiana*.[29] Em 1922, em *Il popolo d'Italia*, Mussolini comparou o fascismo com o cristianismo, identificando em ambos «uma crença civil e política» como também «uma religião, uma milícia, uma disciplina mental».[30] Adotando o enfoque sociológico de Jean-Pierre Sironneau, Emilio Gentile distingue no fascismo a típica estrutura de uma religião articulada em torno de quatro elementos essenciais: crença, mito, ritual e comunhão.[31] A partir de seu ponto de vista, o conceito de «religião civil» seria mais pertinente para entender o fascismo do que a teoria do fascismo como tendência moderna de *estetização da política* de Walter Benjamin.[32] De acordo com Gentile, tal definição não compreende o fato de que no fascismo a estetização da política estava profundamente ligada à *politização da estética*. Em outras palavras, o espetáculo fascista estava subordinado aos dogmas de uma ideologia e amparado pela força da crença.[33] No entanto, não podemos esquecer que a mobilização das massas no interior da estrutura da «religião política» fascista não buscava transformá-las em sujeitos históricos, mas antes

---

28 Gentile, *Il culto del littorio*, op. cit., pp. 43, 47, 53.

29 Mussolini definia o fascismo como uma «concepção religiosa»; cf. Benito Mussolini, «La dottrina del fascismo». In: *Il fascismo nella Treccani*. Milão: Terziaria, 1997, 3; cf. também Gentile, *Il culto del littorio*, op. cit., p. 103.

30 Apud Emilio Gentile, *Il culto del littorio*, op. cit., p. 95.

31 Gentile, *Il fascismo*, op. cit., p. 208. Ele se refere a Jean-Pierre Sironneau, *Sécularisation et religions politiques* (La Haye: Mouton, 1982).

32 Walter Benjamin, «The Work of Art in the Age of Mechanical Reproduction», op. cit. Mosse adota essa definição sugerida por Benjamin em seu livro *The Nationalization of the masses*, op. cit., cap. 2.

33 Gentile, *Il fascismo*, op. cit., pp. 284-5.

4. Interpretando o Fascismo   143

reduzi-las — tal como observou Siegfried Kracauer em 1936 — a uma simples «forma ornamental».[34] Infelizmente, Gentile (como também Mosse antes dele) não reconhece esse aspecto do problema e, ao contrário, cai na ilusão de ótica que consiste em identificar a essência do fascismo com seu espetáculo.[35] Em outras palavras, eles reduzem o fascismo à sua autorrepresentação.

Apesar dessa interpretação do jacobinismo como matriz moderna do nacionalismo e do fascismo, Mosse não pertence à corrente historiográfica — iniciada por Jacob L. Talmon e exemplificada por François Furet — que considera o fascismo e o comunismo gêmeos totalitários.[36] Destacadas as profundas diferenças entre ambos, Mosse não aceita que eles possam ser incluídos na mesma categoria definida pela simples característica compartilhada, isto é, o antiliberalismo.[37] De fato, a continuidade que ele percebe entre o jacobinismo e o fascismo é relativa ao *estilo* político (sua tendência em comum de considerar a nação um corpo sagrado),[38] não ao *conteúdo* ideológico. Gentile também rejeita a inclusão do fascismo e do comunismo sob a mesma categoria. Ele destaca a antítese radical entre o nacionalismo do primeiro e o internacionalismo do segundo, acrescentando que tal discrepância nega qualquer «base histórica» à teoria de que existe uma afinidade genética entre

34 Siegfried Kracauer, «Masse und Propaganda». In: Ingrid Belke, Irina Renz (Orgs.), *Siegfried Kracauer 1889-1966*. Marbach am Neckar: Deutsche Schillergesellschaft, 1989, p. 88. A respeito de Kracauer, cf. também Peter Reichel, *Der schöne Schein des Dritten Reiches*, op. cit. Sobre esse aspecto, cf. também Simonetta Falasca-Zamponi, *Fascist Spectacle*. Berkeley: University of California Press, 1997.

35 Sergio Luzzatto, «The Political Culture of Fascist Italy». *Contemporary European History*, 8, 2, 1999, pp. 317-34.

36 Jacob L. Talmon, *The Origins of Totalitarian Democracy*. Londres: Seecker & Warburg, 1952; François Furet, *The Passing of an Illusion*. Chicago: University of Chicago Press, 2000.

37 George L. Mosse, *Intervista sul nazismo*. Roma: Laterza, 1977, p. 77.

38 Id., «Political Style and Political Theory: Totalitarian Democracy Revisited». In: *Confronting the Nation*, op. cit., pp. 60-9, em especial p. 65.

Parte II   A História no Presente

ambos.[39] Sternhell também rejeita a tese de Furet sobre a fundamental «cumplicidade entre comunismo e fascismo». Apesar de suas similaridades superficiais, esses regimes «defendiam duas concepções inteiramente contraditórias de homem e sociedade». Ambos perseguiam objetivos revolucionários, mas suas revoluções eram opostas: no comunismo era econômica e social; no fascismo, «cultural, moral, psicológica e política», buscando transformar a sociedade, mas certamente sem destruir o capitalismo.[40] Tal diferença radical, conclui, reside na relação oposta que o comunismo e o fascismo tiveram com o Iluminismo, que era defendido pelo primeiro e rejeitada pelo último.[41]

Mosse considerava mais frutífera a história cultural do que a tradicional história das ideias descoberta por ele quando chegou aos Estados Unidos. Enfatizando que a história ideológica e política não era suficiente para uma compreensão apropriada do fascismo, ele sugeriu que deveríamos levar em consideração suas representações, suas práticas e sua habilidade de conferir às sensações populares uma forma política. No fascismo, a imaginação coletiva encontrou um lar, um espelho, um amplificador e uma forma de entrega. Favorecendo os aspectos antropológicos e culturais em relação aos econômicos, sociológicos, ideológicos e institucionais, Mosse ignorou vastamente a historiografia tradicional do fascismo e do nazismo. Para ele, o estudo das formas simbólicas inspirado por Ernst Cassirer, Aby Warburg e Ernst Kantorowicz parecia muito mais fértil.[42] A originalidade e a distinção do

---

39 Gentile, *Il fascismo*, op. cit., p. 57.
40 Zeev Sternhell, «Le fascisme, ce mal du siècle». In: Michel Dobry (Org.), *Le mythe de l'allergie française au fascisme*. Paris: Albin Michel, 2003, p. 405.
41 Id., «Morphologie et historiographie du fascisme en France», op. cit., p. 106.
42 Cf. a introdução de George L. Mosse, *Masses and Man*. Nova York: Howard Fertig, 1980.

4. Interpretando o Fascismo   145

enfoque desenvolvido por Mosse o tornaram o primeiro historiador a considerar seriamente a linguagem e os mitos do fascismo, porém seu enfoque também demonstrava certos limites, levando a uma impressionante história cultural que com frequência subestimava a importância das ideologias e superestimava a história social e política em vez de integrá-las e transcendê-las.[43]

Em sua primeira grande obra, *The Crisis of German Ideology* [A crise da ideologia alemã], Mosse pesquisou as raízes do nazismo, que ele encontrou num longo e específico movimento cultural alemão: nacionalismo *völkisch* [popular]. Ele estudou o nascimento da ideia de *Volk* [povo] no interior do neorromantismo, sua legitimação nas instituições acadêmicas e nos movimentos da juventude entre o fim do século xix e a Primeira Guerra Mundial, e, finalmente, sua ascensão com o nacional-socialismo após 1918.[44] Na visão de Mosse, a característica peculiar dessa ideologia residia na rejeição do *Aufklärung* [esclarecimento]. Sua interpretação do nazismo aparecia como uma nova versão da teoria tradicional *Deutsche Sonderweg* [excepcionalidade alemã], muito embora mais sofisticada e mais enraizada na antropologia e na cultura do que na política.[45] Admiravelmente desenvolvida e explicada, a tese de Mosse não era qualitativamente distinta do diagnóstico surgido após 1945, quando os historiadores começaram a analisar o padrão alemão de modernidade como desvio de um suposto paradigma ocidental incorporado pela Revolução Francesa e pelo liberalismo britânico.[46]

---

43 Ibid.

44 George L. Mosse, *The Crisis of German Ideology*. Nova York: Grosset & Dunlap, 1964.

45 Steven E. Aschheim, «George L. Mosse at 80: A Critical Laudatio». *Journal of Contemporary History*, 34, 2, 1999, pp. 295-312, em especial p. 298.

46 Sobre o debate acerca do *Sonderweg* alemão, cf. Davis Blackburn, Geoff Eley, *The Peculiarities of German History*. Oxford: Oxford University Press, 1984.

Parte II   A História no Presente

Talvez influenciado pela Escola de Frankfurt — então redescoberta tanto na Europa quanto nos Estados Unidos —, Mosse tenha, desde o início dos anos 1970, orientado sua pesquisa em direção ao estudo do lado escuro da *Aufklärung*, analisando sua dialética negativa não como filósofo, mas como historiador da cultura.[47] Enquanto o nacionalismo absorveu normas burguesas, os valores originais da *Bildung* [formação] — educação, cultura e autorrealização como ideal universal — são lançados de volta para o campo dos excluídos, assumindo assim um caráter judaico. O nacionalismo adotou a respeitabilidade burguesa alemã (sintetizada no conceito alemão de *Sittlichkeit* [moralidade]) e abandonou os ideais da *Bildung*. O hiato que o nacionalismo criou entre a respeitabilidade burguesa alemã e a *Bildung* judaica inevitavelmente enfraquecia o liberalismo, a corporificação original da cultura burguesa, e colocava em questão sua capacidade de confrontar o nazismo.[48] O nacionalismo moderno era produto da Revolução Francesa e seu encontro com a sociedade de massas. Ao final do século XIX, o nacionalismo moderno criou condições para o nascimento do fascismo, o que se concretizou após a ruptura histórica engendrada pela Primeira Guerra Mundial. Desse modo, o fascismo rejeitou e ao mesmo tempo prolongou o legado do Iluminismo. De um lado, rejeitava seus valores filosóficos e ideias (o objetivo da *Bildung*) e, de outro, prolongava e radicalizava outras características da experiência histórica, como a sacralização da nação e o nacionalismo das massas.

---

47 George L. Mosse, *Toward the Final Solution. A History of European Racism*. Nova York: Howard Fertig, 1978, cap. 1. Sobre esse aspecto, cf. Aschheim, «George L. Mosse at 80...», op. cit., p. 308.

48 George L. Mosse, «Jewish Emancipation: Between *Bildung* and Respectability». In: *Confronting the Nation*, op. cit., pp. 131-45.

4. Interpretando o Fascismo

Nesse ponto de sua carreira acadêmica, mitos, símbolos e valores estéticos (os vetores desse processo) tinham lugar proeminente na obra de Mosse, deixando nos bastidores outros elementos constitutivos do fascismo.[49] Ainda que o fascismo tenha herdado seu estilo político do jacobinismo, ele construiu sua ideologia e sua visão de mundo em oposição incontestável à herança filosófica iluminista e aos valores proclamados pela Revolução Francesa. É claro que Mosse estava perfeitamente consciente disso, porém sua obra não considera as implicações completas desse fato.

Ideologia

Em contraste com a obra de Mosse, Zeev Sternhell pinta uma paisagem bem diferente. Pertencente à tradição da história das ideias canonizada por Arthur Lovjoy, esse historiador israelense vê a essência do fascismo no contrailuminismo. Em suas palavras, o fascismo foi uma «total rejeição da visão de homem e sociedade elaborada desde Hobbes até Kant, da Revolução Inglesa do século XVII às Revoluções Americana e Francesa».[50] Em seu último livro, Sternhell descreve o fascismo como «uma forma exacerbada de tradição contrailuminista». Com o fascismo, acrescenta, a «Europa criou pela primeira vez um conjunto de movimentos e regimes políticos cujo projeto era nada menos que a destruição da cultura do

---

49 Jay Winter, «De l'histoire intellectuelle à l'histoire culturelle: la contribution de George L. Mosse». *Annales*, 56, 1, 2001, pp. 177-81. Essa foi uma das críticas essenciais dirigidas por Sternhell contra Mosse (a outra refere-se à gênese do fascismo, cf. a resenha de *The Fascist Revolution* de Mosse em Zeev Sternhell, «Mosse's The Fascist Revolution». *The American Historical Review*, 105, 3, 2000, pp 882-3).

50 Zeev Sternhell, «Le concept de fascisme», op. cit., pp. 28-9.

Parte II   A História no Presente

Iluminismo».[51] Mas a tendência de Sternhell a reduzir o fascismo a seu arquétipo ideológico e a identificar seu núcleo platônico no processo intelectual isolado de seu contexto social assemelha-se ao questionável enfoque de Mosse, muito embora por diferentes razões. O método de Sternhell não só é indiferente à história cultural (a análise dos mitos e símbolos fascistas), mas também, de modo normativo, a toda contribuição da história social. Como ele responde a seus críticos, o fascismo tinha «profundas raízes intelectuais» e, para compreendê-las, a «história social não é muito útil».[52]

Num conjunto de obras em constante expansão, Sternhell apresentou o fascismo como uma corrente ideológica nascida na França no final do século XIX, no período do caso Dreyfus, alcançando seu ápice no regime de Vichy em 1940. Em outras palavras, foi o produto do encontro e da fusão de duas distintas tradições políticas — uma oriunda da esquerda e outra da direita — radicalmente antagônicas até então. De acordo com Sternhell, a primeira expressão do fascismo foi uma «direita revolucionária». Isso foi o resultado da síntese entre a corrente de direita cujo nacionalismo tomou forma populista sob o impacto da sociedade de massas e a corrente de esquerda que tomou uma direção nacionalista após rejeitar o marxismo. O compartilhamento da oposição ao liberalismo e à democracia era seu centro ideológico em comum. A soma entre a direita populista e o nacionalismo de esquerda encaminhou a uma nova concepção sincrética: nacional-socialismo.[53] A ascensão do darwinismo social, do racismo, do antiliberalismo,

---

51 Id., *Les anti-Lumières. Du XVIIIe siècle à la guerre froide*. Paris: Fayard, 2006, pp. 578, 52.

52 Id., «Morphologie et historiographie du fascisme en France», op. cit., p. 50.

53 Id., *La droite révolutionnaire 1885-1914*, op. cit.

4. Interpretando o Fascismo

do antissemitismo, do elitismo antidemocrático e a crítica à modernidade nutriram um sentimento cada vez mais disseminado de «decadência», criando um terreno fértil para a emergência do fascismo. Seus pais intelectuais surgiram durante o caso Dreyfus.

Vários intelectuais desse período elaboraram um conjunto de ideias que posteriormente iriam se combinar no fascismo. Maurice Barrès sintetizou «autoritarismo, culto da liderança, anticapitalismo, antissemitismo e certo romantismo revolucionário».[54] A revisão antimaterialista e antidemocrática do marxismo feita por George Sorel se encontrou com a psicologia de Gustave Le Bon, o vitalismo de Bergson, a antimodernidade de Nietzsche e o elitismo de Pareto.[55] Finalmente, George Valois e Jules Suyr, os pensadores do Cercle Proudhon [círculo de Proudhon], formularam a primeira versão do nacional-socialismo. Portanto, em sua leitura, o perfil ideológico do fascismo foi esboçado «bem antes de 1914» e a Terceira República francesa foi seu laboratório.[56]

A atmosfera entreguerras inevitavelmente acentuou essa tendência rumo ao nacional-socialismo, permitindo seu desenvolvimento e a obtenção de influência maciça. É claro que a síntese fascista alcançou um novo nível com o movimento de Mussolini na Itália, onde a palavra «fascismo» foi cunhada. Como seu ancestral francês, o fascismo italiano unificou diferentes correntes do nacionalismo

---

54 Id., *Maurice Barrès et le nationalisme français.* Bruxelas: Complexe, 1985, p. 384.

55 Id., «Le concept de fascisme», op. cit., p. 65.

56 Id., «La droite révolutionnaire: Entre les anti-Lumières et le fascisme», prefácio à nova edição de *La droite révolutionnaire* (1997), p. x. Embora de modo mais problemático, uma tese similar foi defendida por Robert Soucy, *The French Fascism: The First Wave 1924-1933.* New Haven: Yale University Press, 1986; Id., *The French Fascism: The Second Wave 1933-1939.* New Haven: Yale University Press, 1995. Cf. neste último, pp. 8-12, sua reconstrução da «controvérsia Sternhell».

Parte II   A História no Presente   150

com a visão da liderança carismática de D'Annunzio, as atitudes subversivas advindas do sindicalismo revolucionário e o futurismo modernista. Em princípios dos anos 1930, uma segunda onda do fascismo surgiu na França, organizada ao redor de um grupo de movimentos políticos cujos líderes eram oriundos tanto da esquerda socialista quanto do comunismo. Ele também acrescenta um grupo de filósofos e admiradores do fascismo italiano e do nazismo alemão, como os escritores Pierre Drieu La Rochelle e Robert Brasillach.[57]

Durante os anos 1930, o fascismo francês se tornou um fenômeno político de massas. Ele já não era representado por um pequeno grupo de intelectuais como o Cercle Proudhon, mas por partidos políticos capazes de organizar dezenas de milhares de membros, como o Parti Populaire Français e o Chemises Vertes. Para Sternhell, o regime de Vichy aparecia como conclusão natural de quarenta anos de trajetória do fascismo francês. No último livro de sua trilogia sobre o fascismo, *Ni droite ni gauche* [Nem direita nem esquerda] (1983), defende sua interpretação de modo tão radical que muitos de seus críticos o acusaram de teleologia.[58] Ele respondeu em um ensaio acrescentado a uma nova edição do livro (2000), ressaltando sua tese: «Todos os princípios que amparavam a legislação de Vichy estavam inscritos no programa nacionalista de 1890».[59]

Contudo, Sternhell reduz a história do fascismo à sua genealogia intelectual. Rejeitando seu enfoque, Mosse e Gentile consideram a Primeira Guerra

---

57 Zeev Sternhell, *Ni droite ni gauche*, op. cit.

58 Ver Robert Wohl, «French fascism: Both Right and Left: Reflections on the Sternhell Controversy». *Journal of Modern History*, 63, 1, 1991, pp. 91-8, em particular p. 95. Sobre esse debate, cf. António Costa Pinto, «Fascist Ideology Revisited: Zeev Sternhell and his Critics». *European History Quarterly*, 16, 4, 1986, pp. 465-83.

59 Zeev Sternhell, «Morphologie et historiographie du fascisme en France», op. cit., p. 46.

4. Interpretando o Fascismo

Mundial «a autêntica matriz do fascismo»,[60] uma ruptura fundamental sem a qual ele nunca teria sido mais do que uma constelação de círculos intelectuais marginais e politicamente impotentes.[61] A Grande Guerra precipitou a queda da ordem continental que havia sido fixada no Congresso de Viena um século antes, revertendo o equilíbrio do «concerto» europeu e conferindo nova dimensão ao nacionalismo, que então se tornava muito mais agressivo militarmente, imperialista e antidemocrático do que antes. Como seus líderes abertamente reconheceram, sem essa ruptura o fascismo e o nazismo nunca haveriam nascido. Mussolini evocou o encontro entre o nacionalismo e o socialismo como produto da guerra, a experiência que criou um novo poder militarista surgido das trincheiras (*trincerocrazia*).[62]

Embora Sternhell recuse levar em consideração «o peso e o impacto das baionetas sobre o pensamento»,[63] é fato que o fascismo emergiu na Itália em decorrência da guerra. A Primeira Guerra Mundial foi o caldeirão que propiciou a fusão entre a corrente nacionalista vinda do socialismo (Mussolini) e outras tendências, como o sindicalismo revolucionário (Sergio Panunzio), o nacionalismo radical (Enrico Corradino, Alfredo Rocco), o *irredentismo* (Gabriele D'Annunzio), o liberalismo conservador (Giovanni Gentile) e o futurismo *avant-garde* (Filippo Tommaso Marinetti). A dimensão militarista desse movimento — sua paixão por uniformes, armas e linguagem — seria simplesmente inconcebível sem a experiência da guerra. Emilio Gentile enfatiza que,

---

60 Gentile, *Il fascismo*, op. cit., p. 45.
61 Ibid., pp. 276-8.
62 Benito Mussolini, «Trincerocrazia». In: *Opera omnia*. Florença: La Fenice, 1951, vol. x, pp. 140-3.
63 Francesco Germinario, «Fascisme et idéologie fasciste. Problèmes historiographiques et méthodologiques dans le modèle de Sternhell». *Revue française des idées politiques*, 1, 1995, pp. 39-78, em particular p. 63.

Parte II A História no Presente

antes de 1914, o nacionalismo não buscou «regenerar» a civilização, e o sindicalismo revolucionário ainda perseguia a emancipação da classe trabalhadora por meio da greve geral.[64] Foi apenas após a guerra que a corrente de esquerda abandonou seu projeto original em nome do nacionalismo, transformando a esquerda socialista em sua inimiga. De fato, mais do que o fascismo, Sternhell esboçou os principais termos do *pré-fascismo*: uma combinação de elementos que poderiam ser amalgamados, rearticulados, desenvolvidos e fundidos após 1918. Devido à ênfase de Sternhell na essência ideológica do fascismo em detrimento de suas expressões históricas concretas, ele considerava os representantes do *fin de siècle* de Paris e do círculo de Proudhon igualmente importantes como líderes de movimentos e regimes dos anos 1930. Em síntese, Sternhell apagava não somente as diferenças entre o pré-fascismo e o fascismo, mas também entre os *movimentos* fascistas e os *regimes* fascistas.

Esse não é o único aspecto questionável da interpretação de Sternhell. Sua visão do fascismo como ideologia amalgamada pela fusão de correntes da esquerda e da direita certamente tem algumas bases evidentes nos casos da França e da Itália (apesar da lacuna temporal indicada acima), mas não pode ser generalizada. As principais variantes do fascismo, como o franquismo espanhol e o nacional-socialismo alemão (para não mencionar o salazarismo português e a constelação fascista na Europa Central), não possuíam componentes da esquerda entre suas fontes originais.

Além do mais, a interpretação de Sternhell altera uma forma marginal de fascismo num *tipo ideal* weberiano.[65] Consideravelmente

---

64 Gentile, *Il fascismo*, op. cit., pp. 278-9.
65 Germinario, «Fascisme et idéologie fasciste», op. cit., p. 54.

4. Interpretando o Fascismo

153

mais fraco e efêmero do que o fascismo de outros países, o fascismo francês chegou ao poder tardiamente e permaneceu por um curto período de tempo, na esteira de uma derrota militar e de uma ocupação sem a qual dificilmente poderia ter se transformado num regime. Por um longo tempo, o fascismo na França permaneceu como um movimento exclusivamente intelectual. Seu triunfo com a Revolução Nacional de Pétain tomou forma mediante um sincretismo com outras correntes ideológicas pertencentes à tradição do pensamento europeu conservadora, clerical, autoritária e antimodernista. Por isso Robert O. Paxton defende que o regime de Vichy ao final pertence à categoria de «fascismos de ocupação», que careciam de uma característica essencial do fascismo: «uma política expansionista de engrandecimento nacional».[66]

«Revolução»

Apesar de suas diferenças, Mosse, Sternhell e Gentile convergem em subestimar uma das principais marcas distintivas do fascismo: o anticomunismo. É claro que nenhum deles simplesmente ignora esse aspecto, mas não o consideram fundamental. Essa subestimação possui diferentes origens em cada um. Para Mosse e Gentile, ela se situa em sua tendência a negligenciar ou enfocar seletivamente as dimensões ideológicas do fascismo em vez de preferir enfatizar suas características culturais, estéticas e simbólicas. Para Sternhell, isso deriva de sua intepretação do fascismo como reação antiliberal. Mais precisamente, sua redução do fascismo a uma expressão

66 Paxton, *The Anatomy of Fascism*, op. cit., cap. 4.

Parte II   A História no Presente

moderna como o contrailuminismo o leva a ver o anticomunismo como uma simples variante dessa corrente. Além disso, Mosse, Sternhell e Gentile subestimam o anticomunismo principalmente porque enfatizam a natureza «revolucionária» do fascismo.

De fato, o anticomunismo caracterizou o fascismo do início ao fim de sua trajetória histórica. Foi um anticomunismo militante, radical, agressivo, que transformou a «religião civil» nacionalista numa «cruzada» contra o inimigo. Visto como uma forma de antibolchevismo, o fascismo não se apresentava como revolucionário, mas como um fenômeno tipicamente *contrarrevolucionário* surgido da atmosfera da guerra civil em que a Europa afundou após a Revolução Russa de 1917. A sangrenta repressão, primeiro contra o Levante Espartaquista em Berlim, depois contra as repúblicas dos trabalhadores da Baviera e da Hungria em 1919, e também a derrota do *biennio rosso* na Itália no ano seguinte foram momentos marcantes dessa guerra civil europeia. Por essa razão, inúmeros historiadores falam do fascismo como uma «revolução contra a revolução».[67]

Essa dimensão contrarrevolucionária constitui o centro comum dos fascismos europeus, não obstante todas suas outras diferenças ideológicas e desenvolvimentos. Arno J. Mayer observou com propriedade que a «contrarrevolução desenvolveu e alcançou seu ápice em toda a Europa sob a feição do fascismo».[68] Foi sob o estandarte do anticomunismo que o fascismo italiano, o nazismo alemão e muitos outros movimentos fascistas menores convergiram em defesa da rebelião de Franco durante a Guerra

---

67 Cf. Mark Neocleous, *Fascism*. Buckingham: Open University Press, 1997, caps. 3-4, pp. 38-74.

68 A. J. Mayer, *The Furies*. Princeton: Princeton University Press, 2000, p. 67.

4. Interpretando o Fascismo

Civil Espanhola. De modo mais geral, o fascismo se opôs muito mais ao comunismo do que ao liberalismo. Foi a convergência entre o fascismo e as elites tradicionais, em sua maior parte conservadoras ou herdeiras do liberalismo do século XIX, o que permitiu as «revoluções legais» de Mussolini e Hitler, primeiro na Itália em 1922 e então na Alemanha dez anos depois.

Essa perspectiva não reduz o fascismo ao anticomunismo nem o interpreta, da maneira de Nolte, como uma cópia negativa do bolchevismo.[69] O fascismo tentou se articular num sistema coerente de diversos elementos ideológicos surgidos antes de 1917, e é óbvio que esse anticomunismo foi transplantado no corpo ideológico do contrailuminismo. Mas o anticomunismo foi um elemento crucial para juntar os elementos díspares do fascismo e para transformar sua ideologia num projeto político e sua visão de mundo em um movimento ativo. Em outras palavras, o fascismo não poderia existir sem o anticomunismo, ainda que não possa ser reduzido a ele.

Contudo, o próprio conceito de *revolução fascista* — um conceito frequentemente usado por nossos três historiadores, inclusive nos títulos de seus livros — é muito discutível. Eles estão perfeitamente corretos em enfatizar as fragilidades das interpretações marxistas clássicas sobre o fascismo. Mas estão equivocados ao ignorá-las completamente, porque eles poderiam ter encontrado aí muitos argumentos indicando os limites

---

69 Cf. Ernst Nolte, *Der europaïsche Bürgerkrieg. Nationalsozialismus und Bolschewismus 1917-1945*. Berlim: Propyläan/Ullstein, 1987. Essa tese era mais implicitamente defendida no primeiro livro de Nolte — que incluía a Action Française entre os movimentos fascistas; cf. Id., *Three Faces of Fascism*. Nova York: Holt, R & W, 1966. Numa resenha sobre esse livro, Mosse salientava que o fascismo não poderia ser reduzido a uma simples forma de reação política antimarxista porque o «fascismo não aboliu, antes substituiu a urgência revolucionária de sua época»; cf. George L. Mosse, «E. Nolte on Three Faces of Fascism». *Journal of the History of Ideas*, 27, 4, 1966, p. 624.

Parte II   A História no Presente   156

da «revolução fascista». O fascismo foi um movimento enraizado entre as classes médias (tanto as emergentes como as decadentes) e dirigido por líderes plebeus que não queriam conquistar o poder pela via insurrecional, mas pelo compromisso com as velhas elites econômica, burocrática, militar e política. Sem dúvida o fascismo construiu um novo regime e destruiu o antigo Estado liberal e, junto com sua separação de poderes, suas liberdades constitucionais e seus parlamentos democráticos. Mas, com poucas exceções (notadamente o golpe militar de Franco), ele tomou o poder legalmente e, sobretudo, nunca alterou a estrutura econômica da sociedade. Ao contrário das revoluções comunistas, que transformaram radicalmente as formas sociais de propriedade e de produção, as «revoluções fascista» em todo lugar integraram as velhas classes dominantes em seu sistema de poder. Em outros termos, o nascimento do fascismo sempre implicou certa osmose entre fascismo, autoritarismo e conservadorismo.

Nenhum movimento fascista chegou ao poder sem ter sido apoiado, de modo mais ou menos explícito, pelas elites tradicionais.[70] Isso foi verdadeiro tanto no campo econômico quanto no campo ideológico, tal como indicado pela colaboração entre Mussolini e o filósofo italiano liberal-conservador Giovanni Gentile ou pela coexistência entre carlistas e falangistas no franquismo. É importante levar em conta essas precauções quando falamos de «revolução fascista», se não desejamos ser cegados pela linguagem e estética próprias ao fascismo. O historiador suíço Philippe Burrin argumenta de modo convincente que a «revolução fascista» historicamente

---

70 Paxton, *The Anatomy of Fascism*, op. cit., cap. 5.

4. Interpretando o Fascismo

aparece como uma «revolução sem revolucionários».[71] Por causa da ênfase que eles colocaram sobre a matriz revolucionária do fascismo, Mosse, Sternhell e Gentile tendem a ignorar a presença do componente conservador dentro do fascismo. Eles insistem em sua dimensão moderna, em seu desejo de construir uma «nova civilização» e em seu caráter totalitário. Ao mesmo tempo, porém, se esquecem de que o conservadorismo vem com a modernidade. De fato, o conservadorismo constitui uma de suas faces. Como, de modo brilhante, demonstrou Isaiah Berlin em um ensaio sobre Joseph de Maistre, a ideologia contrarrevolucionária clássica prefigurou algumas das características do fascismo.[72]

Segundo Mosse — e este é o único ponto compartilhado com Jacob L. Talmon —, o fascismo é totalitário na medida em que está ligado a certa tradição jacobina. Na visão de Sternhell, o fascismo é totalitário porque é uma crítica moderna ao Iluminismo, mirando a regeneração da comunidade nacional.[73] Para Gentile, o fascismo é totalitário por causa da fusão de seu projeto de modernização com o mito do «Novo Homem» e o culto da tecnologia; por essa razão, ele considera o fascismo «a mais completa racionalização do Estado totalitário».[74] Porém essas avaliações unilaterais não abarcam a complexidade da relação entre fascismo e conservadorismo. Outros historiadores mais preocupados em conectar a fachada ideológica e propagandística dos regimes fascistas com seus reais conteúdos sociais e

---

71 Philippe Burrin, «Le fascisme: la révolution sans révolutionnaires». *Le Débat*, 38, 1986.

72 Isaiah Berlin, «Joseph de Maistre and the Origins of Fascism». In: *The Crooked Timber of Humanity. Chapters in the History of Ideas*. Londres: John Murray, 1990.

73 Zeev Sternhell, «Fascism». In: Roger Griffin (Org.), *International Fascism*. Londres: Arnold, 1998, p. 34.

74 Gentile, *Il fascismo*, op. cit., p. 272. Cf. também Id., *The Italian Road to Totalitarianism*. Nova York: Frank Cass, 2006.

Parte II   A História no Presente

políticos claramente reconhecem «a derrota das ambições totalitárias do fascismo».[75]

A respeito do fascismo italiano, vários acadêmicos enfatizaram a estabilização e burocratização conservadora do regime durante os anos 1930, quando o partido fascista tinha praticamente absorvido o aparato estatal — em oposição ao caso alemão.[76] A proclamada modernização dos fascistas e nazistas não os impediu de absorver certas correntes conservadoras quando eles chegaram ao poder ou de incorporar muitos dos elementos conservadores em suas instituições. As elites econômicas e militares alemãs (dois pilares do sistema de poder *policrático* nazista) apoiaram Hitler seguindo seus instintos conservadores, sem uma real aderência à sua *Weltanschauung*.[77] De modo semelhante, com base num cálculo político realista, enquanto Mussolini tentava conquistar ou pelo menos neutralizar as camadas conservadoras da sociedade italiana, inicialmente ele aceitou construir seu regime sob a sombra da monarquia e, depois, decidiu firmar um compromisso com a Igreja católica.[78]

Considerações semelhantes podem ser estendidas à França. Apesar de suas características fascistas, o regime de Vichy permanecia baseado em um projeto conservador, tradicionalista e autoritário, um projeto que, de acordo

---

75 Nicola Tranfaglia, *La prima guerra mondiale e il fascismo*. Turim: UTET, 1995, p. 635. Essa observação já havia sido feita por Alberto Acquarone, *L'organizzazione dello Stato totalitario*. Turim: Einaudi, 1965, como também por Renzo De Felice, *Mussolini il Duce: II. Lo Stato totalitario 1936-1940*. Turim: Einaudi, 1981, cap. 1, pp. 3-155. E, sobre as ambiguidades de De Felice em sua definição de totalitarismo fascista, cf. Emilio Gentile, *Renzo De Felice*, pp. 104-11.

76 Renzo De Felice, «Introduzione». In: *Le interpretazioni del fascismo*, op. cit., p. xvi.

77 Cf. Franz Neumann, *Behemoth*. Nova York: Oxford University Press, 1942. O papel desempenhado pela elite conservadora na ascensão de Hitler ao poder é enfatizado por Ian Kershaw, *Hitler, 1889-1936*, op. cit., cap. 10, pp. 377-428.

78 O conceito de «policracia» foi aplicado ao fascismo italiano por Tranfaglia, *La prima guerra mondiale e il fascismo*, op. cit., p. 498.

4. Interpretando o Fascismo

com Robert O. Paxton, «era claramente mais próximo do conservadorismo do que do fascismo».[79] Todos os integrantes do nacionalismo francês e da extrema direita, do conservadorismo de Maurras aos fascistas, estavam juntos em Vichy, um regime que se manifestava como uma combinação de conservadorismo e fascismo.[80]

Desse ponto de vista, o caso espanhol — completamente ignorado por nossos três historiadores — é emblemático. Na Espanha, duas almas coexistiram no interior do franquismo: de um lado, havia o nacional-catolicismo, a ideologia conservadora das elites tradicionais, de grandes proprietários de terras à Igreja. De outro lado, havia um nacionalismo de explícita orientação fascista — secularizado, modernizante, imperialista, «revolucionário» e totalitário — incorporado pela Falange. O nacional-catolicismo não era totalmente fascinado pelo mito da «Nova Civilização» porque desejava restaurar a grandeza hispânica que não era projetada no futuro mas sim no passado, no *Siglo de Oro*. Contrariamente, a Falange desejava criar um Estado moderno e fascista poderoso, integrado ao totalitarismo europeu ao lado da Itália e da Alemanha e projetado rumo à expansão imperialista na África e na América Latina. Durante os primeiros anos da Guerra Civil Espanhola e seu regime, Franco desempenhou papel mediador entre as duas correntes, até tomar uma clara orientação nacional-católica após 1943, quando parecia inevitável o fim da Segunda Guerra Mundial com a derrota das forças do Eixo. Certos historiadores consideram essa virada como o início

---

79 Robert O. Paxton, *Vichy*. Nova York: Knopf, 1972, cap. 2.
80 Cf. Michel Winock (Org.), *Histoire de l'extrême droite en France*. Paris: Seuil, 1993, pp. 11-2.

Parte II   A História no Presente

da «catolicização» da Falange e da «desfascistização» do franquismo.[81]

Os conflitos entre o conservadorismo autoritário e o fascismo eram abertamente expressos nos anos 1930 e 1940. Entre os exemplos bem conhecidos, podemos recordar a derrota de Engelbert Dolfuss na Áustria, a eliminação da Guarda de Ferro romena pelo general Antonescu em 1941, como também a crise nas relações entre o regime nazista e um setor da elite militar prussiana, revelada pela tentativa de assassinato de Hitler em julho de 1944. Mas esses conflitos não eclipsaram a convergência acima indicada entre o fascismo e o conservadorismo. Ao contrário, figuravam como exceções que confirmavam a regra.

Resta a questão da violência, que é relegada aos bastidores pelas três intepretações do fascismo baseadas na ideologia, cultura e representações. Nossos três historiadores enfatizam o papel do imperialismo e militarismo, do culto irracional da guerra e da rejeição do pacifismo no cerne do fascismo. Mosse dedicou obras muito importantes à ascensão do antissemitismo *völkisch* [popular], uma das premissas ideológicas do Holocausto. Por outro lado, sua interpretação da Primeira Guerra Mundial sublinha a brutalização das sociedades europeias que se acostumam gradualmente com a violência maciça da vida cotidiana, e essa é uma chave insubstituível para a compreensão da ascensão do nazismo e das políticas de extermínio implementadas durante a Segunda Guerra Mundial. Mas ele não integra essas impressões numa definição geral do fascismo, que permaneceu baseada nos fundamentos culturais, míticos e simbólicos. Por sua

---

81 Ismael Saz Campos, *Los nacionalismos franquistas*. Madri: Marcial Pons, 2003, p. 369.

4. Interpretando o Fascismo

vez, Gentile enfatizou o papel da criação do «Império» na construção do Estado totalitário na Itália de Mussolini, mas nunca pesquisou profundamente a relação entre a ideologia e a prática do fascismo. Posteriormente, analisou o racismo na medida em que permeou a ideologia e retórica fascistas, mas não como base ideológica do genocídio na Etiópia. Quanto a Sternhell, ele apaga o problema da violência fascista ao considerar o nacionalismo francês do fim do século XIX o paradigma do fascismo (quando a violência não foi além das demonstrações de rua exigindo a morte do capitão Dreyfus).

Em síntese, nenhum desses historiadores identifica a violência — que assumiu a forma de repressões maciças, campos de concentração e políticas de extermínio — como um traço fundamental do fascismo. Isso é muito surpreendente, não só porque a violência é de fato uma dimensão integral do fascismo, mas também porque está profundamente enraizada na consciência histórica e na memória coletiva das sociedades europeias. É possível desconsiderar a violência ao definir o fascismo, quando sua trajetória foi marcada por duas guerras civis (1922-1925 e 1943-1945) e por uma guerra colonial (1935-1936), que rapidamente foi transformada num genocídio?[82] É possível deixar de fora a violência na definição do nazismo, um regime carismático que, desde seu início em 1933 até sua queda em 1945, se radicalizou

---

82 Cf. Angelo Del Boca (Org.), *I gas di Mussolini*. Roma: Editori Riuniti, 1996; Pierre Milza, *Mussolini*. Paris: Fayard, 1999, pp. 672-3; Nicola Labanca, «Il razzismo coloniale italiano». In: Alberto Burgio (Org.), *In nome della razza. Il razzisme nella storia d'Italia 1870-1945*. Bolonha: Il Mulino, 1998, pp. 145-63. Sobre a repressão historiográfica da violência fascista, cf. Ruth Ben-Ghiat, «A Lesser Evil? Italian fascism and the Totalitarian Equation». In: Helmut Dubiel, Gabriel Motzkin (Orgs.), *The Lesser Evil*. Nova York: Frank Cass, 2004; e Filippo Focardi, «'Bravo italiano' e 'cattivo Tedesco': riflessioni sulla genesi di due immagini incrociate». *Storia e memoria*, 1, 1996, pp. 55-83. A violência do fascismo ocupa um lugar pequeno na enorme biografia de Mussolini por Renzo De Felice.

numa apoteose de terror e extermínio?[83] É possível desconsiderar a violência na análise do franquismo, um regime nascido durante a sangrenta guerra civil que foi seguido por uma década de repressão sistemática, campos de concentração e execuções em massa?[84]

De fato, Mosse nunca situou a violência fascista no centro de suas reflexões. Seu último discípulo, Steven E. Aschheim, pertinentemente observou que para ele os campos de extermínio eram apenas aspectos «técnicos» do nazismo, enquanto toda sua obra tentou compreender a base cultural e a mentalidade do nazismo.[85] Porém, entre a ideologia e a cultura de um lado e de outro as políticas de extermínio, existe um enorme hiato que sua obra nunca buscou preencher. Em suas memórias, Mosse escreveu que «o Holocausto nunca esteve longe de [sua] mente» e que, como judeu alemão exilado na América, ele nunca poderia ignorar tal «evento tão monstruoso de contemplar».[86] Mas essa observação não faz mais do que iluminar o itinerário de sua obra, na qual o Holocausto permanece como uma dimensão oculta. Às vezes, particularmente em sua autobiografia, ele parece reduzir a comparação entre nazismo e fascismo na questão da violência à observação de que o ditador italiano era «mais humano» do que seu

---

83 Analisei esse aspecto em Enzo Traverso, *The Origins of Nazi Violence*. Nova York: The New Press, 2003.

84 Cf. Julián Casanova (Org.), *Morir, matar, sobrevivir. La violencia en la dictadura de Franco*. Barcelona: Crítica, 2002; Carme Molinero, Margarida Sala, Jaume Sobrequés (Orgs.), *Una inmensa prisión. Los campos de concentración y las prisiones durante la guerra civil y el franquismo*. Barcelona: Crítica, 2003.

85 Steven Aschheim, «Introduction». In: Paine, Sorkin, Tortorice, *What History Tells*, op. cit., p. 6. Durante uma conferência, Mosse afirmou a unicidade do Holocausto, escrevendo que o extermínio dos judeus pelo nazismo era incomparável aos tradicionais pogroms. «O Holocausto», escreveu, «não possui analogias na História» (apud Gentile, *Il fascino del persecutore*, op. cit., p. 137). No entanto, ele não desenvolveu essa abordagem, que permaneceu como uma avaliação isolada em sua obra.

86 George L. Mosse, *Confronting History*, op. cit., p. 219.

4. Interpretando o Fascismo

homólogo alemão.[87] Ao contrário de seu mentor De Felice (que repetidamente afirmou que o fascismo italiano permaneceu «fora da sombra do Holocausto»),[88] Gentile evitou esse tipo de comparação ética que, quando realizada por um historiador italiano, inevitavelmente assume um sabor apologético. Gentile observou de modo perspicaz que Mosse era incapaz de apreender as políticas de militarização como um dos traços essenciais do fascismo.[89] No entanto, tal consideração deveria ser estendida à sua própria obra, na qual o problema é simplesmente entendido como um aspecto do espetáculo fascista. Nem De Felice nem Gentile buscaram analisar a violência fascista como uma forma de política que assumiu formas genocidas fora da Itália. De acordo com Karel Plessini, o Holocausto seria «o lugar onde todas as principais tendências da obra de Mosse se fundem»: o maquiavelismo e a razão de Estado, a rejeição da alteridade (tanto judaica quanto homossexual) pela conformidade burguesa e a crescente separação entre ética e política.[90] Mas essas observações podem ser estendidas a toda a política europeia no entreguerras e certamente não pode ser aceita como uma explicação histórica satisfatória do Holocausto.

Interpretando o fascismo *a partir de seu interior*, ou seja, começando pela linguagem, cultura, crenças, símbolos e mitos de seus atores, sem dúvida podemos compreender alguns de seus aspectos essenciais como experiência histórica. A rejeição externa *a priori* de toda empatia entre o historiador e seu objeto de pesquisa não pode abarcar a natureza do fascismo. Essa

---

87 Id., *The Fascist Revolution*, op. cit., pp. 40-1.

88 Cf. a entrevista de Renzo De Felice em Jader Jacobelli (Org.), *Il fascismo e gli storici oggi*. Roma: Laterza, 1988, p. 6.

89 Gentile, «A Provisional Dwelling...», op. cit., p. 102.

90 Plessini, *The Perils of Normalcy*, op. cit., p. 119.

avaliação levou De Felice, Mosse e Gentile a descartarem a interpretação antifascista do fascismo. Os resultados desse enfoque são contraditórios, combinando brilhantismo, intuições originais com cegueiras surpreendentes. Quando o fascismo é reduzido à sua cultura e imaginação, a violência torna-se meramente simbólica. Com o intuito de compreender a real dimensão da violência fascista, precisamos adotar outro tipo de empatia, dirigida às suas vítimas. Isso implica uma posição epistemológica diferente, que historicamente pertence à tradição antifascista. O caráter ideológico dessa tradição, assim como seus limites e abusos — principalmente a tendência a substituir a análise histórica pelo julgamento moral e político —, é certamente bem conhecido e foi duramente criticado, mas isso não coloca em xeque suas contribuições.

Quanto a Sternhell, ele simplesmente observa um hiato ideológico. A seus olhos, «o fascismo não poderia de forma alguma ser identificado com o nazismo», ou seja, uma ideologia baseada no determinismo biológico. Incontestavelmente, ambos exibem algumas características em comum, mas divergem em uma questão fundamental. O racismo biológico era obviamente um componente do fascismo francês, mas somente o nazismo o transformou num «alfa e ômega de uma ideologia, de um movimento e de um regime».[91] Nesse ponto, Sternhell aproxima-se de De Felice, que sempre contrastava as origens de esquerda e «revolucionárias» do fascismo às origens românticas e reacionárias do nazismo. De Felice ligava fascismo e nazismo a duas diferentes formas de totalitarismo: de esquerda e jacobino no primeiro caso, de extrema direita e racista no último.[92]

---

91 Sternhell, «Le concept de fascisme», op. cit., pp. 19-20.

92 Renzo De Felice, *Intervista sul fascismo*. Roma: Laterza, 2001, pp. 105-6.

4. Interpretando o Fascismo 165

Não é difícil reconhecer os problemas decorrentes dessa interpretação. De um lado, esse enfoque permite reconhecer a singularidade do antissemitismo nazista, uma corrente ideológica ligada a uma visão de mundo baseada no racismo biológico e que levou à prática do extermínio industrial, o que até o presente mantém sua unicidade histórica. De outro lado, essa interpretação simplesmente exclui o nazismo da «família» política do fascismo: uma família europeia caracterizada por diversas diferenças e variantes nacionais, que, entretanto, contêm uma matriz compartilhada. Na Europa entreguerras, o fascismo apareceu sobretudo como um «campo magnético» no qual intelectuais, movimentos, partidos e regimes poderiam se inserir.[93] Cada variante trouxe suas tradições nacionais e logrou uma fusão particular entre conservadorismo e modernização, revolução e contrarrevolução, nacionalismo e imperialismo, antissemitismo e racismo, antiliberalismo e anticomunismo. Cada uma elaborou seus próprios mitos e símbolos e os traduziu em práticas políticas. A «impregnação» fascista, para usar um termo de Sternhell, nem sempre tomou a forma de um regime, mas, onde ocorreu, a violência maciça foi um corolário inevitável.

O Uso Público da História

Se consideramos as interpretações do fascismo a partir da perspectiva de seu impacto na consciência histórica e na memória coletiva dos países onde encontraram enorme recepção, vemos paisagens contrastantes.

---

93   Philippe Burrin, «Le champ magnétique des fascismes». In: *Fascisme, nazisme, autoritarisme*. Paris: Seuil, 2000, pp. 211-46.

Parte II   A História no Presente

166

Mosse renovou o debate e é unanimemente reconhecido como um pioneiro na historiografia contemporânea. Seus livros acompanharam o surgimento da memória do Holocausto e foram recebidos como uma contribuição insubstituível à compreensão do nazismo e do contexto histórico de seus crimes. Sua condição de judeu alemão exilado evitou ambiguidades quando ele avançou um método de explorar o nazismo em seu interior, agindo com empatia pelos atores históricos. Como ele declarou numa entrevista pouco antes de sua morte, o Holocausto colocou em questão a cultura europeia como um todo. É por isso que, acrescenta, «todos os meus livros dizem respeito, de modo mais ou menos direto, à tragédia judaica de meu tempo».[94]

Por outro lado, a defesa de Mosse da campanha antiantifascista travada por De Felice e seus discípulos não foi tão benigna. Na Itália, a renovação das interpretações do fascismo coincidiu com a crise do antifascismo como paradigma ético e político. A disseminação dos estudos sobre as dimensões cultural e simbólica do fascismo foi acompanhada pela despolitização como objeto da memória. Abrigada pelo clamor neopositivista por uma interpretação «científica» e «despolitizada» do fascismo (enormemente apoiada pela direita política e pela mídia), a Itália finalmente «reconciliou-se» com o próprio passado. A fronteira entre compreensão e legitimidade tornou-se cada vez mais incerta. A liturgia fascista foi inscrita no patrimônio nacional, enquanto o antifascismo foi rejeitado como a política de uma simples minoria.

Desse modo, o fascismo veio a incorporar a memória nacional, enquanto o antifascismo (que experimentou um novo impulso

---

94 Apud Aschheim, «George L. Mosse at 80...», op. cit., p. 301.

4. Interpretando o Fascismo

como movimento de massas após 8 de setembro de 1943) veio a ser considerado um produto da «morte da pátria».[95] A violência fascista foi apagada, obliterando sua dimensão genocida na África e esquecendo sua cumplicidade com as políticas nazistas e com o extermínio dos judeus.[96] A violência de Salò foi separada da história do fascismo e inscrita na guerra civil de 1943-1945, agora sendo explicada como uma reação à violência antifascista (alternativamente caracterizada como totalitária, comunista ou antipatriótica). Na Itália, De Felice reconciliou Mosse com Nolte.[97] Esse foi o contexto da recepção da obra de Gentile. Apesar de sua originalidade, sua pesquisa sobre a cultura fascista parece tão unilateral como o antigo antifascismo que ele tentou superar. Explorar as autorrepresentações do fascismo não é suficiente para entendê-lo, como também não é suficiente para reduzi-lo à imagem disseminada por seus inimigos. Como seus críticos observaram, o método de Gentile favorece a «literalidade» do discurso fascista levando com frequência «a deixar de ver a diferença existente entre as coisas e as palavras» e identificar a sociedade com o regime e este com sua fachada externa.[98]

A obra de Sternhell teve um impacto muito diferente na França, onde eles romperam com o velho mito da «não existência» do

---

95   Renzo De Felice, *Mussolini l'alleato. La guerra civile 1943-1945*. Turim: Einaudi, 1997, pp. 86-7. Cf. também Ernesto Galli della Loggia, *La morte della patria*. Roma: Laterza, 1996.

96   Gianpasquale Santomassimo, «Il ruolo di Renzo De Felice». In: Enzo Collotti (Org.), *Fascismo e antifascismo. Rimozioni, revisioni, negazioni*. Roma: Laterza, 2000, pp. 415-32, em especial p. 428; Nicola Tranfaglia, *Un passato scomodo. Fascismo e postfascismo*. Roma: Laterza, 1996, p. 98.

97   Pier Paolo Poggio, «La ricezione di Nolte in Italia». In: Collotti, *Fascismo e antifascismo*, op. cit., pp. 317-414.

98   Richard Bosworth, *The Italian Dictatorship*. Londres: Arnold, 1998, p. 21. Segundo Bosworth (ibid., p. 26), a escola histórica italiana dirigida por De Felice realizou uma fusão paradoxal entre uma concepção «neorrankiana» da pesquisa histórica e uma visão pós-moderna da história como simples narrativa.

Parte II   A História no Presente

fascismo francês e reabriram o debate sobre a natureza do regime de Vichy.[99] Até meados dos anos 1970, a teoria da «não existência» do fascismo francês de René Rémond legitimou o esquecimento de Vichy. A tese de Rémond era a de que apenas três correntes da extrema direita surgiram na França: a conservadora, a orleanista e a bonapartista.[100] Assim como outros historiadores — em especial Robert O. Paxton e Michael Marrus[101] —, Sternhell contestou essa interpretação confortável e apologética. Ele mostrou que, em vez de ser um simples acidente causado pela derrota e pela ocupação alemã, o regime de Vichy foi produto da história doméstica em que convergiram inúmeras correntes intelectuais que estiveram por muitas décadas profundamente enraizadas na cultura francesa. Em resumo, a tese de Sternhell demarca uma reviravolta no debate histórico. Após vários passos de revisões, adaptações e adiamentos, a visão tradicional da «alergia» francesa ao fascismo foi gradualmente abandonada. O uso público da história é, então, um teste da fecundidade como também dos objetivos escusos de diferentes interpretações acadêmicas.

---

99 Henri Rousso, *The Vichy Syndrome*. Cambridge, MA: Harvard University Press, 1994.

100 René Rémond, *Les droites en France*. Paris: Aubier, 1982. A primeira edição desse livro foi publicada em 1954. Sobre esse debate, cf. Michel Dobry, «La thèse immunitaire face aux fascismes. Pour une critique de la logique classificatoire». In: Dobry (Org.), *Le mythe de l'allergie française au fascisme*, op. cit., pp. 17-67.

101 Michael R. Marrus, Robert O. Paxton, *Vichy France and the Jews*. Nova York: Schocken, 1983.

4. Interpretando o Fascismo

5. Antifascismo

Revisionismos

«Revisionismo» é um conceito ambíguo cujo significado pode mudar consideravelmente de acordo com o contexto e o uso. Uma curta genealogia revela que, longe de ser exclusivamente historiográfico, «revisionismo» é também um fenômeno político profundamente relacionado a atitudes e declarações que transcendem as fronteiras acadêmicas e colocam em questão a relação de nossas sociedades com seu passado. Vale lembrar que o revisionismo é um conceito tomado emprestado da teoria política, surgido no final do século XIX como instrumento polêmico usado em controvérsias entre os marxistas. Os defensores do marxismo ortodoxo alemão — notavelmente Karl Kautsky — descreveram como «revisionista» o intelectual social-democrata Eduard Bernstein, que expressava seu ceticismo em relação à ideia de «colapso» (*Zusammenbruch*) do capitalismo e adotava o projeto de transição parlamentar pacífica ao socialismo, assim renunciando ao projeto da revolução socialista.[1] Portanto, o «revisionismo» significa tanto uma mudança teórica quanto política, uma reinterpretação do capitalismo que implicou uma significativa reorientação estratégica do Partido Social-Democrata na Alemanha. Após o surgimento da União Soviética e a transformação do marxismo em ideologia de Estado com seus próprios dogmas e teologia secular, o adjetivo «revisionista» tornou-se estigma injurioso

---

1   As peças dessa controvérsia estão reunidas em Henry Tudor, J.-M. Tudor (Orgs.), *Marxism and Social Democracy*. Nova York: Cambridge University Press, 1988.

dirigido contra adversários políticos no interior do movimento comunista, que era acusado de traição e cumplicidade com as classes inimigas. Carregado de um forte sabor ideológico, «revisionismo» designava um «desvio» da linha ortodoxa, baseado em uma interpretação errada dos textos sagrados. No campo dos estudos históricos, ele geralmente preservou sua conotação negativa, significando tanto o abandono das interpretações canônicas quanto a adoção de novas visões politicamente controversas.

Como pode ser observado, revisões são uma modalidade «fisiológica» de escrita da história. A história é sempre escrita no e a partir do presente: nossas interpretações do passado são obviamente relacionadas à cultura, à sensibilidade intelectual, às preocupações éticas e políticas de nosso tempo. Cada sociedade tem seu próprio sistema de historicidade — sua própria percepção de relação com o passado — que enquadra e inspira sua produção histórica. Consequentemente, a historiografia muda com a sucessão de épocas, com as correntes de gerações e as metamorfoses das memórias coletivas. Se nossa visão sobre as Revoluções Francesa e Russa é significativamente diferente daquela de nossos antepassados — por exemplo, dos historiadores dos anos 1920 ou 1960 —, isso não é apenas porque nesse meio-tempo descobrimos novas fontes e documentos, mas também, e sobretudo, porque nosso tempo tem uma perspectiva diferente do passado. Essas «revisões» constituem um procedimento natural da pesquisa histórica e constroem uma prática acadêmica: longe de ser imutável ou atemporal, a historiografia tem sua própria história. Sendo assim, «revisionismo» significa algo mais, é uma noção usualmente referida

Parte II   A História no Presente

a «revisões» ruins, erradas ou inaceitáveis. Dever-se-ia salientar *usualmente* porque existem muitos tipos de revisionismo. Em certo sentido, existe uma discrepância radical entre a concepção de revisionismo da Europa Continental e a dos Estados Unidos. A primeira está no momento relacionada às tentativas de «reabilitação» do fascismo, promovidas por numerosas interpretações apologéticas; a segunda é anticonformista e se distancia das interpretações convencionais e conservadoras da história soviética. Na Europa, as correntes «revisionistas» são orientadas à direita; nos Estados Unidos, elas se opõem às visões históricas neoconservadoras. Lá, os «revisionistas» eram e são acadêmicos, como Moshe Lewin, J. Arch Getty e Sheila Fitzpatrick, que, desde os anos 1970, criticaram a historiografia da Guerra Fria baseada no dogma anticomunista e pesquisaram a história social da União Soviética por trás de sua fachada totalitária. De acordo com Sheila Fitzpatrick, «revisionismo» é uma «estratégia acadêmica», cujas principais características ela resume do seguinte modo: «iconoclasta em relação às ideias recebidas, cética em relação às grandes narrativas, empirista, e muito trabalho duro em cima de fontes primárias».[2] Esse programa — e quando ela diz «grandes narrativas» está se referindo sobretudo aos estereótipos conservadores da Guerra Fria — proporcionou grandes avanços no conhecimento histórico. Contra os enfoques tradicionais de intelectuais como Richard Pipes e Martin Malia, para quem toda a história da União Soviética poderia ser explicada como o desvendamento de uma progressiva ideologia criminosa no poder — comunismo como

---

2   Sheila Fitzpatrick, «Revisionism in Retrospect: A Personal View». *Slavic Review*, 67/3, 2008, p. 704.

«ideocracia»[3] totalitária —, esse grupo de historiadores «revisionistas» contribuiu para repensar tanto a revolução quanto o stalinismo, colocando-os de volta em seu contexto e descrevendo-os em suas reais dimensões. Entre suas mais significativas contribuições, podemos mencionar uma reinterpretação abrangente do terror e da violência, que enfatiza o papel econômico do gulag, reavalia o número de suas vítimas (entre 1,5 milhão e 2 milhões, em vez dos 10 milhões sugeridos na estimativa puramente imaginária de Robert Conquest) e analisa a dinâmica descontrolada da guerra contra os gulags durante a campanha de coletivização nos primeiros anos da década de 1930.[4]

Nas duas últimas duas décadas, outra corrente «revisionista» frutífera abalou a historiografia israelense. Colocando em questão algumas tenazes narrativas nacionalistas — e míticas — da Guerra Árabe-Israelense de 1948, os denominados «novos historiadores» (Benny Morris e Ilan Pappe são os mais conhecidos) têm pesquisado a complexidade desse conflito e alterado sua percepção. Seus trabalhos provam convincentemente que, enquanto os cidadãos do novo Estado judeu experimentavam a guerra como uma luta de autodefesa, a elite militar conduziu uma campanha de limpeza étnica.[5] Por um lado, Israel lutou por sua sobrevivência e, por outro, transformou esse conflito num bom pretexto para expulsar mais de 600 mil palestinos de suas terras. O resultado foi uma «revisão» que restabeleceu a verdade histórica: os palestinos não abandonaram suas casas seguindo uma

---

3 Cf. Martin Malia, *The Soviet Tragedy, op. cit.*; Richard Pipes, *The Russian Revolution.* Nova York: Knopf, 1990.

4 Cf. Anne Applebaum, *Gulag.* Nova York: Doubleday, 2003; Robert Conquest, *The Great Terror.* Nova York: Macmillan, 1968.

5 Cf. Alain Greilsammer, *La nouvelle histoire d'Israël.* Paris: Gallimard, 1998.

suposta injunção dos regimes árabes; foram violentamente expulsos.

Esses poucos exemplos bastam para mostrar que «revisionismo» não é redutível à interpretação apologética do nacional-socialismo de Ernst Nolte — Auschwitz seria o epílogo da violência bolchevique, reproduzida por um Terceiro Reich ameaçado — ou à visão de Renzo De Felice da República de Salò (1943-1945) como um sacrifício patriótico que Mussolini realizou com objetivo de salvar a Itália de um destino «polonês» de ocupação e submissão totais (duas interpretações que discutiremos adiante). Os apelos de Nolte e De Felice ao «revisionismo» como «o pão diário do trabalho científico» e intrínseco dever dos historiadores não alteram o caráter altamente discutível de suas próprias «revisões».[6]

Em outras palavras, existem diversos tipos de revisões históricas: algumas são legítimas e inclusive necessárias; outras parecem inaceitáveis, para não dizer tentativas indecentes de reabilitar regimes criminosos. Podemos discutir a pertinência de uma palavra ambígua e frequentemente enganosa como «revisionismo», mas o fato permanece: muitas revisões históricas, geralmente qualificadas de «revisionismo», implicam uma *mudança ética e política* em nossa visão do passado. Isso corresponde à emergência de «tendências apologéticas» na historiografia (Jürgen Habermas usou essa fórmula durante a *Historikerstreit* [luta historiográfica] alemã em 1986).[7] Utilizado nesse sentido, revisionismo inevitavelmente assume uma conotação negativa. É óbvio

---

6 François Furet, Ernst Nolte, *Fascism and Communism*. Lincoln: University of Nebraska Press, 2004, p. 51; Renzo De Felice, *Il Rosso e il Nero*. Milão: Baldini & Castoldi, 1995, p. 17.

7 Jürgen Habermas, «Ein Art Schadensabwicklung: Die apologetischen Tendenzen in der deutschen Zeitgeschichtsschreibung». In: Rudolf Augstein et al., *Historikerstreit*. Munique: Piper, 1986.

5. Antifascismo   175

que ninguém reprova os intelectuais «revisionistas» por terem descoberto e investigado arquivos e documentos inexplorados. A razão de eles serem fortemente criticados está nas propostas políticas subjacentes a suas interpretações. Também é óbvio que todas as formas de «revisão» (independentemente de seu objetivo e seu impacto) transcendem as fronteiras da historiografia e colocam em questão o *uso público da história*.[8] Revisionismo é um tópico delicado não porque critica algumas interpretações canônicas e dominantes, mas sim porque afeta a consciência histórica compartilhada e o sentimento de responsabilidade coletiva diante do passado. Lida constantemente com eventos fundacionais tais como as Revoluções Russa e Francesa, fascismo, nacional-socialismo, comunismo, colonialismo e outras experiências cuja intepretação afeta diretamente — muito além de nossa visão do passado — nossa visão do presente e nossas identidades coletivas.

«Antiantifascismo»

Em relação ao «revisionismo», o antifascismo é um estudo de caso por excelência: nos últimos trinta anos, temos visto recorrentes ondas de revisões historiográficas «antiantifascistas» que produziram debates e ácidas controvérsias. Periodicamente reiniciadas por novas gerações de estudiosos, essas campanhas encontraram grande eco na mídia e frequentemente se espalharam para além do campo acadêmico, tornando-se assim questões debatidas pela opinião pública. Essas disputas

---

8 Id., «Vom öffentlichen Gebrauch der Geschichte». In: Augstein et al., *Historikerstreit*, op. cit., pp. 243-55.

Parte II   A História no Presente

aconteceram em quase todo os lugares da Europa e foram particularmente virulentas na Itália, Alemanha, França e Espanha.

Na Itália, a revisão histórica «antiantifascista» remonta aos anos 1980, quando seu precursor, o biógrafo de Mussolini, Renzo De Felice, lançou o apelo para abandonar o prejudicial «paradigma antifascista».[9] Em sua visão, por várias décadas isso havia sido um poderoso obstáculo à pesquisa histórica e era tempo de os jovens historiadores saírem desse limite ideológico restritivo. Sua declaração de que por décadas a interpretação histórica do fascismo tinha sido moldada (e algumas vezes substituída) pela condenação ética e política não estava errada. Ele lamentou que muitos estudiosos da Itália pós-guerra tenham confundido pesquisa histórica com crítica política, estabelecendo uma espécie de dogma antifascista que enquadrou e limitou um conhecimento aprofundado sobre os vinte anos de regime fascista. Rejeitar esse «paradigma antifascista» significava romper os muros de um insularismo historiográfico prejudicial — a velha visão de Croce do fascismo como uma «doença moral» italiana — e reinscrever o regime de Mussolini na longa duração da história italiana. O fascismo não deveria ser condenado, mas historicizado como qualquer outra época ou regime político; não havia razão para tornar o fascismo uma exceção e cercá-lo com uma barreira protetora. De Felice deixou um considerável conjunto de obras (notavelmente sua biografia de Mussolini em cinco volumes), e algumas de suas conclusões hoje são comumente aceitas (principalmente sua visão do fascismo como totalitarismo de massas, que foi aprofundada e ampliada

---

9 Cf. as entrevistas com De Felice em Jacobelli, *Il fascismo e gli storici oggi*, op. cit., pp. 3-11.

5. Antifascismo

por alguns de seus discípulos).[10] O problema reside no fato de que, após haver reinserido o fascismo na continuidade da história italiana, De Felice acabou expulsando o antifascismo dessa mesma continuidade. O fascismo teve seu lugar legítimo nessa história, mas não seus inimigos. Portanto, o antifascismo se tornou um movimento de uma minoria isolada, responsável pela «morte da pátria»[11] e, em última análise, por lançar o país numa guerra civil que rompeu sua unidade nacional. Esse debate ainda não acabou; ele frequentemente retorna na forma de best-sellers dedicados à violência cega dos *partigiani*, do debate sobre vítimas italianas da Resistência Comunista Iugoslava — a *Foibe* — aos usos polêmicos de excelentes biografias de Primo Levi.[12]

Na Alemanha, essa campanha «antiantifascista» alcançou seu clímax durante a década que se seguiu à reunificação nacional. A anexação da República Democrática Alemã foi concebida como um processo político, econômico e cultural que inevitavelmente implicava a demolição do antifascismo: o legado da Resistência Alemã. O antifascismo deixou de ser uma tradição contraditória, conflituosa e ambígua — devido a seus vínculos simbióticos com o stalinismo e sua institucionalização como ideologia de Estado na República Democrática Alemã — que requeria uma historicização crítica; e passou a ser um «mito» que ocultava uma ideologia totalitária.[13]

---

10   Cf. Gentile, *Il fascismo*, op. cit.

11   De Felice, *Il Rosso e il Nero*, op. cit., p. 55. Sobre o 8 de setembro de 1943 como «a morte da pátria», cf. Ernesto Galli Della Loggia, *La morte della patria*, op. cit.

12   Cf. Sergio Luzzatto, *Partigia*. Milão: Mondadori, 2013.

13   Cf. Antonia Grunenberg, *Antifaschismus*. Reinbek: Rowohlt, 1993. Para uma avaliação histórica externa a esse enfoque propagandístico, cf. Dan Diner, «Antifaschistische Weltanschauung: ein Nachruf». In: *Kreisläufe*. Berlim: Berlin Verlag, 1996. Sobre a mudança na historiografia da Alemanha Ocidental do antifascismo ao Holocausto, cf. Nicolas Berg, *Der Holocaust und die westdeustchen Historiker*. Göttingen: Wallstein, 2003, pp. 379-83.

Parte II   A História no Presente

Diferentemente das tentativas de «relativizar» o Holocausto durante a *Historikerstreit*, essa cruzada «antifascista» terminou por vencer. Seu sucesso não foi somente historiográfico; em Berlim, a paisagem urbana foi remodelada, apagando quase todos os vestígios de quarenta anos do socialismo real.[14]

Na França, a campanha «revisionista» nunca tomou a forma de uma reabilitação da Vichy de Pétain, mas foi absorvida pelo ataque generalizado contra o comunismo. Em *O passado de uma ilusão*, François Furet apresentou o antifascismo como a máscara humanista e democrática com a qual, durante o período das Frentes Populares, a União Soviética estendeu sua perniciosa influência totalitária sobre a *intelligentsia* europeia.[15] Seguindo Furet, Stéphane Courtois simplesmente atribuiu o antifascismo ao «livro negro do comunismo», como uma ferramenta ideológica inventada com o objetivo de justificar os crimes do comunismo.[16] O mais raivoso representante desses recentes «combatentes tardios da Guerra Fria» é provavelmente Bernard Bruneteau, um cientista político que descreve o antifascismo como uma forma de «terrorismo intelectual fabricado pelos estrategistas do aparato comunista internacional». A proposta de tal invenção maligna era «corromper o julgamento de democratas e liberais autênticos».[17]

Na Espanha, estudiosos «revisionistas» tentaram desqualificar o antifascismo como uma narrativa «vermelha» à qual eles pretendiam opor uma escrita da história objetiva, neutra, não engajada

14   Cf. Régine Robin, *Berlin chantiers*. Paris: Stock, 2000; Sonia Combe, Régine Robin (Orgs.), *Berlin*. Paris: BDIC, 2009.

15   Furet, *The Passing of an Illusion*, op. cit. cap. 8.

16   Ver sua introdução em Stéphane Courtois (Org.), *The Black Book of Communism*, op. cit.

17   Bernard Bruneteau, «Interpréter le totalitarisme dans les années 1930». In: Philippe de Lara (Org.), *Naissances du totalitarisme*. Paris: Cerf, 2011, pp. 244, 251.

5. Antifascismo

e cientificamente fundamentada. Curiosamente, esses estudos «não partisanos» resultaram numa interpretação apologética da Guerra Civil Espanhola, na qual a violência e o autoritarismo de Franco tornaram-se traços marginais em relação ao seu valoroso trabalho de preservar o país dos tentáculos do totalitarismo bolchevique. De acordo com Pío Moa, autor de vários best-sellers, o golpe de Franco foi um «mito» republicano, porque seu justificado *levantamiento* [levante] militar fora provocado pela Frente Popular que buscava empurrar a República para as mãos do comunismo. Moa incorpora uma espécie de «noltismo» espanhol: ele pensa, de modo similar a seu homólogo alemão, que a violência de Franco foi um dano colateral de uma reação saudável e legítima contra a ameaça bolchevique.[18] Moa desempenhou o papel de *outsider* pós-fascista, mas sua voz encontrou inesperado apoio de um acadêmico conservador reconhecido, Stanley G. Payne, que, assim como De Felice na Itália, implorou por uma reinterpretação da Guerra Civil Espanhola em oposição à «vulgata» republicana. Portanto, o *outsider* tornou-se um desbravador.[19] Em anos recentes, uma nova geração de historiadores conservadores adotou uma estratégia diferente: eles não afirmam a inocência de Franco, simplesmente enfatizam a culpa dos republicanos; não negam as características autoritárias da ditadura de Franco, mas simplesmente afirmam que, durante a guerra civil, a República não representava uma alternativa democrática ao fascismo; não negam a extrema violência do franquismo, mas

---

18 Pío Moa, *Los Mitos de la Guerra Civil*. Madri: Esfera, 2003.

19 Stanley G. Payne, *The Collapse of the Spanish Republic, 1933-1936*. New Haven: Yale University Press, 2006. Ver também sua consideração altamente positiva do livro de Pío Moa: Payne, «Mitos y tópicos de la Guerra Civil». *Revista de Libros*, 79/80, 2003, pp. 3-5. Para o debate de Moa, cf. Albert Reig Tapia, *Anti Moa*. Madri: Ediciones B, 2006.

simplesmente insistem que a violência republicana não era qualitativamente diferente.[20]

Grosso modo, podemos resumir os argumentos dessas distintas narrativas «antiantifascistas» em quatro pontos: opõem uma escrita da história «científica», «objetiva» e «rigorosa» a uma «militante» e partisana (baseada no paradigma «antifascista»); equiparam o antifascismo a uma forma de totalitarismo por causa de sua proximidade com o movimento e a ideologia comunista; igualam a violência fascista e a antifascista; enfatizam a denominada «zona cinzenta» entre campos opostos, sugerindo que a única atitude de valor consistia na rejeição tanto do fascismo quanto do antifascismo.

O primeiro argumento — história «científica» versus história «combativa» — exuma o velho mito dos estudos «neutros de valores».[21] Isto supõe um pesquisador desconectado da sociedade na qual vive, desprovido de toda subjetividade, indiferente à memória coletiva e capaz de encontrar nos arquivos a paz indispensável para escapar dos tumultos e disputas do mundo circundante. Frequentemente, os defensores desse argumento encontram eco favorável na mídia, especialmente nos jornais e revistas conservadores.

No passado, existia de fato uma historiografia antifascista. O fascismo, o nacional-socialismo e o franquismo tiveram suas historiografias oficiais; os historiadores exilados só poderiam ser antifascistas. Muitos deles participaram de movimentos de resistência de seus países.

---

20 Cf. Fernando del Rey (Org.), *Palabras como puños*. Madri: Tecnos, 2011. Sobre o «noltismo» espanhol, cf. Ismael Saz Campos, «Va de Revisionismo». *Historia del Presente*, 17, 2011, pp. 161-4.

21 Cf. a crítica à «história combativa» (*historia de combate*) em Fernando del Rey, «Revisionismos y anatemas: A vueltas con la II República». *Historia Social*, 72, 2012, pp. 155-72.

5. Antifascismo

181

Essa experiência se encerrou muitas décadas atrás, no entanto seu legado permaneceu e formou uma nova geração de estudiosos. Atualmente, chegou a hora de uma escrita *crítica* da história. Um historiador crítico não é nem advogado de defesa nem promotor público. Ele certamente não negará a existência do gulag — um reconhecimento que implicitamente demanda uma condenação moral e política do stalinismo — e tentará elucidar suas origens, propósitos e funcionamento. Ele tentará contextualizar, comparar e colocar o gulag numa perspectiva diacrônica. Pesquisará as raízes do stalinismo no absolutismo russo ou as consequências tanto da Primeira Guerra Mundial quanto da guerra civil na sociedade soviética em termos de brutalização e adaptação à violência. Um historiador «antiantifascista», por sua vez, não precisa de nenhuma investigação completa. Para ele, a história não guarda nenhum mistério e ele já sabe a resposta: o gulag existiu porque a União Soviética era totalitária e a Guerra Civil Russa aconteceu porque correspondia aos dogmas da ideologia bolchevique. Esse é o centro das histórias da União Soviética escritas por historiadores como Martin Malia, para quem «no mundo criado pela Revolução de Outubro, nós nunca estávamos lidando em primeira instância com a *sociedade*, mas, sim, estávamos sempre lidando com um *regime* ideocrático».[22]

Um historiador crítico não negará a experiência assassina de Foibe, nas montanhas do Trieste, na fronteira entre Itália e Iugoslávia, onde os partisanos de Tito assassinaram milhares de colaboracionistas italianos. Ele buscará contextualizar esse evento trágico, inscrevendo-o na história das relações conflitivas e

---

22 Malia, *The Soviet Tragedy*, op. cit., p. 8

das fronteiras flutuantes entre a Itália e a Iugoslávia e levando em conta a violência da ocupação fascista nos Bálcãs e também a brutalidade da guerra antipartisana empreendida pelas forças do Eixo. Para um historiador «antiantifascista», pelo contrário, a única explicação possível para essa tragédia é o totalitarismo comunista.[23] Essa é uma chave hermenêutica universal já testada para inúmeras realidades: em fins dos anos 1970, um campeão da historiografia liberal como François Furet escreveu um panfleto contra a «vulgata jacobino-leninista» da Revolução Francesa, chegando à conclusão geral: «hoje o gulag está levando a repensar o Terror, porque os dois compartilhavam um projeto idêntico».[24] Em outras palavras, a história «neutra de valores» significa história anticomunista.

Silogismos

Existe um silogismo simples que inspira a historiografia «antiantifascista». Ele pode ser formulado da seguinte maneira: antifascismo = comunismo, e comunismo = totalitarismo; consequentemente, antifascismo = totalitarismo. É óbvio que essa interpretação deslegitima completamente o antifascismo, compelindo qualquer pessoa decente a se distanciar dos antifascistas como também de seus cúmplices e apoiadores (*fiancheggiatori*). De acordo com Renzo De Felice, o italiano Partito d'Azione — representante do socialismo liberal e herdeiro do movimento Giustizia e Libertà [Justiça e Liberdade] — desempenhou um papel

---

23 Para uma reavaliação histórica desse evento, cf. Joze Pirievec, Gorazd Bajc, *Foibe*. Turim: Einaudi, 2009.

24 François Furet, *Interpreting the French Revolution*. Nova York: Cambridge University Press, 1981, p. 12.

5. Antifascismo

pernicioso na Resistência, na medida em que permitiu que «o vinho comunista chegasse à designação de origem democrática».[25] François Furet define o antifascismo como um truque com o qual o bolchevismo adquiriu um «brasão democrático». Durante o Grande Terror, escreve, «o bolchevismo se reinventou como uma liberdade por negação» (sua conotação puramente negativa).[26] Indo além, ele sugere a ideia de uma origem comunista do antifascismo: uma tática inventada pela Internacional Comunista em 1935, um produto derivado.

Infelizmente, essa interpretação «neutra de valores» não dá atenção a alguns fatos históricos perturbadores: na Itália, foi Benedetto Croce, um filósofo liberal, quem lançou o primeiro «Manifesto Antifascista», em 1925. Em 1930, foi um semanário de esquerda não partisano, *Die Weltbühne*, dirigido por Karl von Ossietzky, que conclamou a união antifascista entre o Partido Social-Democrata e o Partido Comunista Alemão contra a ascensão do nacional-socialismo (naquele momento, os comunistas alemães consideravam a social-democracia como sua inimiga, qualificando-a de «social-fascista»).[27] Em 1934, não foi o Partido Comunista Francês, mas um grupo de intelectuais de esquerda, que inspirou uma poderosa campanha antifascista após as revoltas fascistas de 6 de fevereiro, culminando dois anos depois na Frente Popular. Tanto os partidos socialistas como os comunistas foram compelidos a se juntarem em um movimento enorme e espontâneo. A interpretação de Furet também negligencia as variedades de antifascismo, um movimento

---

25 De Felice, *Il Rosso e il Nero*, op. cit., p. 69.
26 Furet, *The Passing of an Illusion*, p. 224.
27 Cf. Istvan Deak, *Weimar Germany Left's Wing Intellectuals*. Berkeley: University of California Press, 1968.

Parte II   A História no Presente

intelectual e político que incluiu diferentes correntes antistalinistas, de anarquistas e trotskistas a social-democratas e liberais. Em geral, essas interpretações tendem a evitar qualquer comentário sobre o fato de que, em 1941, os Aliados criaram uma frente unida com a União Soviética contra o Eixo. Esse simples fato contribui enormemente para a legitimidade do antifascismo.

Historicizar o antifascismo implica explorar suas contradições e ambiguidades internas. Nos anos 1930, o antifascismo foi uma das mais importantes correntes da cultura europeia e, ao final da Segunda Guerra Mundial, havia se tornado um *ethos* compartilhado pelos regimes democráticos surgidos da derrota do Terceiro Reich. Como podemos explicar o fato de que tantos intelectuais que estiveram moral e politicamente comprometidos com o antifascismo tenham se recusado a criticar o stalinismo, a denunciar a farsa dos Processos de Moscou, a coletivização forçada da agricultura e os campos de concentração? Por que intelectuais que criticaram o stalinismo dentro do movimento antifascista — de Arthur Koestler a Victor Serge, de André Gide a Manes Sperber, de Willi Münzenberg a George Orwell e Gaetano Salvemini — não foram ouvidos ou foram rapidamente esquecidos? A síndrome da «cidade sitiada» sugerida por Upton Sinclair — ninguém pode desafiar o governo de uma cidade sob cerco sem se tornar a quinta coluna dos sitiantes[28] — certamente desempenhou um papel significativo, mas não justifica a cegueira de um grande número de mentes talentosas e, em outras circunstâncias, independentes.

---

28 Upton Sinclair, *Terror in Russia? Two Views*. Nova York: R.R. Smith, 1938, p. 57. Cf. Marcello Flores, *L'immagine dell'URSS*. Milão: Il Saggiatore, 1990, p. 279.

5. Antifascismo

Considerações semelhantes podem ser estendidas à atitude antifascista com relação ao Holocausto. Com raríssimas exceções, o antifascismo viu o antissemitismo nazista mais como propaganda radical e demagógica do que uma política de extermínio. Isso revelou uma incompreensão global das raízes ideológicas do nacional-socialismo, como também uma adaptação prejudicial da linguagem e cultura de uma velha prática europeia de discriminação e estigmatização dos judeus. Em termos simplórios, os intelectuais antifascistas foram incapazes de entender a «dialética do esclarecimento» subjacente ao fascismo. Eles o viram mais como uma espécie de colapso da civilização, um passo atrás em direção à barbárie, do que como um genuíno produto da própria modernidade.[29] Para eles, o fascismo significou uma forma radical de anti-iluminismo, não uma forma de *modernidade reacionária*: uma simbiose particular de conservadorismo e autoritarismo com as conquistas do moderno racionalismo instrumental.[30] A mistura da mitologia e da tecnologia no cerne do nacional-socialismo era difícil de ser vista por um movimento atravessado pela ideia de progresso.[31] Os limites e ambiguidades do antifascismo, no entanto, não podem ser reduzidos à forma do totalitarismo, como uma versão simétrica do fascismo.

---

29 Cf. Max Horkheimer, Theodor W. Adorno, *Dialectic of Enlightenment*. Stanford: Stanford University Press, 2007.
30 Jeffrey Herf, *Reactionary Modernism*, op. cit.
31 Cf. James D. Wilkinson, *The Intellectual Resistance in Europe*. Cambridge, Mass.: Harvard University Press, 1981.

Parte II   A História no Presente

Equivalências

Uma suposta erudição de «valores neutros» leva os historiadores antiantifascistas a igualar a violência fascista à antifascista. Ambas são totalitárias, e deveríamos rejeitá-las evitando distinções imorais. Essa é a tese da «equiviolência» (*equiviolencia*), de acordo com a sarcástica definição cunhada pelo historiador espanhol Ricardo Robledo.[32]

Essa avaliação não é nova, e até mesmo os historiadores «revisionistas» a reformulam permanentemente. Suas origens remontam ao fim da Segunda Guerra Mundial, quando várias vítimas do expurgo antinazista apresentaram esse argumento como estratégia de defesa. Em 1948, Martin Heidegger escreveu algumas cartas para seu antigo aluno Herbert Marcuse, então exilado nos Estados Unidos, nas quais comparou a expulsão das forças alemãs da Prússia Oriental pelas forças aliadas com o extermínio nazista dos judeus. Marcuse decidiu interromper sua correspondência, explicando que essa consideração tornava impossível prosseguir com qualquer diálogo:

> Você escreve que tudo o que eu digo sobre o extermínio dos judeus aplica-se também aos Aliados se a palavra «judeus» é substituída por «alemães orientais». Com essa sentença você não fica de fora da dimensão na qual uma conversa entre homens é possível — fora do Logos? Pois apenas fora da dimensão lógica é possível explicar, relativizar (*auszugleichen*), «compreender» um crime por meio da afirmação de que outros poderiam ter

---

32 Ricardo Robledo, «Sobre la equiviolencia: puntualizaciones a una réplica». *Historia agraria*, 54, 2011, pp. 244-6.

5. Antifascismo

feito a mesma coisa. Digo mais: como é possível igualar a tortura, a mutilação e a aniquilação de milhões de homens com a realocação forçada de grupos populacionais que não sofreram nenhum desses ultrajes (a não ser, talvez, em alguns casos muito excepcionais)?[33]

No mesmo momento, Carl Schmitt reclamava que os debates públicos sobre os crimes do Terceiro Reich ofuscaram completamente o «genocídio» de servidores públicos perpetrado pelos Aliados dentro da administração da Alemanha ocupada.[34]

A melodia não mudou quando, quatro décadas depois, a *Historikerstreit* irrompeu na República Federal da Alemanha. Nolte explicou que o ato bolchevique «asiático» precedeu o «assassinato racial» nazista como seu *prius* lógico e factual. Foi o «assassinato de classe» bolchevique que causou os «assassinatos raciais» nazistas.[35] Ambos foram lamentáveis, mas o primeiro foi o pecado original. De acordo com o diretor do jornal *Frankfurter Allgemeine Zeitung*, o jornalista e historiador Joachim Fest, não havia diferença entre a violência nazista e a comunista, com a exceção do procedimento técnico das câmaras de gás: de um lado o extermínio «racial», de outro lado o extermínio de «classe».[36]

Na Itália, Renzo De Felice preparou o terreno em 1987, sugerindo que o fascismo italiano «havia ficado fora da sombra do Holocausto».[37] Nos anos seguintes, seus discípulos

---

33 Cf. Herbert Marcuse, «Heidegger and Marcuse: A Dialogue in Letters». In: *Technology, War and Fascism*. Londres: Routledge, 1998, pp. 261-7, citação na p. 267.

34 Carl Schmitt, *Glossarium*. Berlim: Duncker & Humblot, 1991, p. 282.

35 Ernst Nolte, «Vergangenheit, die nicht vergehen will». In: Augstein et al., *Historikerstreit*, op. cit., p. 45. Sobre a *Historikerstreit*, cf. Richard Evans, *In Hitler's Shadow*. Nova York: Pantheon, 1989.

36 Joachim Fest, «Die geschuldete Erinnerung». In: Augstein et al., *Historikerstreit*, p. 103.

37 Entrevista com Renzo De Felice em Jacobelli, *Il fascismo e gli storici oggi*, op. cit., p. 6. Sobre De Felice, cf. Gianpasquale Santomassimo, «Il ruolo di Renzo De Felice», op. cit., pp. 415-29.

Parte II   A História no Presente

concluíram que a Resistência tinha sido tão intolerante e violenta quanto o fascismo. Na Espanha, destacar a simetria entre a violência franquista e a republicana é um lugar-comum dos historiadores «revisionistas». Sua contagiosa campanha afetou alguns historiadores eminentes, como Santos Juliá, que terminou separando a causa republicana de seus defensores comunistas, socialistas, anarquistas e trotskistas.[38] No entanto, ele não explica quem, na Espanha de 1936, poderia defender a República a não ser as forças comunistas, socialistas, anarquistas e trotskistas: talvez José Ortega y Gasset? A mesma questão pode ser levantada em relação à Itália em 1943-45: seria possível um movimento de resistência sem o partido comunista? Quais forças poderiam construir uma sociedade democrática: talvez o conde Sforza? A coragem e o heroísmo de Claus von Stauffenberg são inquestionáveis, mas a natureza democrática da oposição a Hitler em julho de 1944 permanece altamente duvidosa. A elite militar não reagiu à demolição da democracia de Weimar em 1933 nem à promulgação das Leis de Nuremberg dois anos depois. Ela defendeu a ideia da *Grossdeutschland* [Grande Alemanha] e apoiou a guerra de Hitler até a derrota de Stalingrado. Muitos de seus membros sonharam com uma Alemanha autoritária sem Hitler.[39] Eles eram representantes de uma resistência democrática contra o antifascismo «totalitário»? A resposta é altamente duvidosa. Se o comunismo desempenhou papel tão importante nos movimentos de resistência, inclusive na Alemanha, foi precisamente porque o liberalismo e o conservadorismo foram incapazes de deter a ascensão

---

38 Cf. Santos Juliá, «Duelo por la República española». *El País*, 25 jun. 2010, assim como a resposta de Josep Fontana, «Julio de 1936». *Público*, 29 jun. 2010.

39 Cf. Ian Kershaw, *The Nazi Dictatorship*. Nova York: Oxford University Press, 2000, cap. 8 («Resistance without the People?»).

do fascismo nos anos anteriores e não pareciam confiáveis. As experiências da Itália em 1922 e da Alemanha em 1933, onde as elites liberais haviam contribuído para a tomada do poder por Mussolini e Hitler, as tornaram pouco confiáveis e explicaram a força da resistência comunista, reforçada pela aura das vitórias do Exército Vermelho. Quando criticamente historicizado, o liberalismo não parece tão inocente. Considerada sua conclusão lógica, a ideia de «equiviolência» não deveria excluir o próprio liberalismo. As forças aliadas conduziram uma guerra aérea contra o Terceiro Reich como parte de um plano de destruição da sociedade civil alemã, e seus bombardeios sistemáticos das cidades alemãs mataram 600 mil civis e fizeram vários milhões de refugiados.[40] O horror de Hiroshima e Nagasaki não foi resultado de uma ideologia totalitária, foi planejado por Roosevelt e ordenado por Truman, não por Stálin.

Mas a tese da «equiviolência» rompe um tabu: se o antifascismo — a base política das democracias pós-guerra da Europa Continental — prova ser equivalente ao fascismo, então ninguém deveria se envergonhar de ter sido fascista. Foi com orgulho viril que, em 2000, o historiador italiano Roberto Vivarelli revelou seu passado fascista:

> Quando alguém me pergunta se me «arrependo» de ter lutado como um miliciano da República de Salò, respondo que não me arrependo, que estou feliz com isso, ainda que hoje eu reconheça que sua causa era moral e historicamente injusta [...]. Eu cumpri meu dever, e isso é o suficiente.[41]

40 Cf. Jörg Friedrich, *The Fire*. Nova York: Columbia University Press, 2006.
41 Roberto Vivarelli, *La fine di una stagione*. Bolonha: Il Mulino, 2000, p. 23.

Parte II   A História no Presente

As políticas da memória conduzidas nas últimas décadas em vários países europeus são um espelho fiel dessa significativa mudança: em 1985, a visita conjunta de Helmut Kohl e Ronald Reagan ao cemitério militar de Bitburg, onde tanto soldados norte-americanos quanto alguns ss estão enterrados; em 1993, a inauguração em Berlim do Neue Wache, um memorial dedicado a *todos* os mortos da Segunda Guerra Mundial, sem nenhuma distinção sobre seu lado ou suas lealdades; a partir dos anos 1990, os discursos de muitos estadistas italianos, que, após terem relembrado os italianos judeus vítimas do Holocausto, prestaram tributo a seus opressores, os «rapazes de Salò» (*ragazzi di Salò*), que lutaram com Mussolini; em 2000, em Madri, uma famosa demonstração em que os antigos combatentes republicanos marcharam de braços dados com vários membros da *División Azul*, a unidade de soldados enviada por Franco à Rússia com o objetivo de lutar junto dos exércitos alemães.[42]

«*Zona Cinzenta*»

Na maioria dos casos, a historiografia «antiantifascista» adota uma atitude irônica, supostamente neutra e moderada que poderia ser definida como uma apologia da «zona cinzenta», tomando emprestado o conceito de Primo Levi em *Os afogados e os sobreviventes*.[43] No ensaio de Levi, esse termo designa uma área ambígua, indefinida e

42   Sobre Bitburg, cf. Geoffey H. Hartman, *Bitburg in Moral and Political Perspective*. Bloomington: Indiana University Press, 1986; sobre o Neue Wache, cf. Peter Reichel, *Politik mit Erinnerung*. Munique: Hanser, 1995, pp. 231-46; sobre os discursos dos estadistas italianos, cf. Filippo Focardi, *La guerra della memoria*. Roma/Bari, Laterza, 2005.

43   Primo Levi, *The Drowned and the Saved*. Nova York: Summit Books, 1988. Sobre a extensão do conceito de «zona cinzenta» para a

5. Antifascismo

flutuante entre os executores e suas vítimas nos campos de extermínio. Estendido (e, portanto, alterado), esse conceito descreve os «espectadores», a massa indistinta daqueles que, no meio da guerra civil, não escolheram um lado, oscilando entre os dois polos opostos. Alguns estudiosos sugerem que essa atitude passiva, hesitante, amedrontada e ora atormentada ora covarde poderia ser compreendida por meio de uma metáfora de outro escritor italiano: a tentação da «casa na colina».[44] Na Espanha, os historiadores «antiantifascistas» afirmam seu desejo de preservar o «espírito de transição», criticando todas as tentativas — primeiramente, a «lei da memória histórica» (2007) — de colocar em questão os benefícios de uma transição amnésica à democracia fundada na dupla anistia: tanto dos republicanos exilados como dos crimes da ditadura de Franco.

Por trás dessas atitudes, encontramos não apenas tendências apologéticas, existe também uma suposta sabedoria pós-totalitária que transforma o humanitarismo em uma prática de resgate de vítimas num prisma de interpretação do passado. Desse modo, a democracia torna-se um valor abstrato, desincorporado, atemporal. Esse é o enfoque que uma mente crítica aguda como Tzvetan Todorov sugeriu há alguns anos num ensaio sobre a Resistência Francesa.[45] Estigmatizando tanto os milicianos de Vichy (fascistas) quanto os partisanos fanáticos (antifascistas), ele iluminou as virtudes dos civis que, equidistantes de ambos os campos, tentaram mediá-los com o objetivo de evitar os massacres. Isso quer dizer que a única Resistência legítima

guerra civil, cf. De Felice, *Il Rosso e il Nero*, op. cit., pp. 55-66.

44 Cf. Raffaele Liucci, *La tentazione della «Casa in collina»*. Milão: Unicopli, 1999, que se refere a Cesare Pavese, *The House on the Hill*. Nova York: Walker, 1961.

45 Tzvetan Todorov, *A French Tragedy*. Hanover, NJ.: University Press of New England, 1996.

Parte II   A História no Presente

foi a civil — a resistência dos socorristas, não dos combatentes. Portanto, compreendida historicamente, a Resistência civil estava profundamente conectada com as Resistências política e militar. Suas práticas e métodos distintos muitas vezes partilhavam os mesmos valores e perseguiam os mesmos objetivos. Claudio Pavone, um historiador que investigou cuidadosamente a «moralidade» do antifascismo num livro seminal, diferenciou três dimensões correlacionadas da Resistência: um movimento de libertação nacional contra a ocupação nazista, a luta de classes pela emancipação social, e uma guerra civil contra o colaboracionismo. Essas diferentes dimensões coexistiram, e é precisamente por sua conexão que a Resistência expressou a sua «moralidade».[46]

É duvidoso que os únicos atores valiosos num século de violência, guerras, totalitarismo e genocídios sejam socorristas, médicos, enfermeiros e carregadores de macas. O século XX não pode ser reduzido a uma catástrofe humanitária gigantesca, essa hermenêutica é extremamente simplista e limitada. Como perguntou retoricamente Sergio Luzzatto, «uma vez que a vítima civil foi reconhecida como o autêntico herói do século XX — o cordeiro sacrificial em oposição às ideologias assassinas —, por que deveríamos fazer distinção entre eles?».[47] O século passado foi uma era de conflitos na qual milhões de pessoas lutaram por causas ideológicas e políticas. O antifascismo foi uma delas. Uma vez desistoricizadas, as próprias democracias tornar-se-iam desmemoriadas e frágeis. É útil estar consciente de suas origens e história, para saber como elas surgiram e foram construídas, até mesmo com o objetivo

---

46 Claudio Pavone, *A Civil War*. Londres/Nova York: Verso, 2013.

47 Sergio Luzzatto, *La crisi dell'antifascismo*. Turim: Einaudi, 2004, p. 44.

5. Antifascismo

de entender suas ambiguidades e seus limites. É perigoso cortá-las de suas raízes, opondo-as às experiências históricas mediante as quais elas foram criadas. É por isso que, nos países da Europa Continental que vivenciaram o fascismo, não precisamos de democracias «antiantifascistas».

6. Os Usos do Totalitarismo

A trajetória da ideia do totalitarismo na academia e, de maneira mais ampla, na cultura política do século xx e início do século xxi é bastante sinuosa, marcada por oscilações entre períodos de impacto generalizado e de eclipse prolongado.[1] Talvez seja cedo demais para concluir se sua entrada no nosso léxico político e histórico foi irreversível, entretanto a resiliência que tem demonstrado é notável. Viveu ainda uma renovação espetacular recentemente, a partir do Onze de Setembro, quando foi mobilizado mais uma vez contra o terrorismo islâmico. O «totalitarismo» é, portanto, um exemplo expressivo de uma sólida — mesmo que nem sempre frutífera — simbiose entre a política e a academia, entre uma palavra de luta, se não um slogan, e uma ferramenta analítica. Entre os fatores que explicam seu caráter estável e duradouro, a memória pública é certamente uma força preeminente. Por um lado, o Holocausto tornou-se o objeto de comemorações públicas, de museus e ficcionalizações literárias e estéticas — definido por alguns acadêmicos como uma «religião civil» do Ocidente —, mas também um paradigma de violência e genocídio contemporâneos. Por outro lado, a queda da União Soviética inscreveu definitivamente a experiência comunista em uma perspectiva histórica cujo foco recai quase exclusivamente sobre

---

[1] Os ensaios mais importantes desse debate intelectual estão reunidos em três antologias: Enzo Traverso (Org.), *Le xxᵉ siècle en débat.* Paris: Seuil, 2001; Bernard Bruneteau (Org.), *Le totalitarisme.* Paris: Cerf, 2010; Eckhard Jesse (Org.), *Totalitarismus im 20. Jahrhundert. Ein Bilanz der internationaler Forschung.* Baden Baden: Nomos, 1996. Para um levantamento histórico do conceito até o final da Guerra Fria, ver Abbott Gleason, *Totalitarianism.* Nova York: Oxford University Press, 1995. Para uma primeira interpretação crítica desse debate no pós-Guerra Fria, cf. Anson Rabinbach, «Moments of Totalitarianism». *History and Theory*, 45, n. 1, 2006, pp. 72-100.

sua dimensão criminal (deportações e execuções em massa, campos de concentração), ao passo que ofusca seu potencial emancipatório outrora exaltado. Em vez de enxergá-lo como um fenômeno contraditório, de muitas faces e prismas, que combinaria revolução e terror, libertação e opressão, movimentos sociais e regimes políticos, ação coletiva e despotismo burocrático, o comunismo foi reduzido à realização de uma ideologia homicida. O stalinismo tornou-se sua face «verdadeira». Em tal contexto, o conceito de totalitarismo despontou como o mais apropriado para apreender o significado de um século fortemente abalado por violência e extermínio em massa, cujos ícones foram Auschwitz e Kolimá. Diante de seus inimigos derrotados, o liberalismo ocidental celebrou seu triunfo final. Originalmente formulada em termos hegelianos por Francis Fukuyama em 1989,[2] essa interpretação presunçosa subjaz a muitos trabalhos acadêmicos da virada do século, de *The Soviet Tragedy* [A tragédia soviética] de Martin Malia a *Passado de uma ilusão* de François Furet.[3] Uma fusão similar da academia com o compromisso político forma uma nova e impressionantemente crescente onda «totalitária» dedicada ao terrorismo islâmico, nova ameaça que desafia o Ocidente. Substituiu-se o antigo conflito entre o «mundo livre» e o totalitarismo (fascista ou comunista) por um «choque de civilizações» em que o totalitarismo tem uma nova face.

---

2 Para uma reconstituição crítica desse debate, cf. Perry Anderson, «The End of History». In: *A Zone of Engagement*. Londres: Verso, 1992, pp. 279-375.

3 Martin Malia, *The Soviet Tragedy*, op. cit.; François Furet, *The Passing of an Illusion*, op. cit.

Parte II   A História no Presente

Etapas na História de um Conceito

As premissas da ideia de totalitarismo emergiram no decurso da Primeira Guerra Mundial, já tida como uma «guerra total» muito antes da instituição dos regimes de Hitler e Stálin.[4] Como conflito moderno pertencente à era da democracia e da sociedade de massa, absorveu os recursos materiais das sociedades europeias, mobilizou suas forças econômicas e sociais e deu nova forma tanto às suas mentalidades quanto às suas culturas. Nasceu como uma guerra interestatal clássica em que as regras do direito internacional precisavam ser aplicadas, mas logo se converteu em um massacre industrial de proporções desmesuradas. A «guerra total» abriu a era do extermínio tecnológico e da morte anônima em massa; produziu o genocídio armênio, o primeiro do século xx, e prefigurou o Holocausto, que não pode ser compreendido sem esse precedente histórico de matança industrial planejada continentalmente.[5] A Primeira Guerra Mundial foi, portanto, uma experiência fundante: forjou um novo *ethos* do guerreiro em que foram fundidos os velhos ideais de heroísmo e cavalheirismo com a tecnologia moderna; o niilismo se tornou «racional»; o combate passou a ser concebido como a destruição metódica do inimigo; e a perda de quantidades assombrosas de vidas humanas poderia ser prevista e até planejada em um cálculo estratégico. A ideia

---

4   Roger Chickering, Stig Förster (Orgs.), *Great War, Total War* (Cambridge: Cambridge University Press, 2000) é o terceiro de cinco volumes da Cambridge University Press sobre a história da guerra total. Sobre esse conceito controverso, cf. Hans-Ulrich Wehler, «'Absoluter' und 'totaler' Krieg. Von Clausewitz to Ludendorff». *Politische Vierteljahresschrift*, 10, n. 2, 1969, pp. 220-48; e Talbot Imlay, «Total War». *Journal of Strategic Studies* 30, n. 3, 2007, pp. 547-70.

5   Sobre a relação simbiótica entre guerra e genocídio, cf. Robert Gelately, Ben Kiernan (Orgs.), *The Specter of Genocide*. Nova York: Cambridge University Press, 2003.

6. Os Usos do Totalitarismo

do totalitarismo foi resultado, até certo ponto, de um processo de brutalização da política que moldou a imaginação de toda uma geração.[6] A «guerra total» converteu-se rapidamente no «Estado total». Ainda mais, a ideia de totalitarismo pertence a um século em que as guerras, muito além de interesses geopolíticos e pretensões territoriais, opuseram valores e ideologias irreconciliáveis. Foram necessários novos conceitos para captar esse espírito, e «totalitarismo» foi um dos mais bem-sucedidos desses neologismos.

Pouquíssimas noções do nosso vocabulário político e histórico são tão maleáveis, elásticas, polimorfas e, em última instância, ambíguas como «totalitarismo». Pertence a todas as correntes de pensamento político contemporâneo, do fascismo ao antifascismo, do marxismo ao liberalismo, do anarquismo ao conservadorismo. O adjetivo «totalitário» (*totalitario*), forjado no início da década de 1920 por antifascistas italianos com o intuito de retratar aquilo que tinha de novo na ditadura de Mussolini, foi logo apropriado pelos próprios fascistas. Enquanto «sistema totalitário» fascista foi, para Giovanni Amendola, um sinônimo para tirania, o fascismo claramente tentou conceitualizar e sacralizar uma nova forma de poder. Mussolini e Giovanni Gentile afirmaram abertamente, em um conhecido artigo da *Enciclopedia Italiana* escrito em 1932, a natureza «totalitária» de sua ditadura: a anulação de toda distinção entre o Estado e a sociedade civil, e o nascimento de uma nova civilização incorporada por um Estado monolítico.[7]

---

6 Sobre a «brutalização da política» engendrada pela guerra total, cf. Mosse, *Fallen Soldiers*, op. cit., pp. 159-81; Omer Bartov, «The European Imagination in the Age of Total War». In: *Murder in Our Midstn*. Nova York: Oxford University Press, 1990, pp. 33-50.

7 Jens Petersen, «La nascita del concetto di 'stato totalitario' in Italia». *Annali dell'Istituto storico italo-germanico di Trento*, 1, 1975,

Parte II   A História no Presente   198

Diferentemente de muitos nacionalistas e «revolucionários conservadores» da República de Weimar, que, de Ernst Jünger a Carl Schmitt, tinham esperanças de uma «mobilização total» e um «Estado total» na linha do fascismo italiano, o nacional-socialismo evitou esse conceito político.[8] Conforme Hitler e Joseph Goebbels, o regime nazista foi um «Estado racial» (*völkische Staat*) e não um Estado «totalitário».[9] A despeito de uma crescente convergência ideológica, ratificada em 1938 na legislação racial e antissemita italiana, permaneceram algumas diferenças cruciais entre o fascismo e o nacional-socialismo, cujas visões de mundo tinham o Estado e a raça (*Volk*), respectivamente, como eixo.

Durante a década de 1930, quando se tornou um conceito difundido entre exilados antifascistas italianos e alemães, a palavra «totalitarismo» apareceu nos escritos de alguns dissidentes soviéticos (em especial em Victor Serge),[10] e tornou-se instrumental para criticar as características autoritárias que o fascismo, o nacional-socialismo e o stalinismo tinham em comum. Exilados antifascistas católicos e protestantes, pensadores liberais clássicos, marxistas hereges e pensadores semianarquistas retrataram as novas ditaduras europeias como «totalitárias». O Pacto de Não Agressão Germano-Soviético de 1939

pp. 143-68. O artigo para a *Enciclopedia* foi escrito por Giovanni Gentile e Benito Mussolini, mas assinado apenas pelo segundo: «The Political and Social Doctrine of Fascism». *Political Quarterly*, 4, n. 7, 1933, pp. 341-56.

8   Ernst Jünger, «Total Mobilization» (1930). In: Richard Wolin (org.), *The Heidegger Controversy*. Cambridge: MIT Press, 1993, pp. 119-38; Carl Schmitt, *The Concept of the Political*, op. cit., pp. 22-5.

9   Ver a transição da visão «conservadora revolucionária» do «total» à ideia nazista do Estado «racial» em Ernst Forsthoff, *Der totale Staat*. Hamburgo: Hanseatische Verlagsanstalt, 1933.

10 Em uma carta a seus amigos franceses Magdeleine e Maurice Paz, de 1º de fevereiro de 1933, Serge definiu a União Soviética como «um Estado totalitário castocrático e absoluto». Cf. Victor Serge, *Memoirs of a Revolutionary*. Nova York: New York Review of Books, 2012, p. 326.

6. Os Usos do Totalitarismo

legitimou de súbito um conceito cujo status fora até então um tanto precário e incerto. Nesse mesmo ano, ocorreu o primeiro simpósio internacional sobre o totalitarismo na Filadélfia, que reuniu acadêmicos de diversas disciplinas, dentre os quais um número significativo de refugiados.[11] Tornou-se algo ordinário retratar a Rússia comunista como «fascismo vermelho» e a Alemanha nazista como «bolchevismo marrom», pelo menos até o ataque alemão contra a União Soviética em 1941.[12]

Um esboço sinóptico da história do «totalitarismo» pode distinguir oito momentos diferentes: o surgimento do conceito na Itália na década de 1920; sua difusão entre exilados políticos e os próprios fascistas na década de 1930; seu reconhecimento na academia em 1939, após o Pacto Germano-Soviético; a aliança entre o antifascismo e o antitotalitarismo após 1941; a redefinição de antitotalitarismo como sinônimo do anticomunismo durante a Guerra Fria; a crise e o declínio do conceito entre as décadas de 1960 e 1980; seu renascimento nos anos 1990 como paradigma retrospectivo que permitiria a conceitualização do século que estava terminando; e, por último, sua remobilização após o Onze de Setembro, na luta contra o fundamentalismo islâmico. Essa periodização não refinada demonstra tanto a força quanto a flexibilidade incrível de um conceito continuamente mobilizado contra alvos diferentes e algumas vezes intercambiáveis. Ao longo de seus estágios diversos, apreende a emergência de um novo poder que não se encaixa nas categorias tradicionais — absolutismo, ditadura, tirania, despotismo — elaborado pelo pensamento político

---

11 Carlton J. Hayes publicou os trabalhos dessa conferência em um número especial da *Proceedings of the American Philosophical Society*, 82, 1940.

12 Franz Borkenau, *The Totalitarian Enemy*. Londres: Faber & Faber, 1940.

Parte II   A História no Presente

clássico, de Aristóteles a Max Weber, um poder que não corresponde à definição de «despotismo» (um governo arbitrário, sem lei e fundamentado no medo) que Montesquieu retratou em *O espírito das leis* (II, IX-X). Segundo Hannah Arendt, o século XX produziu uma simbiose de ideologia e terror.

O eixo desse debate mudou da Europa para os Estados Unidos durante a Segunda Guerra Mundial, como consequência da migração transatlântica descomunal de culturas, conhecimento e pessoas. Tomando a história intelectual como ponto de partida, tornou-se uma controvérsia ideológica entre os exilados. Antes de ser influenciada por preocupações geopolíticas e se aprisionar dentro das fronteiras da política externa ocidental, expressava a vitalidade de uma erudição com compromisso político, expulsa de seu ambiente original e estabelecida no Novo Mundo, onde deparou com as culturas políticas e instituições americanas. Em especial para os emigrados judeus alemães, âmago dessa *Wissentransfer* (transferência de conhecimento) do litoral oposto do oceano Atlântico, atribuir uma definição ao totalitarismo significou confrontar e assimilar uma cultura de liberdade que se apresentou a eles tão arejada e vigorosa quanto a democracia americana que Tocqueville encontrou no século que o antecedeu. O historiador exilado George L. Mosse apreendeu essa mudança cultural e existencial a partir de uma fórmula impressionante: desde *Bildung* até a *Bill of Rights*.[13] Salvos por um Êxodo moderno, esses acadêmicos refugiados estudaram o totalitarismo dentro do contexto de uma catástrofe histórica, entre o

---

[13] George L. Mosse, «The End is not Yet: A Personal Memoir of the German-Jewish Legacy in America». In: Abraham Peck (Org.), *The German-Jewish Legacy in America 1933-1988*. Detroit: Wayne State University Press, 1989, pp. 13-6.

6. Os Usos do Totalitarismo

naufrágio apocalíptico da Europa e a revelação de um novo mundo. Foi nos anos do pós-guerra que o fim da aliança entre o antifascismo e o antitotalitarismo confrontou-os com novos dilemas políticos e morais.

De fato, é possível aglutinar os sete primeiros estágios desse debate em dois momentos principais: o período de nascimento e propagação do conceito (1925-45) e o momento do seu apogeu e declínio no Ocidente (1950-90), quando perdeu seu status consensual. No primeiro período, teve uma função predominantemente *crítica*, uma vez que foi essencial na crítica a Mussolini, Hitler e Stálin; no período seguinte, sua função foi mais *apologética*: a defesa do «mundo livre» ameaçado pelo comunismo. Isto é, o totalitarismo transformou-se em sinônimo de comunismo, e antitotalitarismo significaria anticomunismo. Na República Federal da Alemanha, onde se tornou a base filosófica da *Grundgesetz* [Constituição], um véu de esquecimento caiu sobre os crimes nazistas, removido como obstáculo ao «processamento do passado» (*Verarbeitung der Vergangenheit*).[14] Em nome da luta contra o totalitarismo, o «mundo livre» apoiou ditaduras militares violentas tanto na Ásia (da Coreia do Sul à Indonésia e ao Vietnã) quanto na América Latina (da Guatemala ao Chile). Durante essas décadas, rompeu-se a aliança firmada na década de 1930 entre o antifascismo e o «mundo livre», e a palavra «totalitarismo» foi banida da cultura de esquerda. Apenas poucos hereges, como Herbert Marcuse nos Estados Unidos e o pequeno círculo de socialistas antistalinistas franceses reunidos em torno da revista *Socialisme ou Barbarie* (Claude Lefort, Cornelius Castoriadis e

---

14 Cf. Wolfgang Wippermann, *Totalitarismustheorien*. Darmstadt: Primus, 1997, p. 45.

Jean-François Lyotard),[15] persistiram na reiteração de seu antitotalitarismo. Assim, «totalitarismo» tornou-se, sobretudo, um vocábulo inglês-americano, menosprezado na Europa Continental, com exceção da Alemanha Ocidental, uma repartição geopolítica da Guerra Fria. Na França e na Itália, países em que os partidos comunistas desempenharam um papel hegemônico na Resistência, peças cruciais do debate, como trabalhos de Hannah Arendt e de Carl Friedrich e Zbigniew Brzezinski, foram ignoradas ou nem sequer traduzidas. A divulgação do conceito partia, sobretudo, de uma rede de revistas acadêmicas ligadas ao Congresso pela Liberdade da Cultura (*Encounter*, *Der Monat*, *Preuves*, *Tempo Presente*, entre outros), prontamente desmembrada em 1968 após a revelação de suas ligações financeiras com a CIA.[16] No final dos anos 1960 e nos anos 1970, de rebelião juvenil e das campanhas contra a Guerra do Vietnã, o uso decaiu até mesmo na Alemanha e nos Estados Unidos, onde pareceu irremediavelmente contaminado pela propaganda anticomunista. Ao pronunciar essa palavra durante uma palestra na Universidade Livre de Berlim, Herbert Marcuse foi repreendido por Rudi Dutschke por «adotar a linguagem do inimigo».[17]

---

15 Sobre a revista antitotalitária *Socialisme ou Barbarie*, criada em 1947 por Claude Lefort e Cornelius Castoriadis, cf. Michael Scott Christofferson, *French Intellectuals Against the Left*. Londres: Berghahn, 2004, em especial o primeiro capítulo, pp. 27-88; e Herbert Marcuse, *Technology, War and Fascism*, op. cit.

16 Sobre a história dessa instituição, cf. Peter Coleman, *The Liberal Conspiracy*. Nova York: Free Press, 1989; e Gilles Scott-Smith, *The Politics of Apolitical Culture*. Nova York: Routledge, 2002.

17 Cf. William David Jones, *German Socialist Intellectuals and Totalitarianism*. Urbana: University of Illinois Press, 1999, pp. 192-7.

6. Os Usos do Totalitarismo

Alternando da Teoria Política à Historiografia

A interpretação totalitária do fascismo e do comunismo, hegemônica no pós-guerra entre acadêmicos americanos e alemães, passou a ser questionada de forma crescente a partir dos anos 1970, e foi finalmente abandonada por uma nova geração de historiadores sociais e políticos que se autorretrataram como «revisionistas».[18] Pareceu, para muitos deles, ser uma estreiteza epistemológica, uma ambiguidade política e, por fim, uma inutilidade. Diferente da teoria política, preocupada em definir a natureza e tipologia do poder, a pesquisa histórica trata das origens, do desenvolvimento, da dinâmica global e do resultado final dos regimes políticos, descobrindo as principais diferenças entre o nazismo e o stalinismo que indubitavelmente puseram em questão qualquer tentativa de juntá-los numa mesma categoria.

Historiadores ignoraram extensivamente uma obra como *Origens do Totalitarismo* (1951), de Hannah Arendt, que contribuiu enormemente para a disseminação do termo em debates públicos e acadêmicos. Muitas de suas páginas esclarecedoras foram dedicadas à análise do surgimento de povos sem Estado, inicialmente do final da Primeira Guerra Mundial com a queda dos velhos impérios multinacionais, e depois com a promulgação de leis antissemitas em muitos países europeus, transformando os judeus em párias. Em sua visão, a existência de uma massa de seres humanos privados de cidadania foi premissa fundamental do Holocausto. Segundo a autora, antes mesmo de pôr em funcionamento as câmaras de

---

18 Sheila Fitzpatrick, «Revisionism in Soviet History». *History and Theory*, 46, n. 4, 2007, pp. 77-91.

gás, os nazistas já haviam entendido que nenhum país reivindicaria os refugiados judeus: «O importante é que se criou uma condição de completa privação de direitos antes que o direito à vida fosse ameaçado».[19] De forma semelhante, Arendt sugeriu que haveria uma continuidade histórica entre o colonialismo e o nacional-socialismo, demonstrando sua filiação ideológica e material. O domínio imperial na África foi o laboratório para a fusão entre administração e massacre que a violência totalitária alcançou algumas décadas depois. Desconcertados pela heterogeneidade de um livro subdividido em três partes — antissemitismo, imperialismo e totalitarismo — sem uma conexão coerente entre si, os historiadores preferiram ignorá-lo. Foi resgatado apenas quatro décadas depois, por acadêmicos dos estudos pós-coloniais.[20]

Mas a indiferença ou evitação dos historiadores resultou principalmente do caráter persuasivo de um modelo totalitário que lhes parecia tão geral a ponto de ser inútil. Em *Totalitarismo e autocracia* (1956), um livro canônico para duas gerações de cientistas políticos, Carl Friedrich e Zbigniew Brzezinski registraram várias afinidades incontestáveis entre o nacional-socialismo e o comunismo, definindo o totalitarismo como uma «correlação sistêmica» das seguintes características: a) a supressão tanto da democracia quanto do Estado de direito, i.e., das liberdades

---

19 Hannah Arendt, *The Origins of Totalitarianism*. Nova York: Houghton Mifflin, 1973, p. 296.

20 Cf., por exemplo, Dirk Moses, «Hannah Arendt, Colonialism, and the Holocaust». In: Volker Langbehn, Mohammad Salama (Orgs.), *German Colonialism*. Nova York: Columbia University Press, 2011, pp. 72-90; Pascal Grosse, «From Colonialism to Nacional Socialism to Postcolonialism: Hannah Arendt's *Origins of Totalitarianism*». *Postcolonial Studies*, 9, n. 1, 2006, pp. 35-52; Michael Rothberg, «At the Limits of Eurocentrism: Hannah Arendt's *The Origins of Totalitarianism*». In: *Multidirectional Memory*, op. cit., pp. 33-65.

6. Os Usos do Totalitarismo

constitucionais, do pluralismo e da divisão dos poderes; b) a instalação de um sistema unipartidário, liderado por uma figura carismática; c) o estabelecimento de uma ideologia oficial por meio do monopólio estatal dos meios de comunicação, abrangendo a criação de ministérios de Propaganda; d) a transformação da violência em forma de governo por meio de um sistema de campos de concentração para inimigos políticos e grupos excluídos da comunidade nacional; e e) a substituição do mercado livre pela economia planificada.[21]

Essas características são todas facilmente detectadas em diferentes graus tanto no comunismo soviético como no nacional-socialismo alemão; no entanto, o retrato que emerge de seu relato é estático, formal e superficial: o totalitarismo é um modelo abstrato. O controle total que exerce sobre a sociedade e os indivíduos lembra mais as fantasias literárias, de Aldous Huxley a George Orwell, que os regimes fascista e comunista reais. Desde os anos de guerra, alguns acadêmicos exilados abandonaram a visão de que o Terceiro Reich seria uma espécie de Leviatã monolítico (que era basicamente uma autorrepresentação nazista) e Franz Neumann o retratou, de forma provocativa, como um Beemote: «um não Estado, um caos, um governo sem Estado de direito, com desordem e anarquia».[22] Na década de 1970, alguns historiadores da escola funcionalista alemã analisaram o nazismo como um sistema «policrático» baseado em diferentes centros de poder — o partido

---

21 Cf. Carl J. Friedrich, Zbigniew Brzezinski, *Totalitarian Dictatorship and Autocracy*. Cambridge: Harvard University Press, 1956, em especial cap. 2 («The General Characteristics of Totalitarianism»), pp. 15-26.

22 Franz Neumann, *Behemoth*, op. cit., p. xii. De forma quase instantânea, outro acadêmico exilado apontou o caráter anômico da Alemanha nazista relacionado a um contexto de guerra civil internacional: Sigmund Neumann, *Permanent Revolution*. Nova York: Harper, 1942.

nazista, o exército, as elites econômicas e a burocracia estatal — unidos por um líder carismático que Hans Mommsen não hesitou em chamar de «ditador fraco».[23]

Encontram-se diferenças expressivas entre a Alemanha nazista e a União Soviética a partir de uma comparação diacrônica. Primeiramente, sua duração: enquanto uma durou apenas doze anos, de 1933 a 1945, a outra sobreviveu por mais de setenta anos. A primeira passou por uma radicalização cumulativa até ruir, num clima apocalíptico, ao findar uma guerra mundial que ela mesma havia buscado e provocado. A segunda emergiu de uma revolução e sobreviveu à morte de Stálin, seguida por um longo período pós-totalitário; derrotado, este, por uma crise interna e não por um fracasso militar. Em segundo lugar, suas ideologias não poderiam ser mais opostas. O Terceiro Reich de Hitler avançou uma visão de mundo racista, fundamentada em uma síntese híbrida do contrailuminismo (*Gegenaufklärung*) com o culto à tecnologia moderna, uma síntese de mitologias teutônicas com nacionalismo biológico.[24] Já o socialismo real expressou uma versão escolástica, dogmática e clerical do marxismo, defendendo ser um herdeiro autêntico do Iluminismo e uma filosofia universalista e emancipatória. E, por último, Hitler chegou ao poder por via legal, ao ser nomeado chanceler em 1933 por Hindenburg — escolha qualificada por alguns observadores como um «erro de cálculo»[25] —, com o apoio de toda a elite tradicional, tanto

---

23　Elaborado por Neumann em *Behemoth*, o modelo «policrático» inspirou os trabalhos sobre o nacional-socialismo dos historiadores do Munich Institut für Zeitgeschichte, em especial Martin Broszat, *The Hitler State*. Nova York: Routledge, 2013. Para essa corrente historiográfica e a definição de Hans Mommsen de Hitler como um ditador «fraco», cf. Kershaw, *The Nazi Dictatorship*, op. cit., em especial cap. 4, pp. 81-108.

24　Herf, *Reactionary Modernism*, op. cit., cap. 8, pp. 189-216.

25　Kershaw, *Hitler, 1889-1936*, op. cit., pp. 424-5.

econômica (grande indústria, finanças, aristocracia fundiária) quanto militar, além de uma grande camada da *intelligentsia* nacionalista. O poder soviético, ao contrário, emergiu de uma revolução que derrubou o regime czarista por completo, expropriou os antigos governantes e transformou as bases sociais e econômicas no país de forma radical, nacionalizando a economia e criando uma nova camada administrativa.[26]

Enquanto os trabalhos acadêmicos em torno do totalitarismo voltaram seus olhares para homologias políticas e afinidades psicológicas de tiranos, os historiadores «revisionistas» enfatizaram as vastas diferenças entre o carisma de Mussolini ou Hitler e o culto de personalidade na União Soviética de Stálin. A «aura» que rondava os líderes fascistas, em suas palavras e corpos, se encaixava bem na definição weberiana de poder carismático: sobressaíam como «homens providenciais» que precisavam de contato físico direto com seus seguidores; imbuídos de uma força magnética, seus discursos criaram uma comunidade de fiéis ao redor deles. Uma forma de implementação dessa tendência, a propaganda persistiu como uma das bases desses regimes. Deveriam prefigurar o «Novo Homem» fascista em suas ideias, valores e decisões, como também em seus corpos, vozes e comportamentos.[27] O carisma de Stálin era diferente. Não havendo se fundido com o povo soviético, Stálin era visto como uma sombra distante no palco

---

26 Sheila Fitzpatrick, *The Russian Revolution*. Nova York: Oxford University Press, 1994.

27 Na introdução a sua monumental biografia de Hitler, Kershaw reconhece sua dívida com a concepção weberiana de liderança carismática, «uma noção que busca explicações para essa extraordinária forma de dominação política principalmente nas pessoas que percebem o 'carisma', que está antes na sociedade do que, em primeira instância, na personalidade do objeto de sua adulação» (Kershaw, *Hitler, 1889-1936*, op. cit., p. xii). Sobre o carisma de Mussolini, ver os primeiros três capítulos de Sergio Luzzatto, *The Body of Il Duce*. Nova York: Metropolitan, 2005.

da Praça Vermelha dos desfiles soviéticos. Sua aura não passava de uma construção artificial. Não criou o bolchevismo nem comandou a Revolução de Outubro, mas emergiu das lutas internas do partido após a Guerra Civil Russa. Para alguns historiadores, seu poder pessoal vinha de «longe»; isto é, caracterizava-se por ser muito mais distante e menos emotivo ou corporal que seus homólogos fascistas.[28]

Comparando a Violência Totalitária

A violência foi, sem sombra de dúvida, outro ponto crucial do modelo totalitário. A violência stalinista era, sobretudo, *interna*, isto é, voltada para a sociedade soviética, com o fim de submetê-la, normalizá-la e discipliná-la, assim como transformá-la por meios coercitivos. A maior parte de suas vítimas era de cidadãos soviéticos, em sua maioria russos, mesmo no que diz respeito aos expurgos políticos (ativistas, servidores públicos, funcionários do partido e militares) e às vítimas da repressão social e coletivização forçada (*kulaks* deportados, criminosos e pessoas «associais»). Os chechenos, os tártaros da Crimeia, os alemães do Volga e outras comunidades nacionais estavam entre as pequenas minorias que fizeram parte da ampla massa de vítimas do stalinismo, punidos por alegações de colaboração com os inimigos durante a Segunda Guerra Mundial. Já a violência nazista foi, em

---

28 De acordo com Moshe Lewin, o culto a Stálin era o exato oposto do carisma weberiano, na medida em que o ditador russo, no apogeu de seu poder, «estava fora da vista de seus seguidores e deixava as pessoas a sua volta sob ameaça de morte» (Moshe Lewin, «Stalin in the Mirror of the Other». In: Ian Kershaw, Moshe Lewin (Orgs.), *Stalinism and Nazism*. Nova York: Cambridge University Press, 1997, pp. 108-9.

grande parte, *externa*; ou seja, foi direcionada para fora do Terceiro Reich. Após a «sincronização» (*Gleichschaltung*) da sociedade, um período de intensa repressão majoritariamente contra a esquerda e os sindicatos, essa violência desenfreada se manifestou durante a guerra. Relativamente leve dentro de uma comunidade nacional «racialmente» circunscrita e controlada por uma polícia pervasiva, essa violência foi ilimitada em relação às categorias excluídas do *Volk* (judeus, ciganos, deficientes, homossexuais), e enfim se estendeu às populações eslavas dos territórios conquistados, aos prisioneiros de guerra, e aos antifascistas deportados, para os quais o tratamento variava de acordo com uma clara hierarquia social (os prisioneiros britânicos encontravam condições ímpares quando comparadas às dos seus homólogos soviéticos).

Mesmo antes de estudos de cunho histórico destacarem essas clivagens, que elucidaram com um extenso montante de evidências empíricas, elas apareceram nos escritos de vários pensadores políticos já na década de 1950. Raymond Aron, um dos poucos analistas franceses que não rejeitaram a noção de totalitarismo, salientou as diferenças entre o nazismo e o stalinismo, dando ênfase aos resultados obtidos: campos de trabalho forçado na União Soviética e câmaras de gás no Terceiro Reich.[29] O projeto social de modernização, idealizado por Stálin na forma de planos quinquenais de industrialização e da coletivização da agricultura, não foi em si irracional. Os meios empregados para atingir essas metas foram, no entanto, autoritários e desumanos, e também não apresentaram, em última análise, eficiência econômica alguma. Resultados

---

29 Cf. Raymond Aron, *Démocratie et totalitarisme*. Paris: Gallimard, 1965, p. 298.

catastróficos (colapso da produção agrícola, a fome e uma população em declínio) surgiram do trabalho forçado nos *gulags*, da «exploração militar e feudal do campesinato», e da extinção de uma parcela apreciável da elite militar durante os expurgos de 1936-38, colocando em causa o próprio projeto modernizador.[30] Diferenciando-se, o nazismo apresenta precisamente a contradição entre a racionalidade de seus meios e a irracionalidade (humana, social e até econômica) de seus objetivos: o reordenamento da Alemanha e da Europa Continental por hierarquias raciais.[31] Em outras palavras, o nazismo combinou a «razão instrumental» com a mais radical forma do irracionalismo herdada do contrailuminismo. Os campos de extermínio refletiram bem esse modernismo reacionário, em que foram empregados métodos de produção industrial e gestão científica na matança. A irracionalidade em torno do extermínio de judeus ao longo da guerra atingiu ainda os níveis militar e econômico, uma vez que dizimou uma força de trabalho potencial e drenou recursos do esforço de guerra. Segundo Arno J. Mayer, a história do Holocausto foi moldada por uma tensão permanente entre preocupações econômicas «racionais» e imperativos ideológicos que acabavam por prevalecer.[32] Os mais recentes trabalhos

---

30 Cf. as conclusões de Nicolas Werth, «A State Against its People: Violence, Repression, and Terror in the Soviet Union». In: Courtois, *The Black Book of Communism*, op. cit., pp. 261-8; a expressão entre aspas pertence a Nikolai Bukharin. Sobre a coletivização da agricultura soviética, cf. Andrea Graziosi, *The Great Soviet Peasant War*. Cambridge: Cambridge University Press, 1996.

31 Para uma análise integral do projeto nazista para remodelar a sociedade alemã em termos raciais, cf. Michael Burleigh, Wolfgang Wippermann, *The Racial State*. Nova York: Cambridge University Press, 1998.

32 Cf. Arno J. Mayer, *Why did the Heavens not Darken? The «Final Solution» in History*. Nova York: Pantheon, 1988, p. 331. Os campos de morte funcionaram exclusivamente como locais de extermínio, mas foram submetidos, de forma contraditória, à autoridade da SS-WVHA, o Escritório Econômico e Administrativo Central. Segundo Hilberg, esse «dilema» era «um assunto de competência exclusiva intra-SS» (Raul Hilberg, *The Destruction of the European Jews*. Chicago: Quadrangle, 1967, p. 557).

6. Os Usos do Totalitarismo 211

acadêmicos demonstram que o comando nazista firmava políticas de extermínio sob motivações econômicas racionais — o que elucida alguns aspectos do Holocausto —, porém esse objetivo foi questionado e finalmente descartado no decorrer da guerra.[33] Já na União Soviética, os presos dos *gulags*, também conhecidos por *zeks*, eram explorados para a colonização dos territórios siberianos, por meio do desmatamento de regiões, da construção de ferrovias, usinas elétricas e indústrias e da fundação de novas cidades. Empregavam-se os métodos brutais da escravidão com o fim de «construir o socialismo», isto é, para estabelecer a fundação da modernidade.[34] Para Stephen Kotkin, o stalinismo não se distinguiu pela «formação de um Estado colossal por meio da destruição da sociedade», mas sim pela «fundação, junto com tal Estado, de uma nova sociedade».[35] Na Alemanha nazista, os feitos mais avançados da ciência, tecnologia e indústria foram mobilizados em prol da destruição de vidas humanas.

Sonia Combe esboçou uma comparação ilustrativa de duas figuras que encarnaram a violência stalinista e nazista: Sergei Evstignev, o dirigente do gulag siberiano Ozerlag, que se encontrava nas proximidades do lago Baikal; e Rudolf Höss, o mais

---

33 Cf. Götz Aly, *Hitler's Beneficiaries*. Nova York: Metropolitan, 2007; e Adam Tooze, *Wages of Destruction*. Nova York: Penguin, 2006. Uma crítica interessante à tese da racionalidade econômica do Holocausto, pontuada nos trabalhos prévios de Aly, aparece em Dan Diner, «On Rationality and Rationalization: An Economistic Explanation of the Final Solution». In: *Beyond the Conceivable*. Berkeley: University of California Press, 2000, pp. 138-59.

34 Nas palavras de Anne Applebaum, «era estranho, porém verdade: em Kolimá, como em Komi, o gulag estava trazendo, gradativamente, a 'civilização' — se é assim que poderíamos chamar — à selva remota. Construíam-se estradas onde havia apenas florestas; casas surgiam no pântano. Afastavam-se os povos nativos para abrir espaço para cidades, fábricas e rodovias»; cf. Applebaum, *Gulag*, op. cit., pp. 89-90. Para Arno J. Mayer, o gulag cumpriu «uma dupla função: como instrumento para aplicar o terror; e como recurso econômico de trabalho não livre»; cf. Meyer, *The Furies*, op. cit., p. 640.

35 Stephen Kotkin, *Magnetic Mountain*. Berkeley: University of California Press, 1995, p. 2.

Parte II   A História no Presente

afamado comandante de Auschwitz.[36] Em entrevista no início da década de 1990, Evstignev demonstrou certo orgulho de suas realizações. Ele era responsável por «reeducar» os presos e, acima de tudo, por construir uma ferrovia, «a trilha», para cujo fim tinha à sua disposição a força de trabalho dos deportados, podendo poupá-la ou «consumi-la» de acordo com suas necessidades. A sobrevivência ou morte dos *zeks* dependia de suas escolhas, fixadas, em última instância, pelas autoridades centrais soviéticas: milhares de prisioneiros foram mortos trabalhando como escravos na construção da «trilha» sob condições funestas. Em Ozerlag, a morte era consequência do clima e do trabalho forçado. Evstignev calculava a eficiência de Ozerlag pela quantidade de milhas construídas em um mês.

Rudolf Höss dirigiu uma rede de campos de concentração cujo núcleo era Auschwitz-Birkenau, um centro de extermínio industrial. O cálculo da «produtividade» desse estabelecimento tinha como critério básico o número de mortos, que, por sua vez, dependia da eficiência do transporte e da tecnologia. Em Auschwitz, a morte não era um subproduto do trabalho forçado, mas sim o seu primeiro propósito. Em entrevista a Claude Lanzmann em *Shoah* (1985), o oficial da ss Franz Suchomel retratou o campo de concentração como «uma fábrica» e Treblinka como «uma primitiva porém eficiente linha de produção da morte».[37] A partir dessa declaração, Zygmunt Bauman analisou o Holocausto como um bom retrato de «um manual de gestão científica».[38]

---

36 Sonia Combe, «Evstignev, roi d'Ozerlag». In: Alain Brossat (Org.), *Ozerlag 1937-1964*. Paris: Autrement, 1991, pp. 214-27.

37 Claude Lanzmann, *Shoah*. Nova York: Pantheon, 1985, p. 52. Cf. também o memorial escrito por Rudolf Höss em 1946, antes de ser executado: *Commandant of Auschwitz*. Nova York: Orion, 2000.

38 Zygmunt Bauman, *Modernity and the Holocaust*. Cambridge: Polity Press, 1989, p. 150.

6. Os Usos do Totalitarismo

Não há, claramente, discordância sobre o ponto de que tanto o nazismo quanto o stalinismo empregaram políticas assassinas, mas sua lógica interna diferiu fortemente, e essa incongruência põe em questão um conceito como totalitarismo, que foca exclusivamente suas semelhanças. O ceticismo de muitos historiadores pode ser explicado a partir desse problema, desde aqueles do Institut für Zeitgeschichte [Instituto de História Contemporânea] em Munique, que buscaram analisar a sociedade alemã por trás da fachada monolítica do regime nazista, até os mais recentes biógrafos de Hitler e praticamente todos os historiadores do Holocausto.[39] No campo dos estudos soviéticos, os últimos trabalhos significativos da escola «totalitária» apareceram na década de 1990, quando foi marginalizada por seus críticos «revisionistas». O último trabalho relevante que se dedicou a comparar o nazismo e o stalinismo, reunindo contribuições de acadêmicos ocidentais e russos, tem o significativo título de *Beyond Totalitarianism* [Para além do totalitarismo].[40]

---

39 Cf., em especial, Detlev Peukert, *Inside Nazi Germany*. Londres: Penguin, 1993.

40 Michael Geyer, Sheila Fitzpatrick (Orgs.), *Beyond Totalitarianism*. Nova York: Cambridge University Press, 2009.

Parte II   A História no Presente

Padrões Históricos

Uma potencial virtude do conceito de totalitarismo encontra-se no fato de que facilita comparações históricas, porém suas restrições políticas reduzem tais comparações a um paralelismo binário e sincrônico entre a Alemanha nazista e a União Soviética dos anos 1930 e 1940. De outro modo, uma comparação diacrônica e multidirecional permitiria novas e interessantes perspectivas, ainda mais que não faltaram predecessores ou competidores ao stalinismo e ao nazismo.

Segundo Isaac Deutscher, Stálin foi uma síntese híbrida do bolchevismo e do czarismo, assim como Napoleão incorporara tanto a onda revolucionária de 1789 como o absolutismo de Luís XIV.[41] Na mesma linha, Arno J. Mayer retrata Stálin como um «modernizador radical» e seu governo como «um amálgama instável e desnivelado de realizações monumentais e crimes monstruosos».[42] Em relação às deportações dos *kulaks* durante a coletivização da agricultura dos anos 1930, Peter Holquist as apresenta como uma reprise do reassentamento dos mais de 700 mil camponeses na década de 1860, época das reformas de Alexandre II, inscrito dentro de um projeto mais amplo de russificação do Cáucaso.[43]

A «dizimação dos *kulaks*» resultou de uma «revolução de cima», concebida e realizada com métodos autoritários e burocráticos, muito mais improvisada do que rigorosamente planejada (com consequências fora do controle). Mais que Auschwitz ou a Operação

---

41 Isaac Deutscher, «Two Revolutions». In: *Marxism, Wars, and Revolution. Essays from Four Decades.* Londres: Verso, 1984, p. 35.

42 Mayer, *The Furies*, op. cit., p. 607.

43 Peter Holquist, «La question de la violence». In: Michel Dreyfus (Org.), *Le siècle des communismes*. Paris: Les Éditions de l'Atelier, 2000, pp. 126-7.

6. Os Usos do Totalitarismo

Barbarossa, a coletivização soviética assemelha-se à grande fome irlandesa que devastou a população em meados do século XIX[44] ou à fome de 1943 em Bengala, na Índia. Vários acadêmicos já demonstraram, de modo bastante persuasivo, que operações militares bengalis não objetivavam a morte de civis, que, porém, era considerada «danos colaterais» necessários e marginais, como na Ucrânia em 1930-33. E até mesmo o desprezo de Stálin pelo campesinato russo não se comparava com o racismo de Churchill contra os súditos indianos do Império Britânico.[45] A abordagem «totalitária» convencional não comporta a possibilidade de comparações com a violência dos Aliados, uma vez que esta partiu de atores «antitotalitários».

O nazismo teve, também, seus antecessores históricos. Reduzi-lo a uma reação ou uma violência defensiva contra o bolchevismo significa ignorar suas premissas históricas, tanto culturais quanto materiais, no racismo e imperialismo europeus do século XIX. O antissemitismo alemão é muito anterior à Revolução Russa, e o conceito de «espaço vital» (*Lebensraum*) surgiu na virada do século XX como a versão alemã de uma ideia imperialista, já muito difundida no Velho Continente. Refletia uma visão ocidental sobre o mundo não europeu como espaço aberto a ser conquistado e colonizado.[46] A cultura europeia como um todo — em particular as culturas britânica e francesa — compartilhava a noção de «extinção» das «raças inferiores». Fruto da derrota de 1918, do colapso do Império Prussiano e do «castigo» infligido à Alemanha pelo Tratado de

---

44 Mayer, *The Furies*, op. cit., p. 639.
45 Cf. Madhusree Mukerjee, *Churchill's Secret War*. Nova York: Basic Books, 2011.
46 Cf. Traverso, *The Origins of Nazi Violence*, op. cit., pp. 47-75. Para uma perspectiva sinóptica do imperialismo nazista, cf. Mark Mazower, *Hitler's Empire*. Londres: Allen Lane, 2008.

Parte II   A História no Presente

Versalhes, o nazismo deslocou da África para o Leste Europeu as antigas ambições coloniais do pangermanismo. A Índia britânica permaneceu, no entanto, um modelo para Hitler, que concebeu e planejou a guerra contra a União Soviética como uma guerra colonial de conquista e pilhagem. Foi o extermínio do povo herero no sudoeste africano (na Namíbia de hoje) em 1904, pelas tropas do general Von Trotha, e não o bolchevismo, que anunciou a «Solução Final» em termos tanto linguístico (*Vernichtung, Untermenschentum* [aniquilação, sub-humanização]) quanto processual (fome, campos, deportação, aniquilação sistemática). Parafraseando Ernst Nolte, a «precondição lógica e factual» do Holocausto deveria ser averiguada a partir da história colonial alemã.[47] A experiência genocida mais próxima que ocorreu fora da Alemanha antes do Holocausto foi a colonização fascista da Etiópia em 1935, conduzida como uma guerra contra «raças inferiores», com armas químicas e destruição em massa, incluindo uma enorme campanha de «contrainsurgência» contra a guerrilha abissínia que serviu de precursora do *Partisanenkampf* nazista na União Soviética.[48] Isso sugere uma observação adicional: o foco quase exclusivo da literatura sobre o totalitarismo na interação entre o nacional-socialismo e o bolchevismo implica ignorar sua relação com o fascismo italiano. Karl Dietrich Bracher, um dos mais radicais defensores da ideia de totalitarismo, recusou-se, simplesmente, a classificar o nazismo dentro da família do fascismo europeu.[49] Distinguindo

---

47 Cf. Isabel V. Hull, *Absolute Destruction*. Ithaca, NY: Cornell University Press, 2005; Gesine Krüger, *Kriegsbewältigung und Geschichtsbewusstsein*. Göttingen: Vandenhoeck und Ruprecht, 1999.

48 Cf. Angelo Del Boca, *The Ethiopian War 1935-1941*. Chicago: University of Chicago Press, 1968.

49 Karl Dietrich Bracher, *The German Dictatorship*. Nova York: Praeger, 1970.

6. Os Usos do Totalitarismo

entre um totalitarismo «de direita» (alemão) e um «de esquerda» (italiano), enraizados respectivamente na ideologia *völkisch* e na tradição do socialismo soreliano, Renzo De Felice também negou qualquer parentesco entre Hitler e Mussolini: de forma apologética, o autor concluiu que o fascismo permanecera fora da «sombra» do Holocausto.[50] Outros historiadores apontaram o caráter totalitário do fascismo — para Emilio Gentile, seria até mesmo a forma mais aperfeiçoada de totalitarismo, dada a sua ênfase na dimensão estatal — mas ainda evitam toda comparação com a violência nazista.[51]

Comparando Ideologias

O pilar do modelo intelectual do totalitarismo permanece ideológico. Reduzido a um sistema de poder cuja base é a ideologia, o que Waldemar Gurian chamara de «ideocracia»[52], a definição oferecida pelo modelo é estritamente *negativa*: totalitarismo como antiliberalismo. Apenas assim é possível juntar o fascismo e o comunismo em uma mesma categoria. Porém, ao adotar o modelo «ideocrático», essa intelectualidade se transforma em genealogia, em um esboço das variadas origens da malevolência política do século XX. Para aqueles acadêmicos mais conservadores, como Eric Voegelin, o totalitarismo era o epílogo da secularização, processo que teria começado a partir da

---

50 Cf. entrevista com Renzo De Felice por Giuliano Ferrara em Jacobelli, *Il fascismo e gli storici oggi*, p. 6.

51 Emilio Gentile define fascismo como «a mais completa racionalização do Estado totalitário» (Gentile, *Il fascismo*, op. cit., p. 272. Cf. também Id., *La via italiana al totalitarismo*. Roma: Carocci, 2008; e Id. (Org.), *Modernità totalitaria*. Roma: Laterza, 2006.

52 Waldemar Gurian, «Totalitarianism as Political Religion». In: Carl J. Friedrich (Org.), *Totalitarianism*. Cambridge: Harvard University Press, 1953, p. 123.

Parte II   A História no Presente

Reforma Protestante e resultado, por fim, num mundo despojado de toda religiosidade: «o fim de uma jornada da busca gnóstica por uma teologia civil».[53] A nítida controvérsia divide aqueles que enxergam a fonte do mal nas potencialidades autoritárias do Iluminismo e aqueles que tomam o fascismo como ponto final da trajetória do contrailuminismo. Assim, Isaiah Berlin identificou Rousseau como «um dos mais sinistros e formidáveis inimigos da liberdade no pensamento moderno»;[54] e para Zeev Sternhell o fascismo seria uma investida radical em prol da destruição da tradição «franco-kantiana» do racionalismo, do universalismo e do humanismo.[55] Já outros acadêmicos sublinham a convergência de tendências antidemocráticas do Iluminismo radical e do nacionalismo étnico, apontando o entrelaçar de várias genealogias. Para Jacob Talmon, o antiliberalismo de esquerda (democracia radical encarnada em Rousseau, Robespierre e Babeuf) fundiu-se com o irracionalismo de direita (mitologias raciais, de Fichte a Hitler) no totalitarismo, um monstro de duas cabeças, uma comunista e a outra fascista, que era tanto holístico quanto messiânico e, portanto, contrário ao liberalismo empírico e pluralista.[56] Friedrich von Hayek identificou, em *O caminho da servidão*, a essência do totalitarismo na economia planificada e encontrou suas bases na crítica socialista à propriedade privada, cerne da liberdade moderna, que teria contaminado o

---

53 Eric Voegelin, *The New Science of Politics*. Chicago: University of Chicago Press, 1987, p. 163.

54 Isaiah Berlin, *Freedom and its Betrayal*. Princeton: Princeton University Press, 2002, p. 49. Na mesma época, Berlin (1991, p. 130) também identificou as origens do totalitarismo na apologia à violência de Joseph de Maistre: Id., «Joseph de Maistre and the Origins of Fascism». In: *The Crooked Timber of Humanity*. Nova York: Knopf, 1991, p. 130.

55 Zeev Sternhell, *The Anti-Enlightenment Tradition*. New Haven: Yale University Press, 2009.

56 Jacob Talmon, *The Origins of Totalitarian Democracy*. Nova York: Norton, 1970.

nacionalismo radical depois da Primeira Guerra Mundial, antes de, por fim, produzir o nacional-socialismo.[57]

O questionamento acerca da suficiência da ideologia para interpretar de maneira satisfatória as violências nazista e stalinista permanece e vai muito além das discrepâncias filosóficas e genealógicas. Para aqueles que sustentam o modelo totalitário, essa conclusão é evidente por si mesma.[58] Richard Pipes enfatiza a clara continuidade entre o jacobinismo e o bolchevismo, que teria produzido formas semelhantes de violência em massa. Segundo o autor, «o terror estava enraizado nas ideias jacobinas de Lênin» e cujo objetivo último era o extermínio físico da burguesia, um objetivo logicamente inscrito em sua «doutrina de luta de classes» e que era «compatível com sua atitude emocional em relação à realidade que o circundava».[59] Em sua visão, o Comitê de Salvação Pública de 1793 teve sua procedência nas *sociétés de pensée* do Iluminismo francês, do mesmo modo que a Tcheka surgiu dos círculos populistas da era czarista, dos quais os bolcheviques herdaram suas visões terroristas. Martin Malia retrata o comunismo como a realização de uma forma perniciosa de utopismo: «No mundo criado pela Revolução de Outubro, nunca defrontamos uma *sociedade*, mas sim um *regime*, um regime 'ideocrático'».[60]

---

57 Friedrich von Hayek, *The Road to Serfdom*. Londres: Routledge, 2007.

58 Até a abertura dos arquivos soviéticos, que induziu a academia a revisar, de modo significativo, a quantidade de vítimas do Grande Expurgo de Stálin, o mais difundido dos trabalhos inspirados por esse modelo totalitário de uma matança em massa planejada ideologicamente fora Conquest, *The Great Terror*, op. cit. Para um balanço desse debate, ver Nicolas Werth, «Repenser la 'Grande Terreur'». In: *La terreur et le désarroi. Staline et son système*. Paris: Perrin, 2007, pp. 264-99.

59 Pipes, *The Russian Revolution*, op. cit., pp. 790, 794, 345.

60 Malia, *The Soviet Tragedy*, op. cit., p. 8. Tão original quanto discutível é a interpretação «ideocrática» do totalitarismo sugerida por A. James Gregor, para quem tanto o fascismo de Mussolini quanto o bolchevismo de Lênin seriam, em última análise, simples variantes do marxismo: A. James Gregor,

Parte II   A História no Presente

Essas interpretações compartilham o traço de reduzir as Revoluções Francesa e Russa a irrupções de fanatismo. Pipes compara a revolução a um vírus.[61] Já François Furet levanta a hipótese de que o gulag se encaixa na linhagem do Terror revolucionário francês, baseado na identidade de seus procedimentos. «Por meio da vontade geral», argumentou, «o povo-como-rei alcançou uma identidade mítica com o poder», uma crença que foi «a matriz do totalitarismo».[62] Do *Historikerstreit* — a controvérsia alemã entre Jürgen Habermas e Ernst Nolte em 1986[63] — ao *Livro negro do comunismo* (1997) — o best-seller francês organizado por Stéphane Courtois[64] — a tese de uma identidade substancial entre o nazismo e o bolchevismo, o primeiro resultando em um «genocídio racial» e o segundo em um «genocídio de classe», como epifenômeno de essências ideológicas equivalentes, continua muito popular mas aparece bastante antiquada entre os acadêmicos, que a abandonaram em favor de abordagens mais nuançadas e multicausais.

O Holocausto é uma prova eloquente dessa mudança de paradigma historiográfico. Durante muitas décadas, acadêmicos se dividiram em duas principais correntes que Saul Friedländer distinguiu como *intencionalismo* e *funcionalismo*: o primeiro trouxe o foco para os impulsos ideológicos, o segundo mirou o traço inesperado do extermínio dos judeus, resultante de um

---

Marxism, Fascism, and Totalitarianism. Stanford: Stanford University Press, 2009.

61 Pipes, *The Russian Revolution*, op. cit., pp. 132-3.

62 François Furet, *Interpreting the French Revolution*, op. cit., p. 180.

63 Sobre o *Historikerstreit*, cf. Peter Baldwin (Org.), *Reworking the Past.* Boston: Beacon Press, 1990; e Evans, *In Hitler's Shadow*, op. cit.

64 Sobre o *Livro negro do comunismo*, cf. Enzo Traverso, «The New Anti-Communism: Rereading the Twentieth Century». In: Mike Haynes, Jim Wolfreys (Orgs.), *History and Revolution.* Londres: Verso, 2007, pp. 138-55.

6. Os Usos do Totalitarismo

conjunto de escolhas pragmáticas feitas dentro de circunstâncias imediatas.[65] Na visão dos historiadores *intencionalistas*, a Segunda Guerra Mundial ergueu uma constelação histórica que permitiu a realização de um projeto tão antigo quanto o antissemitismo; para os *funcionalistas*, o ódio aos judeus forneceu uma premissa necessária, porém insuficiente, para um evento que se desencadeou no decorrer da guerra.[66] Muitos trabalhos recentes buscaram superar essa disputa defasada ao adotar uma abordagem mais ampla para a violência nazista, extraindo o evento do âmbito estreito dos estudos do Holocausto. Assim, a ideologia aparece embutida em um projeto geopolítico sincrético e mais amplo: um plano colonial para apoderar-se do «espaço vital» da Alemanha e aniquilar a União Soviética, um Estado bolchevique que os nazistas associavam aos judeus. Entre os objetivos que se aglutinaram em uma guerra cujo sentido poderia se resumir em uma gigantesca reorganização biológica e política da Europa encontravam-se: a conquista territorial, a destruição do comunismo, a escassez de alimentos e a fome das populações eslavas, os assentamentos alemães, a pilhagem de recursos naturais e o extermínio de judeus.

---

65 Saul Friedländer, «Reflections on the Historicization of National Socialism». In: *Memory, History, and the Extermination of the Jews of Europe*. Bloomington: Indiana University Press, 1997, pp. 64-83.

66 Os exemplos mais notáveis destas abordagens opostas são, na corrente intencionalista, os trabalhos de Lucy Dawidowicz, *The War Against the Jews 1933-1945*. Londres: Weidenfeld & Nicolson, 1975; e o altamente controverso Daniel J. Goldhagen, *Hitler's Willing Executioners*. Nova York: Vintage, 1997, que estende a intenção de Hitler a todo o povo alemão; na corrente funcionalista, dois artigos, um de Martin Broszat, «Hitler and the Genesis of the 'Final Solution'». In: H. W. Koch (Org.), *Aspects of the Third Reich*. Londres: Macmillan, 1985, pp. 390-429; e outro de Hans Mommsen, «The Realization of the Unthinkable: The 'Final Solution' of the Jewish Question in the Third Reich». In: *From Weimar to Auschwitz*. Princeton: Princeton University Press, 1991, pp. 224-53. Hodiernamente, o representante mais significativo da «escola» funcionalista é Aly: Götz Aly, «Final Solution». Londres: Arnold, 1999, e Id., *Hitler's Beneficiaries*, op. cit.

Parte II   A História no Presente

Segundo Timothy Snyder, o *Mein Kampf* foi erguido sobre um paradigma cristão — paraíso, queda, êxodo, redenção — e resultou num «amálgama de ideias religiosas e zoológicas», mas essa tendência a interpretar a história e a sociedade a partir de um prisma biológico era típica do positivismo do século XIX, moldando todas as correntes de pensamento, do nacionalismo ao socialismo.[67] O hitlerismo perdurou como uma versão radical do nacionalismo *völkisch,* e suas peculiaridades ideológicas eram produto de simbioses múltiplas que o transformaram, para citar Saul Friedländer, em «um ponto de encontro entre o cristianismo alemão, o neorromantismo, o culto místico ao sangue sagrado ariano e o nacionalismo ultraconservador».[68] Esse amálgama de darwinismo social, eugenia e pensamento mítico e contrailuminista gerou uma forma singular de «antissemitismo redentor», sem equivalente em outros países europeus: o extermínio dos judeus como forma de emancipação alemã. Essa síntese peculiar foi, não obstante, apenas uma *premissa* da violência nazista. De acordo com Friedländer, o Holocausto não foi nem o produto inevitável da ascensão de Hitler ao poder (a implementação de um plano preestabelecido), nem um efeito aleatório de uma «radicalização cumulativa» de políticas baseadas em cálculos equivocados. Foi, sim, o «resultado de uma convergência de fatores, da interação entre intenções e contingências, entre causas discerníveis e ocasião. Objetivos ideológicos gerais e decisões políticas táticas intensificavam-se mutuamente, permanecendo sempre abertos a movimentos mais radicais conforme as circunstâncias se modificavam».[69]

---

67   Timothy Snyder, *Black Earth*. Nova York: Tim Duggan, 2015, p. 4.
68   Friedländer, *Nazi Germany and the Jews*, op. cit., vol. 2, p. 87.
69   Ibid., p. 5.

6. Os Usos do Totalitarismo

De acordo com Snyder, a Operação Barbarossa revelou um erro de cálculo fatal tanto para Hitler quanto para Stálin. Embora o líder soviético não se iludisse acerca do caráter temporário de sua aliança com o ditador alemão, tampouco esperava que enfrentaria uma agressão tão prontamente nem atribuía credibilidade às denúncias que recebera de inúmeras fontes durante a primavera por creditá-las à propaganda britânica. A União Soviética chegou à beira do colapso em consequência de sua passividade. Já Hitler aprisionou-se em sua visão de que os eslavos seriam uma «raça inferior» e julgou possível, erroneamente, que seriam capazes de derrotar as forças soviéticas em três meses. O resultado final do conflito foi assim decidido por esse equívoco na ofensiva alemã. Ao lançar sua *blitzkrieg*, os nazistas tinham quatro objetivos fundamentais: aniquilar a União Soviética com prontidão; fomentar uma fome planejada que atingiria 30 milhões de pessoas durante o inverno de 1941; realizar um amplo programa de colonização alemã nos territórios ocidentais da União Soviética (*Ostplan*); e a «Solução Final» da Questão Judaica, que se referia à transferência em massa de judeus europeus para as regiões mais distantes dos territórios ocupados, onde seriam eliminados de forma gradual. O fracasso da *blitzkrieg* pressionou Hitler a alterar suas prioridades: a «Solução Final», inicialmente prevista para o fim da guerra, tornou-se repentinamente um objetivo imediato, uma vez que era o único objetivo que poderia ser concluído em curto prazo. Dado que não poderiam ser evacuados, os judeus foram mortos, enquanto os países ocupados foram sistematicamente destruídos. Assim, observa Snyder, «a matança foi menos um sinal do que um substituto do triunfo».[70]

---

70 Timothy Snyder, *Bloodlands*. Nova York: Basic Books, 2010, p. 215.

Parte II   A História no Presente

Sua interpretação evita vários lugares-comuns da literatura «totalitária». Na visão de Snyder, Hitler e Stálin são atores históricos cujos esforços e propósitos precisam ser criticamente compreendidos para além de sua crueldade, com o intuito de evitar reduzi-los a metáforas do mal. Suas ideologias quase não tinham pontos em comum, e as disparidades entre suas políticas de extermínio eram agudas: o nacional-socialismo matou, em sua maioria, pessoas não alemãs, e quase exclusivamente no decorrer da guerra; já o stalinismo tinha como alvo principal os cidadãos soviéticos e suas mortes ocorreram anteriormente aos anos de guerra.

De forma semelhante, muitos acadêmicos combinaram abordagens intencionalistas e funcionalistas na análise das diversas ondas de violência soviética. A primeira onda transcorreu em meados da guerra civil, entre 1918 e 1921, com os excessos, as execuções sumárias e os crimes comuns a todas as guerras civis. Foi moldada, indubitavelmente, pela visão bolchevique de que a violência seria a «parteira» da história, e, assim, não surgiu de um projeto de «extermínio de classe». O bolchevismo compartilhava, em sua origem, a cultura de outras sociais-democracias europeias: Lênin se considerava, até 1914, um fiel discípulo de Karl Kautsky, o «papa» do marxismo alemão, e sua orientação ideológica não divergiu daquela de muitos socialistas russos e europeus que viriam a criticar duramente a Revolução de Outubro. A segunda e a terceira ondas (a coletivização da agricultura e os Processos de Moscou, respectivamente) ocorreram em um país pacificado e estabilizado. Elas não nasceram de um projeto de extermínio de fundamento ideológico, mas de um projeto autoritário e burocrático de modernização social que, segundo John Arch Getty,

6. Os Usos do Totalitarismo   225

se transformou em uma política «errática» e «mal calculada», cuja consequência última foi o estabelecimento do terror como prática permanente de poder.[71] Em vez de teorizar uma continuidade linear de Lênin a Gorbachev e explicar o terror stalinista como expressão do caráter «ideocrático» da União Soviética, poderia ser de maior utilidade contextualizar essa violência e considerar a ideologia como apenas um entre múltiplos impulsos. Para Sheila Fitzpatrick, a «literatura do modelo totalitário» — enxergando a União Soviética como uma «entidade *top-down*», um partido monolítico fundado na ideologia e governando uma sociedade passiva pelo terror — «era, efetivamente, a autoimagem soviética refletida, mas com os sinais morais invertidos (em vez de o partido sempre estar certo, ele estava sempre errado)».[72]

«Totalitarismo Islâmico?»

Desde o Onze de Setembro de 2001, abriu-se um novo capítulo neste debate intelectual. A queda do socialismo real havia privado a democracia liberal de um inimigo contra o qual costumava ostentar suas virtudes morais e políticas. Ora, os atentados terroristas em Nova York e Washington reativaram subitamente a antiga parafernália antitotalitária, agora direcionada contra a nova ameaça do fundamentalismo islâmico. Assim como ocorreu

---

71 John Arch Getty, «The Policy of Repression Revisited». In: John Arch Getty, Roberta Manning (Orgs.). *Stalinist Terror*. Nova York: Cambridge University Press, 1993, p. 62. Arno J. Mayer traça conclusões semelhantes: «Não há nada que aponte que o gulag foi concebido e operado com uma fúria autogenocida ou etnocida. A grande maioria dos presos — provavelmente mais de 90% — era de homens adultos entre vinte e sessenta anos de idade. Havia relativamente poucas crianças, mulheres e idosos nos campos» (Mayer, *The Furies*, op. cit., p. 643).

72 Fitzpatrick, «Revisionism in Soviet History», op. cit., p. 80.

Parte II   A História no Presente

na Guerra Fria, surgiu prontamente um novo exército de cruzados, muitos deles «renegados» da esquerda, como Paul Berman, Christopher Hitchens e Bernard-Henri Lévy.[73] No momento da invasão dos Estados Unidos ao Iraque em 2003, Paul Berman retratou o movimento religioso da Al-Qaeda e o regime secular do Partido Ba'ath de Saddam Hussein como duas formas de totalitarismo, com uma inspiração invariável no «culto de crueldade e morte».[74] Adam Michnick, o renomado dissidente polonês do Solidarność e editor do jornal *Gazeta Wyborcza*, resumiu o significado dessa nova campanha em defesa do Ocidente:

> Recordo a experiência de meu país com a ditadura totalitária. Por esse motivo fui capaz de traçar as conclusões corretas acerca do Onze de Setembro de 2001. [...] Assim como os grandes Processos de Moscou mostraram ao mundo a essência do sistema stalinista; como a «*Kristallnacht*» [Noite dos Cristais] revelou a verdade oculta do nazismo de Hitler, assistir à queda das torres do World Trade Center me fez perceber que o mundo estava por enfrentar um novo desafio totalitário. A violência, o fanatismo e as mentiras estavam por desafiar os valores democráticos.[75]

Muitos acadêmicos adotaram essa crença geral e aplicaram ao islã as categorias analíticas

---

73 Cf., por exemplo, Simon Cottee (Org.), *Christopher Hitchens and His Critics*. Nova York: New York University Press, 2008; para uma avaliação crítica dessa nova campanha antitotalitária, cf. Richard Seymour, *The Liberal Defence of Murder*. Londres: Verso, 2008. Os intelectuais liberais dessa nova onda antitotalitária lembram, inevitavelmente e em vários aspectos, seus predecessores da Guerra Fria, retratados excelentemente por Isaac Deutscher em «The Ex-Communist's Conscience». In: *Marxism, Wars, and Revolutions*, 1984, pp. 49-59.

74 Paul Berman, *Terror and Liberalism*. Nova York: Norton, 2004, p. xiv.

75 Adam Michnick, «We, the Traitors». *World Press Review*, 50, n. 6, 2003. Originalmente da *Gazeta Wyborcza*, 28 mar. 2003. Disponível em: ‹worldpress.org/Europe/1086.cfm›.

6. Os Usos do Totalitarismo

outrora forjadas para interpretar a história da Europa do século xx. Nessa transferência epistêmica, a Irmandade Muçulmana transformou-se em uma espécie de «partido de vanguarda» leninista, aparelhado com muitas das ferramentas organizacionais e ideológicas do totalitarismo europeu. Retrataram o teólogo egípcio que os inspirou, Sayyid Qutb, como o ideólogo de «um Estado monolítico governado por um único partido» e orientado em direção a uma forma de «leninismo em vestimenta islâmica».[76] De acordo com Jeffrey M. Bale, as doutrinas islâmicas são «ideologias intrinsecamente antidemocráticas e totalitárias», uma vez que reproduzem, em uma versão religiosa, todas as características típicas do totalitarismo secular ocidental: maniqueísmo, monismo (notadamente o coletivismo utópico) e paranoia, visando sistematicamente a desumanização e destruição de seus inimigos.[77] É fato curioso que a Arábia Saudita, regime islâmico que mais se avizinha do totalitarismo, é raramente mencionada pelos novos cruzados ocidentais. Contudo, distintamente da República Islâmica do Irã, a Arábia Saudita é aliada do Ocidente e encontra-se em uma posição econômica e geopolítica que a exclui automaticamente do eixo do mal.

Enquadrar o terrorismo islâmico no modelo totalitário não é tarefa simples. Distinguindo-se do fascismo europeu, que emergiu como reação contra a democracia, este traça suas origens em uma contínua e histórica falta de democracia. Em muitos países muçulmanos, o terrorismo representou um protesto contra regimes

---

76   Ladan Boroumand, Roya Boroumand, «Terror, Islam, and Democracy». In: Larry Diamond, Marc F. Plattner, Daniel Brumberg (Orgs.), *Islam and Democracy in the Middle East*. Baltimore: Johns Hopkins University Press, 2003, pp. 286-7.

77   Jeffrey M. Bale, «Islamism and Totalitarianism». *Totalitarian Movements and Political Religions*, 10, n. 2, 2009, pp. 80, 84.

reacionários e autoritários apoiados pelos Estados Unidos e pelas antigas potências coloniais, assim atingindo, paradoxalmente, certo grau de legitimidade moral.[78] Sua luta é contra o Ocidente, que em países árabes se apresenta não em formas democráticas, mas imperiais e autoritárias. No Oriente Médio, onde as «guerras humanitárias» do Ocidente já dizimaram centenas de milhares de vidas desde 1991, em sua maioria civis, é difícil explicar como esses conflitos seriam de fato lutas antitotalitárias pela liberdade e democracia. Assim como foi pouco convincente para os latino-americanos da década de 1970 acreditar que as ditaduras militares de Pinochet e Videla os estavam protegendo contra o totalitarismo comunista. Diferentemente do período da Guerra Fria, em que o Ocidente pôde apresentar-se como «o mundo livre» aos dissidentes dos Estados satélites da União Soviética, hoje os Estados Unidos aparecem à maioria dos países islâmicos como um poder imperial.

Além do mais, a violência do Isis difere qualitativamente daquela do totalitarismo clássico, que implicou um monopólio estatal sobre os meios de coerção. A despeito de seu caráter endêmico, o terrorismo islâmico surge dentro de Estados fracos, de sua fragmentação e incompletude. A partir de uma perspectiva histórica, a violência terrorista sempre foi completamente oposta à violência estatal, e nesse sentido nem a Al-Qaeda nem mesmo o Isis são exceções. Nos últimos anos, o Isis tornou-se algo semelhante a um Estado, como uma entidade territorial e institucionalizada. Nisso, beneficiou-se de dez anos de intervenções militares ocidentais que desestabilizaram todo o Oriente Médio, o que o ajudou a estender a

---

78 Cf. Faisal Devji, *Landscape of the Jihad*. Ithaca, NY: Cornell University Press, 2005.

6. Os Usos do Totalitarismo

sua influência e a criar múltiplas unidades terroristas em lugares onde não existiam anteriormente. Apontam-se também outras diferenças significativas. O fascismo e o comunismo projetavam-se para o futuro, com o desejo de construir novas sociedades e criar um «Novo Homem». Não desejavam restaurar antigas formas de absolutismo.[79] Segundo os próprios Mussolini e Goebbels, suas «revoluções» nacionais não se explicavam nos moldes do legitimismo. O modernismo reacionário do terrorismo islâmico, inversamente, emprega tecnologias modernas como foguetes, bombas, telefones celulares e a internet com o intuito de voltar à pureza original de um islã mítico. Embora tenha tendências utópicas, seu olhar se volta para o passado e não para o futuro. Por fim, o fundamentalismo islâmico não se encaixa na definição de «religião política» que se aplica comumente ao totalitarismo. Esse conceito é utilizado para denominar movimentos e regimes seculares que substituem religiões tradicionais, que adotam liturgias e símbolos próprios e pedem aos discípulos que «creiam», em vez de agir com base em escolhas racionais. De modo inverso, o terrorismo islâmico é uma reação violenta contra o processo de secularização e modernização que moldou o mundo muçulmano depois da descolonização. Em vez de ser uma religião secular, é uma religião *politizada*, um jihad contra o secularismo e a modernidade política. Falar em totalitarismo «teocrático» torna esse conceito ainda mais flexível e ambíguo, confirmando mais uma vez a sua função essencial: não interpretar a história e o mundo criticamente, mas sim lutar contra um inimigo.

---

79 Essa diferença foi salientada por Tzvetan Todorov, *Hope and Memory*. Princeton: Princeton University Press, 2003, p. xiv. Cf. também Rabinbach, «Moments of Totalitarianism», op. cit., p. 84.

Parte II   A História no Presente

Conclusão

Slavoj Žižek retratou, sarcasticamente, o totalitarismo como um «antioxidante ideológico», semelhante à propaganda do chá verde Celestial Seasonings quando diz que «neutraliza as moléculas prejudiciais ao corpo que são conhecidas como radicais livres».[80] Historicamente, «totalitarismo» teve o papel de um antibiótico genérico capaz de curar o corpo da democracia liberal: ao estigmatizar seus inimigos totalitários, o Ocidente absolveu suas próprias formas de violência imperial e opressão. Apesar da persistente crítica acadêmica, o conceito de totalitarismo não desapareceu; pelo contrário, mostra uma força e capacidade surpreendente de renovação, ampliando sua influência para novos campos. O paradoxo do totalitarismo é que ao mesmo tempo ele é inútil e insubstituível. É insubstituível para a teoria política, que define a natureza e as formas de poder, e inútil para a pesquisa histórica, que tenta reconstituir e analisar um passado feito de acontecimentos concretos e multifacetados. Franz Neumann o definiu como um «tipo ideal» weberiano, um modelo abstrato que na realidade não existe.[81] Como um tipo ideal, o totalitarismo é muito mais uma reminiscência do pesadelo descrito por George Orwell em *1984*, com seu Big Brother, seu Ministério da Verdade e sua novafala, do que o fascismo e o comunismo «reais». Totalitarismo é uma ideia abstrata, enquanto a realidade histórica é uma *totalidade* concreta. Há um debate similar para outros conceitos que a escola histórica importou de outras

---

80 Slavoj Žižek, *Did Somebody Say Totalitarianism? Five Interventions in the (Mis)use of a Notion.* Londres: Verso, 2001, pp. 1-2.

81 Franz Neumann, «Notes on the Theory of Dictatorship». In: *The Democratic and the Authoritarian State.* Nova York: Free Press, 1957, p. 119.

disciplinas, em especial a noção de genocídio. Criada pelo campo da criminologia, visa designar culpa e inocência, infligir castigo, reconhecer o sofrimento e obter reparação; mas sua mudança para o campo dos estudos históricos introduziu uma dicotomia atraente que empobreceu o cenário do passado. Perpetradores e vítimas nunca estão sozinhos; estão cercados por uma multiplicidade de atores em um cenário em mudança; *tornam-se* perpetradores e vítimas por meio de uma complexa interação entre novos e antigos elementos, herdados e inventados, que amoldam seus motivos, comportamentos e reações. Os acadêmicos tentam explicar essa complexidade; como bem salientou Marc Bloch, eles não existem para administrar o tribunal da história. Foi por isso que muitos decidiram dispensar essa categoria. De acordo com Henry Huttenbach,

> [...] muito frequentemente a acusação de genocídio tem sido feita simplesmente pelo efeito emocional ou para fazer uma conexão política cujo resultado foi o aumento acelerado de eventos nomeados como genocídio, a ponto de fazer o termo perder seu significado original.[82]

Por boas ou más razões, esse conceito engloba preocupações morais e políticas que afetam inevitavelmente seu uso e exigem prudência. Ao observar essa permanente interferência entre reivindicações de memória e controvérsias de interpretação, Jacques Sémelin sugere que o termo «genocídio» seja enquadrado em sua própria

---

82 Henry Huttenbach, «Locating the Holocaust Under the Genocide Spectrum: Toward a Methodology and a Characterization». *Holocaust and Genocide Studies*, 3, n. 3, 1988, p. 297.

Parte II   A História no Presente

identidade, com âmbitos jurídico e memorial próprios, e que na academia se privilegiem outros conceitos, como «violência em massa».[83]

Isso pode ser uma precaução saudável, mas não deve ser confundido com uma demanda ilusória de academia «científica», neutra e isenta de valores. Pelo contrário, deveria nos tornar conscientes de que a história é escrita em meio a um campo de força afetado por diferentes tipos de memória, de política e de lei, em que o esclarecimento do passado não pode ser separado do uso público da história. Isso significa que há uma muralha da China separando os conceitos da realidade? Se os estudiosos do fascismo e do comunismo mantêm certa distância crítica em relação ao «totalitarismo», preferindo definições menos abrangentes, com mais nuances e mais apropriadas, nossa consciência histórica precisa, no entanto, de pontos de referência. Olhamos para o passado para entender nosso presente, e isso significa um «uso público» da história.[84] Portanto, enquanto o conceito de totalitarismo continuar a ser criticado por suas ambiguidades, fragilidades e seus abusos, provavelmente não será completamente abandonado. Além de ser uma bandeira para o Ocidente, ele guarda a memória de um século que experimentou Auschwitz e Kolimá, os campos de morte do nazismo, os gulags stalinistas e os campos de assassinatos de Pol Pot. É lá que repousa sua legitimidade, que não precisa de nenhum reconhecimento acadêmico. O século XX experimentou um naufrágio

---

83 Jacques Sémelin, *Purify and Destroy*. Nova York: Columbia University Press, 2008, p. 320.

84 Jürgen Habermas, «Concerning the Public Use of History». *New German Critique*, 44, 1988, pp. 40-50. Entre a inesgotável literatura sobre a difícil relação entre história e memória da violência em massa, cuja interseção se encontra precisamente na esfera pública, vale mencionar os ensaios de LaCapra, *History and Memory After Auschwitz*, op. cit.

6. Os Usos do Totalitarismo

da *política*, o que, de acordo com Hannah Arendt, significa um espaço aberto para o conflito, para o pluralismo de ideias e práticas humanas e para a alteridade. A política, ela escreveu, não é uma questão de ontologia; mas designa o *infra*, a interação entre seres humanos, entre diferentes sujeitos. O totalitarismo elimina essa esfera pública, comprimindo os seres humanos em uma entidade fechada, homogênea e monolítica. Destrói a sociedade civil ao absorvê-la e sufocá-la dentro do Estado (desse ponto de vista, é o oposto do comunismo de Marx, no qual o Estado desaparece em uma comunidade autoemancipada). O conceito de totalitarismo inscreve essa experiência traumática em nossa memória coletiva e em nossa representação do passado.

Parte II   A História no Presente

Conclusão

Como observamos na primeira parte deste ensaio, a noção de «fascismo» é, hoje em dia, empregada de forma que abrange tanto a nova direita radical quanto o islamismo, e questionamos quais as relações que realmente existem entre o fascismo histórico e esses novos fenômenos. O termo «pós-fascismo» — cuja aplicação eu delimito aos movimentos de extrema direita da Europa — leva em consideração tanto as continuidades históricas como as rupturas. Analisamos as razões por que o chamado «fascismo islâmico», a despeito de algumas semelhanças, é diferente do fascismo clássico. E mais importante: tentamos entender o contexto político e intelectual de que emergiram tanto o pós-fascismo quanto o Isis.

Mencionamos a imaginação utópica da primeira metade do século xx. Naquela época, o fascismo competia com o comunismo, precisamente porque ambos se apresentavam como alternativas à crise do capitalismo e ao colapso de sua expressão política, o liberalismo europeu. Nos Estados Unidos, a democracia parecia ser mais dinâmica e carregada de promessas para o futuro, especialmente graças ao New Deal de Franklin D. Roosevelt. Na Europa, o liberalismo clássico parecia ser um sobrevivente do século xix, e a democracia liberal muito fez para abrir um caminho contíguo ao fascismo (os dois se confrontariam apenas em 1939, antes que as democracias se juntassem em um bloco militar antifascista com a União Soviética dois anos depois).

O século xx começou com a Primeira Guerra Mundial e com o colapso da ordem europeia, porém da guerra também emergiram a Revolução Russa e o comunismo como uma utopia armada cuja sombra perdurou por todo o século. O comunismo teve seus momentos de glória, e de vergonha, mas sem dúvida representou uma alternativa ao capitalismo. O século xxi, ao contrário, começou com a queda do comunismo. Se a história é uma relação simbiótica entre o passado como um «campo de experiência» e o futuro como um «horizonte de expectativas» — segundo a conhecida definição de Reinhart Koselleck —, essa dialética parece estar ausente no começo do século xxi: o mundo parece ter se retraído no presente e não ser capaz de se projetar para o futuro.

Na verdade, com o desaparecimento do comunismo, o próprio conceito de utopia passou a ser questionado. Depois da queda do Muro de Berlim, por duas décadas nos foi dito que as utopias nos levam inevitavelmente ao totalitarismo: o único e possível resultado de qualquer projeto para uma sociedade futura é o terror totalitário. Por isso, o paradigma do *laissez-faire* de uma sociedade de mercado fundada na propriedade privada, na liberdade individual, no espírito empreendedor e na competição, modelado por instituições representativas, seria o único caminho possível para construir uma sociedade livre. Nesse contexto, a direita radical e o islamismo sucedem as utopias que agora desapareceram. Não são novas utopias, mas seus substitutos. Ambos são reacionários, pois querem um retorno ao passado: a direita radical rejeita a globalização e se coloca a favor de nos aprisionar dentro de fronteiras nacionais e velhos valores conservadores. Com sua concepção rasa de soberania nacional, busca uma ruptura com a zona do euro, um retorno ao protecionismo e a exclusão de imigrantes. E, por sua vez, o islamismo, ou sua versão terrorista no jihadismo, luta por voltar a um islã original mitologizado. Essas reações são muito diferentes entre si, mas cada um se alimenta de sua oposição ao outro: a extrema direita acusa os imigrantes e refugiados de serem um instrumento para a «islamização» das sociedades ocidentais, enquanto o islamismo se apresenta como uma resposta à xenofobia da Europa cristã. Ambos são absurdamente regressistas.

Entretanto, há sinais de algo mais no horizonte. Consideremos apenas as revoluções árabes, o Occupy Wall Street, os *indignados* e o Podemos na Espanha, o Syriza na Grécia, a chegada de Jeremy Corbyn à liderança do Partido Trabalhista do Reino Unido, a Nuit Debout na França e uma série de movimentos na América Latina. Tudo isso nos dá esperanças. Mas o maior problema é que, pelo menos por agora, esses movimentos de resistência demonstraram que são incapazes de esboçar um novo projeto, uma nova utopia, de escapar da gaiola mental que se instalou desde 1989. As revoluções árabes afundaram em um círculo vicioso. Na Europa, os movimentos sociais que mencionamos acima surgiram como tentativas de enfrentar a crise e pôr fim nas políticas de austeridade que estão aumentando todos os tipos de desigualdade. Todos esses movimentos apresentam alguns aspectos em comum, mas estão separados e não têm sincronicidade; mesmo que nossa era globalizada pareça levá-los a uma convergência, isso ainda está por acontecer.

Nos anos do entreguerras, a Revolução Russa abriu um novo horizonte, produzindo um movimento

Conclusão

237

global que se estendeu para além da Europa e se tornou uma das fundações da descolonização. Nos anos 1960, uma revolta global da juventude juntou-se à luta pela descolonização, de Cuba à Argélia e ao Vietnã. Os movimentos de 1968 das barricadas em Paris, a Ofensiva do Tet no Vietnã, a Primavera de Praga na Tchecoslováquia e os movimentos estudantis na Cidade do México, todos pareciam dialogar entre si. A unidade desses movimentos não precisou ser comprovada, e cimentou a consciência política de uma geração. Houve tentativas de coordená-los: o Tribunal Russell e os protestos internacionais contra a Guerra do Vietnã, a Conferência Tricontinental após a Revolução Cubana e mesmo o Movimento dos Não Alinhados ajudaram a alimentar essa tendência. Não há nada que se compare nos dias de hoje. Os fóruns alternativos dos anos 1990 acenderam uma faísca que, infelizmente, foi apagada pelos ataques do Onze de Setembro, pela derrota da esquerda do Partido dos Trabalhadores em Porto Alegre, e, finalmente, pela transformação do movimento em uma rede de ONGs.

Mas a maré está mudando. Seria difícil imaginar a campanha de Bernie Sanders nos Estados Unidos sem o Occupy Wall Street, ou o Podemos sem o movimento 15-M que o precedeu. O Nuit Debout talvez seja um sintoma da recomposição da esquerda na França. Depois do trauma do Brexit, essa convergência de lutas poderia desencadear um movimento em prol da transformação da União Europeia: a derrocada da Europa dos mercados e dos lobbies financeiros, e o nascimento de uma Europa social construída sobre um projeto federativo.

Os efeitos das derrotas sofridas pelas revoluções do século XX foram de longo prazo e cumulativos, cuja expressão hodierna está precisamente na carência de

As novas faces do fascismo

conexões entre os movimentos sociais mundo afora. Caso emblemático é o das revoluções árabes, em que seus agentes miraram perceptivelmente seus inimigos, mas não apresentaram concepção alguma de como substituir as antigas ditaduras ou mudar o modelo socioeconômico vigente. Pela primeira vez em dois séculos as revoluções não traziam paradigmas nos quais poderiam se inspirar, e, portanto, tiveram de se reinventar. Tecer culturas alternativas ao redor do mundo e construir projetos coordenados não é tarefa simples. O que temos, neste momento, se resume a trocas sobre as experiências acumuladas nos últimos anos, um pensar crítico tão sofisticado quanto politicamente impotente. O fim do capitalismo fordista resultou na quebra das «estruturas sociais de memória» que permitiam a transmissão tanto de experiências quanto de culturas políticas de uma geração para outra. A própria cultura de esquerda foi desestabilizada.

A emergência do pós-fascismo apresenta-se, nesse contexto, como uma mudança profunda: a direita radical já não é representada por ultranacionalistas marchando de uniforme pelas ruas das capitais europeias. A maneira como a Frente Nacional se dirige à classe trabalhadora não é a mesma que de costume, devido a uma das divisões estruturais do século xx — a oposição entre o fascismo e o comunismo — ter entrado em declínio. A classe trabalhadora já não se identifica com a esquerda, e ainda menos com o Partido Comunista. Nas regiões mais industrializadas do norte da Itália, a Lega tornou-se o principal partido entre os trabalhadores. O fim do comunismo rompeu um tabu, e os movimentos pós-fascistas agora se autodeclaram defensores das classes populares. No norte da França, uma classe

Conclusão

239

trabalhadora «francesa» específica se juntou em torno da Frente Nacional, um partido capaz de combinar um discurso antiausteridade e antineoliberal com etnocentrismo e xenofobia.

Os novos movimentos sociais não estão inteiramente separados de uma memória da classe trabalhadora. O Syriza na Grécia não surgiu do nada: resultou de um processo que reuniu diversas forças da esquerda radical, com o apoio de muitos intelectuais. Pode-se dizer o mesmo sobre o Podemos. Criado por um grupo de cientistas políticos na Universidade Complutense de Madrid, o Podemos foi bem-sucedido no esforço de juntar uma rede de intelectuais e ativistas interessados na possibilidade de construir uma alternativa política, e que pensavam em termos globais. Logo entenderam, no entanto, que não bastaria afirmar sua continuidade com a memória da classe trabalhadora do século anterior. Seria necessário inventar algo novo. Longe de negar a história da esquerda, isso significou reconhecer que um ciclo histórico chegara a seu fim, um passo necessário para seguir adiante. As manifestações políticas nos dias de hoje oscilam entre Cila e Caríbdis, entre a exaustão do passado e a ausência de um futuro que possam enxergar. Essa situação não é irreversível. Mentes criativas dotadas de imaginação poderosa podem surgir a qualquer momento para propor alternativas. Entretanto, uma nova utopia não brotará da genialidade de algum visionário: as ideias não formam raízes por si sós, mas dependem de uma força social capaz de levá-las adiante com seriedade. A sua criação também depende, de fato, das forças sociais, na medida em que os visionários são também produtos de um contexto social particular, seja qual for a miríade de mediações

As novas faces do fascismo

que se encontrem no meio. Há vários apontamentos que sugerem que há uma mudança em andamento, que um movimento molecular poderia, eventualmente, produzir um grande salto qualitativo. Ainda está, entretanto, por acontecer. Assim como o pós-fascismo é um fenômeno transitório, também a esquerda radical irá realizar a passagem do século xx em direção a novas ideias e formas políticas. Sabemos que as coisas estão começando a ferver, e a tampa está prestes a voar. Grandes mudanças ocorrerão, e precisamos estar preparados. Quando isso acontecer, certamente as palavras adequadas surgirão.

Referências*

ABOUT, Ilsen; DENIS, Vincent. *Histoire de l'identification des personnes*. Paris: La Découverte, 2010.

ACHCAR, Gilbert. *The People Want: A Radical Exploration of the Arab Uprising*. Berkeley: University of California Press, 2013.

ACQUARONE, Alberto. *L'organizzazione dello Stato totalitario*. Turim: Einaudi, 1965.

ADORNO, Theodor W. «The Meaning of Working Through the Past». In: _____. *Critical Models: Interventions and Catchwords*. Org. Lydia Goher. Nova York: Columbia University Press, 2005.

_____. (Org.). *The Authoritarian Personality*. Nova York: Harper, 1950.

AGAMBEN, Giorgio. *The Kingdom and the Glory: For a Theological Genealogy of Economy and Government*. Stanford: Stanford University Press, 2011.

ALBRIGHT, Madeleine. *Fascism: A Warning*. Nova York: Harper, 2018.

ALI, Tariq. *The Extreme Centre: A Warning*. Londres: Verso, 2015.

ALY, Götz. *«Final Solution»: Nazi Population Policy and the Murder of the European Jews*. Londres: Arnold, 1999.

_____. *Hitler's Beneficiaries: Plunder, Race War, and the Nazi Welfare State*. Nova York: Metropolitan, 2007.

AMÉRY, Jean. *At the Mind's Limits: Contemplations by a Survivor on Auschwitz and Its Realities*. Bloomington: Indiana University Press, 1980.

ANDERSON, Benedict. *Imagined Communities*. Londres: Verso, 1983.

---

* Para não sobrecarregar uma já extensa bibliografia, a editora optou por não referenciar as eventuais edições brasileiras das obras aqui listadas. [N. E.]

ANDERSON, Perry. «The End of History». In: _____. *A Zone of Engagement*. Londres: Verso, 1992.

APPLEBAUM, Anne. *Gulag: A History*. Nova York: Doubleday, 2003.

ARENDT, Hannah. «On humanity in Dark Times: Thoughts about Lessing». In: _____. *Men in Dark Times*. Nova York: Harcourt Brace, 1970.

_____. *The Origins of Totalitarianism*. Nova York: Harcourt Brace, 1979 (1951).

ARENDT, Hanna; SCHOLEM, Gershom. *Correspondence*. Org. Marie Louise Knott. Chicago: University of Chicago Press, 2017.

ARON, Raymond. *Démocratie et totalitarisme*. Paris: Gallimard, 1965.

_____. «L'avenir des religions séculières». In: _____. *Chroniques de guerre: La France libre 1940-1945*, Paris: Gallimard, 1990.

ASH, Timothy Garton. «It's the Kultur, Stupid». *The New York Review of Books*, 7 dez. 2017.

ASCHHEIM, Steven E. «Introduction». In: PAYNE, Stanley G.; SORKIN, David Jan; TORTORICE, John S. (Orgs.). *What History Tells: George L. Mosse and the Culture of Modern Europe*. Madison, WI: University of Wisconsin Press, 2004.

_____. «George L. Mosse at 80: A Critical Laudatio». *Journal of Contemporary History*, 34, 2, 1999, pp. 295-312.

AUDOIN-ROUZEAU, Stéphane. «George L. Mosse. Réflexions sur une méconnaissance française». *Annales*, 1, 2001, pp. 1183-6.

BADINTER, Élisabeth. «Il ne faut pas avoir peur de se faire traiter d'islamophobe». *Marianne*, 6 jan. 2016.

BADIOU, Alain. «Le rouge et le tricolore». *Le Monde*, 27 jan. 2015.

BALDWIN, Peter (Org.). *Reworking the Past: Hitler, the Holocaust, and the Historians' Debate*. Boston: Beacon Press, 1990.

BALE, Jeffrey M. «Islamism and Totalitarianism». *Totalitarian Movements and Political Religions*, 10, 2, 2009.

BALIBAR, Étienne. *Secularism and Cosmopolitanism: Critical Hypotheses on Religion and Politics*. Nova York: Columbia University Press, 2018.

BANCEL, Nicolas; BLANCHARD, Pascal (Orgs.). *Human Zoos: Science and Spectacle in the Age of Colonial Empires*. Liverpool: Liverpool University Press, 2009.

BANCEL, Nicolas; BLANCHARD, Pascal; VERGÈS, Françoise. *La Republique coloniale: Histoire d'une utopie*. Paris: Albin Michel, 2003.

BANTI, Alberto Mario. *Sublime madre nostra: la nazione italiana dal Risorgimento al fascismo*. Roma: Laterza, 2011.

BARTOV, Omer. «The European Imagination in the Age of Total War». In: _____. *Murder in Our Midst: The Holocaust, Industrial Killing, and Representation*. Nova York: Oxford University Press, 1990.

BATTINI, Michele. *Socialism of Fools: Capitalism and Modern Anti-Semitism*. Nova York: Columbia University Press, 2016.

BAUMAN, Zygmunt. *Modernity and the Holocaust*. Cambridge: Polity Press, 1989.

BAUMARD, Maryline, «Emploi, école, les réussites et les blocages de l'intégration en France». *Le Monde*, 8 jan. 2016.

BEN-GHIAT, Ruth. «A Lesser Evil? Italian Fascism and the Totalitarian Equation». In: DUBIEL, Helmut; MOTZKIN, Gabriel (Orgs.). *The Lesser Evil: Moral Approaches to Genocide Practices in a Comparative Perspective*. Nova York: Frank Cass, 2004.

BENJAMIN, Walter. «The Work of Art in the Age of Mechanical Reproduction». In: _____. *Illuminations*. Org. Hannah Arendt. Nova York: Schoken, 1968.

BENZINE, Rachid. «La peur de l'Islam, ferment d'un nouveau lien identitaire en France?». In: BLANCHARD, Pascal; BANCEL, Nicolas; THOMAS, Dominic (Orgs.). *Vers la guerre des identités? De la fracture coloniale à la révolution ultranationale*. Paris: La Découverte, 2016.

BERG, Nicolas. *Der Holocaust und die westdeutschen Historiker: Erforschung und Erinnerung*. Göttingen: Wallstein, 2003.

Referências

BERLIN, Isaiah. «Joseph de Maistre and the Origins of Fascism». In: _____. *The Crooked Timber of Humanity: Chapters in the History of Ideas*. Londres: John Murray, 1990.

_____. *Freedom and its Betrayal: Six Enemies of Human Liberty*. Princeton: Princeton University Press, 2002.

BERMAN, Paul. *Terror and Liberalism*. Nova York: Norton, 2004.

BIRNBAUM, Pierre. *Un mythe politique: La «République juive» de Léon Blum à Pierre Mendès France*. Paris: Fayard, 1988.

_____. *The Jews of the Republic: A Political History of the State Jews in France from Gambetta to Vichy*. Stanford: Stanford University Press, 1996.

BLACKBURN, Davis; ELEY, Geoff. *The Peculiarities of German History: Bourgeois Society and Politics in Nineteenth Century Germany*. Oxford: Oxford University Press, 1984.

BOBBIO, Norberto. «L'ideologia del fascismo». In: _____. *Dal fascismo alla democrazia. I regimi, le ideologie, le figure e le culture politiche*. Milão: Baldini & Castoldi, 1997.

BOCA, Angelo Del. *The Ethiopian War 1935-1941*. Chicago: University of Chicago Press, 1968.

_____. (Org.) *I gas di Mussolini: Il fascismo e la guerra d'Etiopia*. Roma: Editori Riuniti, 1996.

BOLTANSKI, Luc; ESQUERRE, Arnaud. *Vers l'extrême: Extension des domaines de la droite*. Paris: Dehors, 2014.

BORKENAU, Franz. *The Totalitarian Enemy*. Londres: Faber & Faber, 1940.

BOROUMAND, Ladan; BOROUMAND, Roya. «Terror, Islam, and Democracy». In: DIAMOND, Larry; PLATTNER, Marc F.; BRUMBERG, Daniel (Orgs.). *Islam and Democracy in the Middle East*. Baltimore: Johns Hopkins University Press, 2003.

BOSWORTH, Richard. *The Italian Dictatorship: Problems and Perspectives in the Interpretation of Mussolini and Fascism*. Londres: Arnold, 1998.

BOUTELDJA, Houria. *Les Blancs, les Juifs et nous*. Paris: La Fabrique, 2016.

BRACHER, Karl Dietrich. *The German Dictatorship: The Origins, Structure, and Effects of National Socialism*. Nova York: Praeger, 1970.

BREUER, Stefan. *Anatomie der Konservativen Revolution*. Darmstadt: Wissenschaftliche Buchgesellsschaft, 1995.

BROSZAT, Martin. «Hitler and the Genesis of the 'Final Solution'». In: KOCH, H. W. (Org.). *Aspects of the Third Reich*. Londres: Macmillan, 1985.

_____. *The Hitler State: The Foundation and Development of the Internal Structure of the Third Reich*. Nova York: Routledge, 2013.

BROWN, Wendy. *Undoing the Demos: Neoliberalism's Stealth Revolution*. Nova York: Zone, 2015.

BRUNETEAU, Bernard (Org.). *Le totalitarisme: Origines d'un concept, genèse d'un débat 1930-1942*. Paris: Cerf, 2010.

_____. «Interpréter le totalitarisme dans les années 1930». In: DE LARA, Philippe (Org.). *Naissances du totalitarisme*. Paris: Cerf, 2011.

BURLEIGH, Michael; WIPPERMAN, Wolfgang. *The Racial State: Germany 1933-1945*. Nova York: Cambridge University Press, 1998.

BURRIN, Philippe. «Le fascisme: la révolution sans révolutionnaires». *Le Débat*, 38, 1986.

_____. «Le champ magnétique des fascismes». In: _____. *Fascisme, nazisme, autoritarisme*. Paris: Seuil, 2000.

CAMPBELL, Ian. *The Addis Ababa Massacre: Italy's National Shame*. Nova York: Oxford University Press, 2017.

CAMUS, Jean-Yves; LEBOURG, Nicolas. *Les droites extrêmes en Europe*. Paris: Seuil, 2015.

CAMUS, Renaud. *Le Grand Remplacement*. Neuilly-sur-Seine: Reinharc, 2011.

CASANOVA, Julián (Org.). *Morir, matar, sobrevivir. La violencia en la dictadura de Franco*. Barcelona: Crítica, 2002.

CAUTE, David. *The Fellow-Travellers: Intellectual Friend of Communism*. New Haven: Yale University Press, 1983.

CÉSAIRE, Aimé. *Discourse on Colonialism*. Trad. Joan Pinkham. Nova York: Monthly Review Press, 2000.

Referências

CHAUMONT, Jean-Michel. *La Concurrence des victimes: Génocide, identité, reconnaissance*. Paris: La Découverte, 1997.

CHIBBER, Vivek. *Postcolonial Theory and the Specter of Capital*. Nova York: Verso, 2013.

CHICKERING, Roger; FÖRSTER, Stig (Orgs.). *Great War, Total War: Combat and Mobilization on the Western Front, 1914--1918*. Cambridge: Cambridge University Press, 2000.

CHRISTOFFERSON, Michael Scott. *French Intellectuals Against the Left: The Antitotalitarian Moment of the 1970s*. Londres: Berghahn, 2004.

CLARK, Christopher. *The Sleepwalkers: How Europe went to War in 1914*. Londres: Allen Lane, 2012.

COLEMAN, Peter. *The Liberal Conspiracy: The Congress for Cultural Freedom and the Struggle for the Mind in Postwar Europe*. Nova York: Free Press, 1989.

COLLINS, Patricia Hill; BIRGE, Sirma. *Intersectionality*. Cambridge, UK: Polity Press, 2016.

COMBE, Sonia. «Evstignev, roi d'Ozerlag». In: BROSSAT, Alain (Org.). *Ozerlag 1937-1964*. Paris: Autrement, 1991.

COMBE, Sonia; ROBIN, Régine (Orgs.). *Berlin: L'effacement des traces*. Paris: BDIC, 2009.

CONQUEST, Robert. *The Great Terror: Stalin's Purge of the Thirties*. Nova York: Macmillan, 1968.

COTTEE, Simon (Org.). *Christopher Hitchens and His Critics*. Nova York: New York University Press, 2008.

COURTOIS, Stéphane (Org.). *The Black Book of Communism: Crimes, Terror, Repression*. Cambridge, MA: Harvard University Press, 1999.

D'ARCAIS, Paolo Flores. «Anatomy of Berlusconismo». *New Left Review*, 68, 2011, pp. 121-40.

D'ERAMO, Marco. «Populism and the New Oligarchy». *New Left Review*, 82, 2013, pp. 5-28.

_____. «They, the People». *New Left Review*, 103, 2017.

DAWIDOWICZ, Lucy. *The War Against the Jews 1933-1945*. Londres: Weidenfeld & Nicolson, 1975.

DE FELICE, Renzo. «Introduzione all'edizione italiana». In: MOSSE, George L. *La nazionalizzazione delle masse*.

_____. *Simbolismo politico e movimenti di massa in Germania 1815-1933*. Bolonha: il Mulino, 1975.

_____. *Interpretations of Fascism*. Cambridge, MA: Harvard University Press, 1977.

_____. *Mussolini il Duce: II. Lo Stato totalitario 1936-1940*. Turim: Einaudi, 1981.

_____. «Prefazione». In: _____. *Le interpretazioni del fascismo*. Roma: Laterza, 1995.

_____. *Il Rosso e il Nero*. Milão: Baldini & Castoldi, 1995.

_____. *Mussolini l'alleato. La guerra civile 1943-1945*. Turim: Einaudi, 1997.

_____. *Intervista sul fascismo*. Roma: Laterza, 2001.

DE GRAZIA, Victoria. *How Fascism Ruled Women*. Berkeley: University of California Press, 1993.

DE LA TORRE, Carlos. «Left-Wing Populism: Inclusion and Authoritarianism in Venezuela, Bolivia and Ecuador». *The Brown Journal of World Affairs*, 23, 1, 2016, pp. 61-76.

DEAK, Istvan. *Weimar Germany Left's Wing Intellectuals: A Political History of the Weltbühne and Its Circle*. Berkeley: University of California Press, 1968.

DEBRAY, Régis. «Mise au point». *Medium*, 43, 2015, pp. 8-25.

DEL REY, Fernando. «Revisionismos y anatemas: A vueltas con la II República». *Historia Social*, 72, 2012, pp. 155-72.

_____. (Org.) *Palabras como puños: La intransigencia política en la segunda República española*. Madri: Tecnos, 2011.

DEUTSCHER, Isaac. «Two Revolutions» [1950]. In: _____. *Marxism, Wars, and Revolution. Essays from Four Decades*. Londres: Verso, 1984.

_____. «The Ex-Communist's Conscience» [1950]. In: _____. *Marxism, Wars, and Revolutions*. Londres: Verso, 1984.

DEVJI, Faisal. *Landscape of the Jihad: Militancy, Morality, Modernity*. Ithaca, NY: Cornell University Press, 2005.

DHUME, Fabrice. *Communautarisme: enquête sur une chimère du nationalisme français*. Paris: Demopolis, 2016.

DINER, Dan. «Antifaschistische Weltanschauung: ein Nachruf». In: _____. *Kreisläufe. Nationalsozialismus und Gedächtnis*. Berlin: Berlin Verlag, 1996.

_____. «On Rationality and Rationalization: An Economistic Explanation of the Final Solution». In: _____. *Beyond the Conceivable: Studies on Germany, Nazism, and the Holocaust*. Berkeley: University of California Press, 2000.

_____. «Verschobene Erinnerung: Jean Améry 'Die Tortur' wiedergelesen». In: BIELEFELD, Ulrich; WEISS, Yfaat (Orgs.). *Jean Améry: «...als Gelegenheitsgast, ohne jedes Engagement»*. Paderborn: Wilhelm Fink, 2014, pp. 73-8.

DINER, Hasia. *In the Almost Promised Land: American Jews and Blacks 1915-1935*. Baltimore: Johns Hopkins University Press, 1995.

DOBRY, Michel. «La thèse immunitaire face aux fascismes. Pour une critique de la logique classificatoire». In: _____. (Org.). *Le mythe de l'allergie française au fascisme*. Paris: Albin Michel, 2003.

DOSSE, François. *Le philosophe et le Président*. Paris: Stock, 2017.

DOUTHAT, Ross. «Is Donald Trump a Fascist?». *New York Times*, 3 dez. 2015.

DREYFUS, Michel. *L'antisémitisme à gauche: Histoire d'un paradoxe, de 1830 à nos jours*. Paris: La Découverte, 2010.

ESPOSITO, Roberto. *Categories of the Impolitical*. Nova York: Fordham University Press, 2015.

EVANS, Richard. *In Hitler's Shadow: West German Historians and the Attempt to Escape from the Nazi Past*. Nova York: Pantheon, 1989.

FALASCA-ZAMPONI, Simonetta. *Fascist Spectacle: The Aesthetics of Power in Mussolini's Italy*. Berkeley: University of California Press, 1997.

FALLACI, Oriana. *The Rage and The Pride*. Nova York: Random House, 2002.

FASSIN, Eric. *Populisme: Le grand ressentiment*. Paris: Textuel, 2017.

FERRARA, Giuliano. *Il fascismo e gli storici oggi*. Org. Jader Jacobelli. Roma: Laterza, 1987.

FEST, Joachim. «Die geschuldete Erinnerung». In: AUGSTEIN, Rudolf et al., *Historikerstreit: Die Dokumentation der Kontroverse um die Einzigartigkeit der nationalsozialistischen Judenvernichtung.* Munique: Piper, 1986.

FIELD, Geoffrey G. *Evangelist of Race: The Germanic Vision of Houston Stewart Chamberlain.* Nova York: Columbia University Press, 1981.

FINCHELSTEIN, Federico. *Transatlantic Fascism: ideology, violence, and the Sacred in Argentina and Italy, 1919-1945.* Durham: Duke University Press, 2010.

_____. *From Fascism to Populism in History.* Berkeley: University of California Press, 2017.

FINKIELKRAUT, Alain. *L'identité malheureuse.* Paris: Folio-Gallimard, 2013.

FITZPATRICK, Sheila. *The Russian Revolution.* Nova York: Oxford University Press, 1994.

_____. «Revisionism in Soviet History». *History and Theory*, 46, 4, 2007.

_____. «Revisionism in Retrospect: A Personal View». *Slavic Review*, 67, 3, 2008.

FLORES, Marcello, *L'immagine dell'URSS: l'Occidente e la Russia di Stalin 1927-1956.* Milão: Il Saggiatore, 1990.

FOCARDI, Filippo. «'Bravo italiano' e 'cattivo Tedesco': riflessioni sulla genesi di due immagini incrociate». *Storia e memoria*, 1, 1996, pp. 55-83.

_____. *La guerra della memoria: La Resistenza nel dibattito politico italiano dal 1945 ad oggi.* Roma/Bari: Laterza, 2005.

FONTANA, Josep. «Julio de 1936». *Público*, 29 jun. 2010.

FORD, Henry. *The International Jew.* Torrance, CA: Noontide, 1978.

FORSTHOFF, Ernst. *Der totale Staat.* Hamburgo: Hanseatische Verlagsanstalt, 1933.

FOUCAULT, Michel. *The Birth of Biopolitics: Lectures at the Collège de France, 1978-1979.* Nova York: Picador, 2010.

FOUREST, Caroline. *Génie de la laïcité.* Paris: Grasset, 2016.

FRASER, Nancy; HONNETH, Axel. *Redistribution or Recognition? A Political-Philosophical Exchange.* Londres: Verso, 2004.

Referências

FREUD, Sigmund. «Screen Memories». In: _____. *The Uncanny*. Trad. David McLintock. Nova York: Penguin, 2003.

FRIEDLÄNDER, Saul. *Nazi Germany and the Jews*, vol. 2: *The Years of Persecution, 1933-1939*. Nova York: Harper Collins, 1997.

_____. «Reflections on the Historicization of National Socialism». In: _____. *Memory, History, and the Extermination of the Jews of Europe*. Bloomington: Indiana University Press, 1997.

_____. «Mosse's Influence on the Historiography of the Holocaust». In: PAYNE, Stanley G.; SORKIN, David Jan; TORTORICE, John S. (Orgs.). *What History Tells: George L. Mosse and the Culture of Modern Europe*. Madison, WI: University of Wisconsin Press, 2004.

FRIEDRICH, Carl J.; BRZEZINSKI, Zbigniew. *Totalitarian Dictatorship and Autocracy*. Cambridge: Harvard University Press, 1956.

FRIEDRICH, Jörg. *The Fire: The Bombing of Germany, 1940-1945*. Nova York: Columbia University Press, 2006.

FURET, François. *Interpreting the French Revolution*. Nova York: Cambridge University Press, 1981.

_____. *The Passing of an Illusion: The Idea of Communism in the Twentieth Century*. Chicago: Chicago University Press, 1999.

FURET, François; NOLTE, Ernst. *Fascism and Communism*. Lincoln: University of Nebraska Press, 2004.

GALLI DELLA LOGGIA, Ernesto. *La morte della patria: la crisi dell'idea di nazione tra Resistenza, antifascismo e Repubblica*. Roma: Laterza, 1996.

GELLATELY, Robert; KIERNAN, Ben (Orgs.). *The Specter of Genocide: Mass Murder in Historical Perspective*. Nova York: Cambridge University Press, 2003.

GENTILE, Emilio. *Il culto del Littorio. La sacralizzazione della politica nell'Italia fascista*. Roma: Laterza, 1993.

_____. *Il fascismo. Storia e interpretazione*. Roma: Laterza, 2002.

_____. *Renzo De Felice. Lo storico e il personaggio*. Roma: Laterza, 2003.

_____. «A Provisional Dwelling: The Origin and Development of the concept of Fascism in Mosse's Historiography». In: PAYNE, Stanley G.; SORKIN, David Jan; TORTORICE John S. (Orgs.). *What History Tells: George L. Mosse and the Culture of Modern Europe*. Madison, WI: University of Wisconsin Press, 2004.

_____. *Politics as Religion*. Princeton: Princeton University Press, 2006.

_____. *Il fascino del persecutore: George L. Mosse e la catastrofe dell'uomo moderno*. Roma: Carocci, 2007.

_____. *La via italiana al totalitarismo: Il partito e lo stato nel regime fascista*. Roma: Carocci, 2008.

_____. «Le silence de Hannah Arendt: L'interprétation du fascisme dans *Les Origines du totalitarisme*». *Revue d'Histoire Moderne et Contemporaine*, 55/3, 2008, pp. 11-34.

_____. (Org.). *Modernità totalitaria: Il fascismo italiano*. Roma: Laterza, 2006.

GERMINARIO, Francesco. «Fascisme et idéologie fasciste. Problèmes historiographiques et méthodologiques dans le modèle de Sternhell». *Revue française des idées politiques*, 1, 1995, pp. 39-78.

GETTY, John Arch. «The Policy of Repression Revisited». In: _____.; MANNING, Roberta (Orgs.). *Stalinist Terror: New Perspectives*. Nova York: Cambridge University Press, 1993.

GEYER, Michael; FITZPATRICK, Sheila (Orgs.). *Beyond Totalitarianism: Stalinism and Nazism Compared*. Nova York: Cambridge University Press, 2009.

GIBELLI, Antonio. *Berlusconi passato alla storia: L'Italia nell'era della democrazia autoritaria*. Roma: Donzelli, 2011.

GILMAN, Sander L. *Jewish Self- Hatred: Anti-Semitism and the Hidden Language of the Jews*. Baltimore: John Hopkins University Press, 1986.

GLEASON, Abbott. *Totalitarianism: The Inner History of the Cold War*. Nova York: Oxford University Press, 1995.

GOLDHAGEN, Daniel J. *Hitler's Willing Executioners: Ordinary Germans and the Holocaust*. Nova York: Vintage, 1997.

GOODY, Jack. *Islam in Europe*. Cambridge: Polity Press, 2004.

GRAZIOSI, Andrea. *The Great Soviet Peasant War*. Cambridge: Cambridge University Press, 1996.

GREGOR, Anthony James. *The Fascist Persuasion in Radical Politics*. Princeton: Princeton University Press, 1974.

_____. *Marxism, Fascism, and Totalitarianism: Chapters in the Intellectual History of Radicalism*. Stanford: Stanford University Press, 2009.

GREILSAMMER, Alain. *La nouvelle histoire d'Israël: essai sur une identité nationale*. Paris: Gallimard, 1998.

GROSSE, Pascal. «From Colonialism to National Socialism to Postcolonialism: Hannah Arendt's *Origins of Totalitarianism*». *Postcolonial Studies*, 9, 1, 2006.

GRUNENBERG, Antonia. *Antifaschismus: Ein deutscher Mythos*. Reinbek: Rowohlt, 1993.

GURIAN, Waldemar. «Totalitarianism as Political Religion». In: FRIEDRICH, Carl J. (Org.). *Totalitarianism: Proceedings of a Conference Held by the American Academy of Arts and Sciences*. Cambridge: Harvard University Press, 1953.

GUGLIELMO, Thomas A. *White on Arrival: Italians, Race, Color and Power in Chicago, 1890-1945*. Nova York: Oxford University Press, 2004.

HABERMAS, Jürgen «Ein Art Schadensabwicklung: Die apologetischen Tendenzen in der deutschen Zeitgeschichtsschreibung». In: AUGSTEIN, Rudolf et al. *Historikerstreit: Die Dokumentation der Kontroverse um die Einzigartigkeit der nationalsozialistischen Judenvernichtung*. Munique: Piper, 1986.

_____. «Vom öffentlichen Gebrauch der Geschichte». In: AUGSTEIN, Rudolf et al. *Historikerstreit: Die Dokumentation der Kontroverse um die Einzigartigkeit der nationalsozialistischen Judenvernichtung*. Munique: Piper, 1986.

_____. «Concerning the Public Use of History». *New German Critique*, 44, 1988, pp. 40-50.

_____. *The Structural Transformation of the Public Sphere: Inquiry into a Category of Bourgeois Society*. Cambridge, UK: Polity Press, 1991.

HADJJAT, Abdelali. *La marche pour l'égalité et contre le racism*. Paris: Éditions Amsterdam, 2013.

HARTMAN, Geoffrey H. *Bitburg in Moral and Political Perspective*. Bloomington: Indiana University Press, 1986.

HAYEK, Friedrich von. *The Road to Serfdom*. Londres: Routledge, 2007 (1944).

HERF, Jeffrey. *Reactionary Modernism: Technology, Culture and Politics in Weimar and the Third Reich*. Nova York: Cambridge University Press, 1984.

HIGHAM, John. *Strangers in the Land: Patterns of American Nativism, 1860-1925*. New Brunswick, NJ: Rutgers University Press, 2001 (1955).

HILBERG, Raul. *The Destruction of the European Jews*. Chicago: Quadrangle, 1967.

HOLQUIST, Peter. «La question de la violence». In: DREYFUS, Michel (Org.). *Le siècle des communismes*. Paris: Les Éditions de l'Atelier, 2000.

HONNETH, Axel. *The Struggle for Recognition: The Moral Grammar of Social Conflicts*. Cambridge, UK: Polity Press, 2015.

HORKHEIMER, Max; ADORNO, Theodor W. *Dialectic of Enlightenment*. Stanford: Stanford University Press, 2007.

HÖSS, Rudolf. *Commandant of Auschwitz*. Nova York: Orion, 2000.

HOUELLEBECQ, Michel. *Submission: A Novel*. Trad. Lorin Stein. Nova York: Picador, 2015.

HOUSE, Jim. «Memory and the Creation of Solidarity During the Decolonisation of Algeria». *Yale French Studies*, 118, 119, 2010.

HULL, Isabel V. *Absolute Destruction: Military Culture and the Practices of War in Imperial Germany*. Ithaca, NY: Cornell University Press, 2005.

HUNTINGTON, Samuel P. *The Clash of Civilizations and the Remaking of World Order*. Nova York: Simon & Schuster, 1996.

HUTTENBACH, Henry. «Locating the Holocaust Under the Genocide Spectrum: Toward a Methodology and

Referências

a Characterization». *Holocaust and Genocide Studies*, 3, 3, 1988.

IGOUNET, Valérie. *Le Front National de 1972 à nos jours: Le parti, les hommes, les idées*. Paris: Seuil, 2014.

IMLAY, Talbot. «Total War». *Journal of Strategic Studies*, 30, 3, 2007.

JACOBELLI, Jader (Org.). *Il fascismo e gli storici oggi*. Roma: Laterza, 1988.

JESSE, Eckhard (Org.). *Totalitarismus im 20.Jahrhundert. Ein Bilanz der Internationaler Forschung*. Baden Baden: Nomos, 1996.

JONES, William David. *German Socialist Intellectuals and Totalitarianism*. Urbana: University of Illinois Press, 1999.

JUDT, Tony. *Postwar: a history of Europe since 1945*. Londres: Penguin, 2005.

JULIÁ, Santos. «Duelo por la República española». *El País*, 25 jun. 2010.

JÜNGER, Ernst. «Total Mobilization». In: WOLIN, Richard (Org.). *The Heidegger Controversy: A Critical Reader*. Cambridge: MIT Press, 1993.

_____. *The Worker: Dominion and Form*. Evanston, IL: Northwestern University, 2017.

KAGAN, Robert. *Of Paradise and Power: America and Europe in the New World Order*. Nova York: Vintage, 2013.

_____. «This Is How Fascism Comes to America». *Washington Post*, 18 maio 2016.

KATZ, Jacob. *The Dark Side of the Genius: Richard Wagner's Anti-Semitism*. Hanover: Brandeis University Press, 1986.

KAZIN, Michael. *The Populist Persuasion: An American History*. Ithaca, NY: Cornell University Press, 1998.

KERSHAW, Ian. *Hitler, 1889-1936: Hubris*. Londres: Allen Lane, 1998.

_____. *The Nazi Dictatorship: Problems and Perspectives of Interpretation*. Nova York: Oxford University Press, 2000.

KOONZ, Claudia. *Mothers in the Fatherland: Women, the Family, and Nazi Politics*. Nova York: St. Martin Press, 1987.

KOSELLECK, Reinhart. «Social History and Conceptual History». In: PRESNER, Todd Samuel (Org.). *The Practice of conceptual History: Timing History, Spacing Concepts.* Stanford: Stanford University Press, 2002.

KOTKIN, Stephen. *Magnetic Mountain: Stalinism as a Civilization.* Berkeley: University of California Press, 1995.

KRACAUER, Siegfried. «Masse und Propaganda». In: BELKE, Ingrid; RENZ, Irina (Orgs.). *Siegfried Kracauer 1889-1966.* Marbach am Neckar: Deutsche Schillergesellschaft, 1989.

KRÜGER, Gesine. *Kriegsbewältigung und Geschichtsbewusstsein: Realität, Deutung, und Verarbeitung des deutschen Kolonialkrieg in Namibia 1904 bis 1907.* Göttingen: Vandenhoeck und Ruprecht, 1999.

LABANCA, Nicola. «Il razzismo coloniale italiano». In: BURGIO, Alberto (Org.). *In nome della razza. Il razzisme nella storia d'Italia 1870-1945.* Bolonha: Il Mulino, 1998.

LACAPRA, Dominique. *History and Memory After Auschwitz.* Ithaca, NY: Cornell University Press, 1998.

LANZMANN, Claude. *Shoah.* Nova York: Pantheon, 1985.

LAPIERRE, Nicole. *Causes Communes. Des Juifs et des Noirs.* Paris: Stock, 2011.

LAURENT, Sylvie; LECLÈRE, Thierry (Orgs.). *De quelle couleur sont les Blancs? Des «petits Blancs» au «racisme anti-blancs».* Paris: La Découverte, 2013.

LE BON, Gustave. *The Crowd: A Study of the Popular Mind.* Mineola, NY: Dover, 2002.

LEVI, Primo. *The Drowned and the Saved.* Nova York: Summit, 1988.

LEVIN, Moshe. «Stalin in the Mirror of the Other». In: KERSHAW, Ian; LEVIN, Moshe (Orgs.). *Stalinism and Nazism: Dictatorships in Comparison.* Nova York: Cambridge University Press, 1997.

LEWIS, Bernard. *What Went Wrong? Western Impact and Middle Eastern Response.* Nova York: Oxford University Press, 2001.

Referências

LIUCCI, Raffaele. *La tentazione della «Casa in collina»: Il disimpegno degli intellettuali nella guerra civile italiana 1943-1945*. Milão: Unicopli, 1999.

LOMBROSO, Cesare. *L'uomo bianco e l'uomo di colore: Letture sull'origine e la varietà delle razze umane*. Turim: Bocca, 1892.

LOSURDO, Domenico. *Heidegger and the Ideology of War: Community, Death, and the West*. Amherst, NY: Humanity Books, 2001.

LÖWY, Michael. *The war of Gods: Religion and Politics in Latina America*. Londres: Verso, 1996.

LUZZATTO, Sergio. «The Political Culture of Fascist Italy». *Contemporary European History* 8, 2, 1999, pp. 317-34.

_____. *La crisi dell'antifascismo*. Turim: Einaudi, 2004.

_____. *The Body of Il Duce: Mussolini's Corpse and the Fortunes of Italy*. Nova York: Metropolitan, 2005.

_____. *Partigia: una storia della Resistenza*. Milão: Mondadori, 2013.

MALIA, Martin. *The Soviet Tragedy: The History of Socialism in Russia, 1917-1991*. Nova York: Free Press, 1995.

MANN, Thomas. *Reflections of a Nonpolitical Man*. Org. Walter D. Morris. Nova York: Frederick Ungar, 1983.

MARCUSE, Herbert. «Heidegger and Marcuse: A Dialogue in Letters». In: _____. *Technology, War and Fascism*. Londres: Routledge, 1998.

MARLIÈRE, Philippe. «La gauche de l'entre-soi et le burkini». *Médiapart*, 26 ago. 2016.

MARRUS, Michael R.; PAXTON, Robert O. *Vichy France and the Jews*. Nova York: Schocken, 1983.

MAUGER, Gérard. «Mythologies: le 'beauf' et le 'bobo'». *Lignes*, 45, 2014.

MAYER, Arno J. *Why Did the Heavens not Darken? The «Final Solution» in History*. Nova York: Pantheon, 1988.

_____. *The Furies: Violence and Terror in the French and Russian Revolutions*. Princeton: Princeton University Press, 2000.

MAYER, Nonna. «Vieux et nouveaux visages de l'antisémitisme en France». In: BLANCHARD, Pascal; BANCEL, Nicolas; THOMAS, Dominic (Orgs.). *Vers la guerre identités? La fracture coloniale à la révolution ultranationale.* Paris: La Découverte, 2016.

MAZOWER, Mark. *Hitler's Empire: Nazi Rule in Occupied Europe.* Londres: Allen Lane, 2008.

MICHNIK, Adam. «We, the Traitors». *World Press Review*, 50, 6, 2003.

MILZA, Pierre. *Mussolini.* Paris: Fayard, 1999.

MOA, Pío. *Los Mitos de la Guerra Civil.* Madri: Esfera, 2003.

MOLINERO, Carme; SALA, Margarida; SOBREQUÉS, Jaume (Orgs.). *Una inmensa prisión. Los campos de concentración y las prisiones durante la guerra civil y el franquismo.* Barcelona: Crítica, 2003.

MOMMSEN, Hans. «The Realization of the Unthinkable: The 'Final Solution' of the Jewish Question in the Third Reich». In: _____. *From Weimar to Auschwitz: Essays on German History.* Princeton: Princeton University Press, 1991.

MOSES, Anthony Dirk. «Conceptual blockages and definitional dilemmas in the 'racial century': genocides of indigenous peoples and the Holocaust». *Patterns of Prejudice*, 36/4, 2002, pp. 7-36.

_____. «Hannah Arendt, Colonialism, and the Holocaust». In: LANGBEHN, Volker; SALAMA, Mohammad (Orgs.). *German Colonialism: Race, the Holocaust, and Postwar Germany.* Nova York: Columbia University Press, 2011.

_____. «Revisiting a Founding Assumption of Genocide Studies». *Genocide Studies and Prevention*, 6/3, 2011, pp. 287-300.

MOSSE, George L. *The Crisis of German Ideology: Intellectual Origins of the Third Reich.* Nova York: Grosset & Dunlap, 1964.

_____. «E. Nolte on Three Faces of Fascism». *Journal of the History of Ideas*, 27, 4, 1966.

Referências

_____. *The Nationalization of the Masses: Political Symbolism and the Mass Movements in Germany from the Napoleonic Wars through the Third Reich*. Nova York: Howard Fertig, 1974.

_____. *Intervista sul nazismo*. Roma: Laterza, 1977.

_____. *Toward the Final Solution: A History of European Racism*. Nova York: Howard Fertig, 1978.

_____. *Masses and Man: Nationalist and Fascist Perceptions of Reality*. Nova York: Howard Fertig, 1980.

_____. *Nationalism and Sexuality: Respectability and Abnormal Sexuality in Modern Europe*. Nova York: Howard Fertig, 1985.

_____. «The End Is not Yet: A Personal Memoir of the German-Jewish Legacy in America». In: PECK, Abraham (Org.). *The German-Jewish Legacy in America 1933-1988: From* Bildung *to the Bill of Rights*. Detroit: Wayne State University Press, 1989.

_____. *Fallen Soldiers: Reshaping the Memory of the World Wars*. Nova York: Oxford University Press, 1990.

_____. «Bookburning and Betrayal by the German Intellectuals». In: _____. *Confronting the Nation: Jewish and Western Nationalism*. Hanover: Brandeis University Press, 1993.

_____. «Jewish Emancipation: Between Bildung and Respectability». In: _____. *Confronting the Nation: Jewish and Western Nationalism*. Hanover: Brandeis University Press, 1993.

_____. «Political Style and Political Theory: Totalitarian Democracy Revisited». In: _____. *Confronting the Nation: Jewish and Western Nationalism*. Hanover: Brandeis University Press, 1993.

_____. «Renzo De Felice e il revisionismo storico». *Nuova Antologia*, 2206, 1998, pp. 177-86.

_____. *The Image of Man: The Creation of Modern Masculinity*. Nova York: Oxford University Press, 1998.

_____. *The Fascist Revolution: Toward a General Theory of Fascism*. Nova York: Howard Fertig, 1999.

_____. *Confronting History: A Memoir*. Madison: University of Wisconsin Press, 2000.

MUKERJEE, Madhusree. *Churchill's Secret War: The British Empire and the Ravaging of India During World War II*. Nova York: Basic Books, 2011.

MÜLLER, Jan-Werner. *What is Populism?* Filadélfia: University of Pennsylvania Press, 2016.

MUSSOLINI, Benito. «Trincerocrazia». In: _____. *Opera omnia*. Florença: La Fenice, 1951, vol. 10, pp. 140-3 (1917).

MUSSOLINI, Benito; GENTILE, Giovanni. «La dottrina del fascismo». In: *Il fascismo nella Treccani*. Milão: Terziaria, 1997.

NEOCLEOUS, Mark. *Fascism*. Buckingham: Open University Press, 1997.

NEUMANN, Franz. *Behemoth: The Structure and Practice of National Socialism*. Nova York: Oxford University Press, 1942.

_____. «Notes on the theory of dictatorship». In: _____. *The Democratic and the Authoritarian State: Essays in Political and Legal Theory*. Nova York: Free Press, 1957.

_____. *Behemoth: The Structure and Practice of National Socialism 1933-1944*. Nova York: Harper & Row, 1966.

NEUMANN, Sigmund. *Permanent Revolution: The Total State in a World at War*. Nova York: Harper, 1942.

NOIRIEL, Gérard. *Le massacre des Italiens: Aigues-Mortes, 17 août 1893*. Paris: Fayard, 2010.

NOLTE, Ernst. *Three Faces of Fascism*. Nova York: Holt, R & W, 1966.

_____. *Der europäische Bürgerkrieg. Nationalsozialismus und Bolschewismus 1917-1945*. Berlim: Ullstein, 1987.

_____. «Vergangenheit, die nicht vergehen will». In: AUGSTEIN, Rudolf et al. *Historikerstreit: Die Dokumentation der Kontroverse um die Einzigartigkeit der nationalsozialistischen Judenvernichtung*. Munique: Piper, 1986.

NOVICK, Peter. *The Holocaust in American Life*. Boston: Mariner, 2000.

Referências

PALIGOT, Carole Reynaud. *La République raciale 1860-1930*. Paris: Presses Universitaires de France, 2006.

PASOLINI, Pier Paolo. *Scritti corsari*. Org. Alfonso Berardinelli. Milão: Garzanti, 2008.

PATTIEU, Sylvain. *Les camarades des frères: Trotskistes et libertaires dans la guerre d'Algérie*. Paris: Syllepse, 2002.

PAVESE, Cesare. *The House on the Hill*. Nova York: Walker, 1961.

PAVONE, Claudio. *A Civil War: A History of Italian Resistance*. Londres: Verso, 2013.

PAXTON, Robert O. *Vichy: Old Guard and New Order 1940-1944*. Nova York: Knopf, 1972.

_____. *The Anatomy of Fascism*. Nova York: Knopf, 2004.

PAYNE, Stanley G. «Mitos y tópicos de la Guerra Civil». *Revista de Libros*, 79/80, 2003, pp. 3-5.

_____. *The Collapse of the Spanish Republic, 1933-1936: Origins of the Civil War*. New Haven: Yale University Press, 2006.

PETERSEN, Jens. «La nascita del concetto di 'stato totalitario' in Italia». *Annali dell'Istituto storico italo-germanico di Trento*, 1, 1975, pp. 143-68.

PEUKERT, Detlev. *Inside Nazi Germany: Conformity, Opposition and Racism in Everyday Life*. Londres: Penguin, 1993.

PINTO, António Costa. «Fascist Ideology Revisited: Zeev Sternhell and his Critics». *European History Quarterly*, 16, 4, 1986, pp. 465-83.

PIPES, Richard. *The Russian Revolution*. Nova York: Knopf, 1990.

PIRJEVEC, Joze; BAJC, Gorazd. *Foibe: una storia d'Italia*. Turim: Einaudi, 2009.

PLENEL, Edwy. *Pour les musulmans*. Paris: Découverte, 2016.

PLESSINI, Karel. *The Perils of Normalcy: George L. Mosse and the Remaking of Cultural History*. Madison: The University of Wisconsin Press, 2014.

POGGIO, Pier Paolo. «La ricezione di Nolte in Italia». In: COLLOTTI, Enzo (Org.). *Fascismo e antifascismo. Rimozioni, revisioni, negazioni*. Roma: Laterza, 2000.

RABINBACH, Anson. «Moments of Totalitarianism». *History and Theory*, 45, 1, 2006, pp. 72-100.

RANCIÈRE, Jacques. *Hatred of Democracy*. Londres: Verso, 2006.

RAZ-KRAKOTZKIN, Amnon. *Exil et souveraineté. Judaïsme, sionisme et pensée binationale*. Paris: La Fabrique, 2007.

REICHEL, Peter. *Politik mit Erinnerung: Gedächtnisorte im Streit um die Nationalsozialistische Vergangenheit*. Munique: Hanser, 1995.

_____. *Der schöne Schein des Dritten Reiches, Faszination und Gewalt der Faschismus*. Munique: Hanser, 1996.

REIG TAPIA, Alberto. *Anti Moa*. Madri: Ediciones B, 2006.

RÉMOND, René. *Les droites en France*. Paris: Aubier, 1982.

RENZI, Valerio. *La politica della ruspa: La Lega di Salvini e le nuove destre europee*. Roma: Edizioni Alegre, 2015.

REVELLI, Marco. *Populismo 2.0*. Turim: Einaudi, 2017.

RICOEUR, Paul. «Narrative Identity». *Philosophy Today*, 35, 1, 1991, pp. 73-81.

RIOUX, Jean-Pierre (Org.). *Les populismes*. Paris: Perrin, 2007.

ROBCIS, Camille. «Catholics, the 'Theory of Gender,' and the Turn to the Human in France: A New Dreyfus Affair?». *The Journal of Modern History*, 87, 2015, pp. 893-923.

ROBIN, Régine. *Berlin chantiers*. Paris: Stock, 2000.

ROBLEDO, Ricardo. «Sobre la equiviolencia: puntualizaciones a una réplica». *Historia agraria*, 54, 2011, pp. 244-6.

_____. «El giro ideológico en la historia contemporánea Española: 'Tanto o más culpable fueron las izquierdas'». In: FORCADELL, Carlos; PEIRÓ, Ignacio; YUSTA, Mercedes (Orgs.). *El pasado en construcción: Revisiones de la historia y revisionismos históricos en la historiografía contemporánea*. Zaragoza: Institución Fernando el Católico, 2015.

ROSANVALLON, Pierre. *Counter-Democracy: Politics in an Age of Distrust*. Cambridge: Cambridge University Press, 2008.

ROTHBERG, Michael. «At the Limits of Eurocentrism: Hannah Arendt's *The Origins of Totalitarianism*». In: _____. *Multidirectional Memory: Remembering the Holocaust in*

Referências

the Age of Decolonization. Stanford: Stanford University Press, 2009.

_____. *Multidirectional Memory: Remembering the Holocaust in the Age of Decolonization*. Stanford: Stanford University Press, 2009.

ROUSSO, Henri. *The Vichy Syndrome: History and Memory in France Since 1994*. Cambridge, MA: Harvard University Press, 1994.

ROY, Olivier. «Le djihadisme est une révolte générationnelle et nihiliste». *Le Monde,* 4 nov. 2015.

_____. *Jihad and Death: The Global Appeal of Islamic State*. Nova York: Oxford University Press, 2018.

SAID, Edward. *Orientalism*. Nova York: Vintage, 1978.

SAND, Shlomo. *How I Stopped Being a Jew*. Londres: Verso, 2015.

SANTOMASSIMO, Gianpasquale. «Il ruolo di Renzo De Felice». In: COLLOTTI, Enzo (Org.). *Fascismo e antifascismo. Rimozioni, revisioni, negazioni*. Roma: Laterza, 2000.

SARTRE, Jean- Paul. *Anti-Semite and Jews*. Trad. George J. Becker; pref. Michael Walzer. Nova York: Schocken, 1995.

SAZ CAMPOS, Ismael. *Los nacionalismos franquistas*. Madri: Marcial Pons, 2003.

_____. «Va de Revisionismo». *Historia del Presente*, 17, 2011, pp. 161-4.

SCHMITT, Carl. *Glossarium: Aufzeichnungen der Jahre 1947-1951*. Berlim: Duncker & Humblot, 1991.

_____. *Political Theology: Four Chapters on the Concept of Sovereignty*. Org. George Schwab. Chicago: Chicago University Press, 2006.

_____. *The Concept of the Political*. Org. George Schwab. Chicago: University of Chicago Press, 2007.

SCOTT, Joan. *The Politics of the Veil*. Princeton: Princeton University Press 2010.

_____. *Sex and Secularism*. Princeton: Princeton University Press, 2017.

SCOTT-SMITH, Gilles. *The Politics of Apolitical Culture: The Congress for Cultural Freedom, the* CIA, *and Post-War American Hegemony*. Nova York: Routledge, 2002.

SÉMELIN, Jacques. *Purify and Destroy: The Political Uses of Massacre and Genocide*. Nova York: Columbia University Press, 2008.

SERGE, Victor. *Memoirs of a Revolutionary*. Nova York: New York Review of Books, 2012.

SEYMOUR, Richard. *The Liberal Defence of Murder*. Londres: Verso, 2008.

SHATZ, Adam. «Colombey-les-deux-Mosqueés». *London Review of Books*, 9 abr. 2015.

_____. «Wrecking Ball». *London Review of Books*, 7 set. 2017.

SIEFERLE, Peter. *Das Migrationsproblem: Uber die Unvereinbarkeit von Sozialstaat und Masseneinwanderung*. Berlim: Manuscriptum, 2016.

_____. *Finis Germania*. Steigra: Antaios, 2017.

SINCLAIR, Upton. *Terror in Russia? Two Views*. Nova York: R.R. Smith, 1938.

SLEZKINE, Yury. *The Jewish Century*. Princeton: Princeton University Press, 2004.

SNYDER, Timothy. *Bloodlands: Europe Between Hitler and Stalin*. Nova York: Basic Books, 2010.

_____. *Black Earth: The Holocaust as History and Warning*. Nova York: Tim Duggan, 2015.

SOUCY, Robert. *French Fascism: The First Wave 1924-1933*. New Haven: Yale University Press, 1986

_____. *French Fascism: The Second Wave 1933-1939*. New Haven: Yale University Press, 1995.

STERN, Fritz. *The Politics of Cultural Despair: A Study in the Rise of the Germanic Ideology*. Berkeley: University of California Press, 1961.

STERN, Ludmila. *Western Intellectuals and the Soviet Union, 1920-40: From Red Square to the Left Bank*. Abingdon: Routledge, 2007.

STERNHELL, Zeev. *Ni droite ni gauche. L'idéologie fasciste en France*. Paris: Seuil, 1983.

Referências

_____. *Maurice Barrès et le nationalisme français*. Bruxelas: Complexe, 1985.

_____. «Le concept de fascisme». In: STERNHELL, Zeev; SZNAJDER, Mario; ASHERI, Maia (Orgs.). *Naissance de l'idéologie fasciste*. Paris: Folio-Gallimard, 1994.

_____. *La Droite révolutionnaire 1885-1914: aux origins du fascisme*. Paris: Gallimard, 1997 (1978).

_____. «Fascism». In: GRIFFIN, Roger (Org.). *International Fascism: Theories, Causes and the New Consensus*. Londres: Arnold, 1998.

_____. «Morphologie et historiographie du fascisme en France». In: _____. *Ni droite ni gauche. L'idéologie fasciste en France*. Paris: Fayard, 2000.

_____. «Mosse's The Fascist Revolution». *The American Historical Review*, 105, 3, 2000, pp. 882-3.

_____. «Le fascisme, ce mal du siècle». In: DOBRY, Michel (Org.). *Le mythe de l'allergie française au fascisme*. Paris: Albin Michel, 2003.

_____. *Les anti-Lumières. Du XVIIIᵉ siècle à la guerre froide*. Paris: Fayard, 2006.

_____. *The Anti-Enlightenment Tradition*. Trad. David Maisel. New Haven: Yale University Press, 2009.

_____. *Histoire et Lumières: Entretiens avec Nicolas Weil*. Paris: Albin Michel, 2014.

STERNHELL, Zeev; SZNAJDER, Mario; ASHERI, Maia (Orgs). *The Birth of Fascist Ideology: From Cultural Rebellion to Political Revolution*. Princeton: Princeton University Press, 1996.

STORA, Benjamin. *La gangrène et l'oubli. La mémoire et l'oubli. La mémoire de la guerre d'Algérie*. Paris: La Découverte, 2006.

TALMON, Jacob L. *The Origins of Totalitarian Democracy*. Londres: Secker & Warburg, 1952 (Nova York: Norton, 1970).

TALON, Claire. «Comprendre le djihadisme pour le combattre autrement». *Mediapart*, 5 out. 2014.

TETI, Vito. *La razza maledetta: origini del pregiudizio antimeridionale*. Roma: Manifestolibri, 2011.

As novas faces do fascismo

TODD, Emmanuel. *Qui est Charlie? Sociologie d'une crise religieuse*. Paris: Seuil, 2015.

TODOROV, Tzvetan. *A French Tragedy: Scenes of Civil War, Summer 1944*. Hanover, NJ: University Press of New England, 1996.

_____. *Hope and Memory: Lessons from the Twentieth Century*. Princeton: Princeton University Press, 2003.

TOOZE, Adam. *Wages of Destruction: The Making and Breaking of the Nazi Economy*. Nova York: Penguin, 2006.

TOURY, Jacob. «The Jewish Question: A Semantic Approach». *Leo Baeck Institute Year Book*, 11, 1, 1966, pp. 85-106.

TRANFAGLIA, Nicola. *La prima guerra mondiale e il fascismo*. Turim: UTET, 1995.

_____. *Un passato scomodo. Fascismo e postfascismo*. Roma: Laterza, 1996.

TRAVERSO, Enzo. *The Origins of Nazi Violence*. Nova York: The New Press, 2003.

_____. «The New Anti-Communism: Rereading the Twentieth Century». In: HAYNES, Mike; Wolfreys, Jim (Orgs.). *History and Revolution: Refuting Revisionism*. Londres: Verso, 2007.

_____. «Illuminismo e anti-illuminismo: La storia delle idee di Zeev Sternhell». *Storiografia*, 18, 2014, pp. 219-30.

_____. *Fire and Blood: The European Civil War 1914-1945*. Londres: Verso, 2016.

_____. *The end of Jewish Modernity*. Londres: Pluto, 2016.

_____. (Org.). *Le totalitarisme: Le XXe siècle en débat*. Paris: Seuil, 2001.

TREITSCHKE, Heinrich von. «Unsere Aussichten» [1879]. In: KRIEGER, Karsten (Org.). *Der Berliner Antisemitismusstreit 1879-1881*. Munique: K.G. Saur, 2003, vol. 1.

TUDOR, Henry; TUDOR, J.-M. (Orgs.). *Marxism and Social Democracy: The Revisionist Debate 1896-1898*. Nova York: Cambridge University Press, 1988.

VENTURI, Franco. *Roots of Revolution*. Nova York: Grosset and Dunlap, 1966.

Referências

VERGÈS, Françoise. *La mémoire enchainée: Questions sur l'esclavage*. Paris: Albin Michel, 2006.

VIDAL-NAQUET, Pierre. *Mémoires, vol. 2: Le trouble et la lumière 1955-1998*. Paris: Seuil/La Découverte, 1998.

VIROLLI, Maurizio. *For Love of Country: An Essay on Patriotism and Nationalism*. Nova York: Oxford University Press, 1995.

VIVARELLI, Roberto. *La fine di una stagione: Memoria 1943-1945*. Bolonha: Il Mulino, 2000.

VOEGELIN, Eric. *The New Science of Politics: An Introduction*. Chicago: University of Chicago Press, 1987 (1952).

_____. *Die politische Religionen*. Munique: Fink, 1996 (1938).

VOLKOV, Shulamit. «Anti-Semitism as Cultural Code: Reflections on the History and Historiography of Anti-Semitism in Imperial Germany». *Leo Baeck Institute Year Book*, 23, 1, 1978, pp. 25-46.

WAGNER, Richard. *Judaism in Music and Other Essays*. Trad. William Ashton Ellis. Lincoln: Nebraska University Press, 1995.

WATKINS, Susan. «The Political State of the Union». *New Left Review*, 90, 2014, pp. 2-25.

WEHLER, Hans-Ulrich. «'Absoluter' und 'totaler' Krieg. Von Clausewitz to Ludendorff». *Politische Vierteljahresschrift*, 10, 2, 1969.

WERTH, Nicolas. «A State Against Its People: Violence, Repression, and Terror in the Soviet Union». In: COURTOIS, Stéphane (Org.). *The Black Book of Communism: Crimes, Terror, Repression*. Nova York: Harvard University Press, 1999.

_____. «Repenser la 'Grande Terreur'». In: _____. *La terreur et le désarroi. Staline et son système*. Paris: Perrin, 2007.

WILKINSON, James D. *The Intellectual Resistance in Europe*. Cambridge, MA: Harvard University Press, 1981.

WINOCK, Michel. *Nationalism, Anti-Semitism, and Fascism in France*. Stanford: Stanford University Press, 1998.

_____. (Org.). *Histoire de l'extrême droite en France*. Paris: Seuil, 1993.

WINTER, Jay. «De l'histoire intellectuelle à l'histoire culturelle: la contribution de George L. Mosse». *Annales*, 56, 1, 2001, pp. 177-81.

WIPPERMAN, Wolfgang. *Totalitarismustheorien*. Darmstadt: Primus, 1997.

WOHL, Robert. «French Fascism: Both Right and Left: Reflections on the Sternhell Controversy». *Journal of Modern History*, 63, 1, 1991, pp. 91-8.

ZANATTA, Loris. *El Populismo*. Buenos Aires: Katz, 2013.

ZEMMOUR, Éric. *Le suicide français*. Paris: Albin Michel, 2014.

ŽIŽEK, Slavoj. *Did Somebody Say Totalitarism? Five Interventions in the (Mis)use of a Notion*. Londres: Verso, 2001.

ZUCKERMANN, Moshe. «'Islamofascism': Remarks on a Current Ideologeme». *Die Welt des Islams*, 52, 2012, pp. 351-69.

Referências

Trotzdem

1. Estrangeiros residentes, Donatella Di Cesare
2. Contra o mundo moderno, Mark Sedgwick
3. As novas faces do fascismo, Enzo Traverso
4. Cultura de direita, Furio Jesi
5. Punir, Didier Fassin
6. Teoria da classe inadequada, Raffaele Alberto Ventura
7. Classe, Andrea Cavelletti
8. Bruxas, Mona Chollet
9. Escola de aprendizes, Marina Garcés

Composto em Patos,
fonte de Federico Paviani.
Belo Horizonte, 2023.